大夏书系·语文之道

语文课堂变革的创意策略

周一贯谈好课的应有样态

周一贯 著

华东师范大学出版社

目 录
CONTENTS

前言　把握语文好课创意的世纪脉动 / 001

第一辑　教师要有课程建设的勇气

语文课改：在整合中实现课程的超越 / 003

课程：改革"教"的"供给侧" / 010

"微课程"：教育人性化的时代之舞 / 018

语文戏曲课程开发的成功样本 / 024

第二辑　让儿童站在课堂正中央

生本：语文教育的原点思维 / 033

在课堂里"寻找"儿童 / 043

"教什么""怎么教"与"为谁教" / 049

新"课标"的主导价值追求 / 055

第三辑 由"唯教"向"导学"翻转

翻转课堂：重建学生学习的自信心和自动力 / 063

学与导，寻求语文课堂形态的深度变革 / 068

翻转课堂：越界与回归带来的教学挑战 / 076

语文课，请多让学生享用"自助餐" / 085

第四辑 低碳课堂让教学更有效

"渐近自然"与低碳课堂 / 097

小语教学必须摆脱"高耗低效"的梦魇 / 104

语文教学呼唤低碳课堂 / 111

课堂：警惕"流行"的软暴力 / 118

第五辑 "互联网+"时代的教学变革

"互联网+"思维镜像中的语文教学变革 / 127

阅读课堂新常态:"1+X" / 134

儿童习作在网络"自写作"时代的履新 / 142

重构以"读写一体"为本位的语文教学体系 / 150

第六辑 在统整中实现课堂超越

整合：语文在体制内外的碰撞与交集 / 159

语文课堂的"超文本"结构 / 167

语文教学：坚守本色与适度"混搭" / 173

综合性学习：跳出语文学语文 / 182

第七辑 核心素养：给学生带得走的能力

语文深度课改的靶向须瞄准"核心素养" / 191

语文课堂改革的五大发展新走向 / 196

关注课型，感知"改课"的风向标 / 204

"后作文时代"：在自由表达中提升核心素养 / 210

第八辑 民族传统文化："汉语文"教育之魂

"课标"语境中的语文传统教学经验审视 / 219

由国民的"文字功底"反省识字教学问题 / 230

用"中国功夫"教学中国语文 / 238

古诗文诵读与语文教学传统经验的承传发展 / 245

前言
PREFACE

把握语文好课创意的世纪脉动

历史是以岁月书写的,如果年度只是一个节点,那么世纪之交往往具有"全息元"的内涵与意义。

中国教育改革在 21 世纪初呈现的景观,也有着这样的意义——

始于 1999 年的第八次课程教材改革,提出了义务教育阶段各学科的课程标准(实验稿),并相应编写施行了"义务教育课程标准实验教科书"。进入 21 世纪,至 2010 年,在《国家中长期教育改革和发展规划纲要(2010—2020 年)》(以下简称《规划纲要》)的语境下,又完成了对课程标准的修订,并正式予以颁布。2016 年,部编的"义务教育教科书"正式面世。十年课改和《规划纲要》的实施,极大地革新了中国的基础教育,对语文课程的建设发展具有十分重大的意义,更给语文教师带来了许多新概念、新内容、新思想、新策略。

改革开放的大潮如此汹涌,社会文明的进步如此迅猛,教育革故鼎新的风景又如此明丽。这一切都给 21 世纪初语文教育的历史记录留下了光辉的篇章。如果我们的语文课堂失去了对世纪脉动的感悟，淡化了对脚下大地的热爱，失去了对时代节拍的理解和响应，追寻好课的创造之花必然枯萎，教师的专业发展步伐也将因此失去速度和力度。由此看来，语文的改课举措、好课策略，都必须以课改的世纪脉动为节拍。

"课改"（课程教材改革）必须落实于"改课"（改革课堂教学），这是因为课改的决胜环节在课堂。"十三五"规划把提高教育质量放在教育发展非常重要的位置上。这就意味着，我们已经进入了一个"新质量时代"。这也就不难理解，体现新质量的"好课"必然会成为语文教师共同追求的目标。好课，是一种对课堂教学的价值判断。好课的纵向发展，无疑是一个不断发展的动态概念，有着鲜明的时代印记和课改进程中被发现、被实践的诸多公共理性。好课的横向发展，则更为注重如何把课改的时代成果具体落实到学生的生命成长之中，落实到课堂教学的理念、形态、模式、策略之中，为未来社会造就创新一代。为此，笔者在本书中将从与语文教育改革有很多相关性的八个方面进行梳理阐述：新课改从根本上改变了教师被动执行课程的状态，而成了站在课程改革潮头的创导者（第一辑）；新课改强调的"让儿童站在课堂正中央"，正在成为公共理性（第二辑）；新课改在调整"教"与"学"的关系上，义无反顾地主张课堂应由"唯教"向"导学"翻转，重建学生的自信心与自动力（第三辑）；新课改呼唤绿色的低碳课堂，主张课堂的"小生态"必须实现新平衡（第四辑）；新课改呼应"互联网+"的时代旋律，寻求语文教学"新质量观"的实现（第五辑）；新课改推进了语文教育在统整中实现超越，让语文真正成为生命的存在与表现（第六辑）；新课改直面未来社会的挑战，努力践行以培育"核心素养"为靶向的语文好课新策略（第七辑）；新课改在语文教育实践与弘扬民族优秀传统文化的对接方面，开始取得不俗的成绩（第八辑）。当然，今天的新课程改革全景对语文教学好课的召唤还不只是这八个方面。诚如中国教育科学院院长田慧生所言："时至今日，我国课堂教学改革还没有走出传统经典教学体系的羁绊和束缚，师生的教与学关系没有得到根本性调整，学生被动地学，教师强制性、捆绑式引导的局面没有得到根本改变。"（《人民教育》2016年第20期）因此，从以上八个方面进行审视，只能是笔者一个角度的识见，笔者更希望能够聆听来自读者的批评指正。

同时,语文教育从本质上说,其实就是一种生命化的哲学探求,有着自己的"诗"和"远方"。它不可能穷尽于一隅。因此,笔者也只能永远在路上,一边埋头践履,努力研究;一边温暖期待,守候花开。

周一贯

2017年9月8日晨于容膝斋

第一辑 - 1

教师要有课程建设的勇气

◎ 国力的竞争,从根本上说,是育才的竞争。
◎ 育才的竞争,就是教育的竞争,教师队伍建设的竞争。
◎ 教师能够雄于地球,教育方能雄于地球!
◎ 课程改革的巨浪推动着中国教育奔腾向前,而教师就应该站在课程改革的潮头。
◎ 教师不只是课程的执行者,也正在成为新课程改革创导的力量,致力于教的"供给侧"改革。
◎ 看今日课程,百花园姹紫嫣红,从"全课程"到"微课程"的百花齐放,正在使教师的精神领地变得更加灿烂⋯⋯

语文课改：在整合中实现课程的超越

在语文教育由"课改"到"改课"的变革中，我们正在走一条整合中实现超越的新路。随着课改的不断深入，传统的学科边界必然会遭遇挑战，这是由教育开放的号角催醒的。因为开放的教育必然会冲击传统学科间过分僵化的画地为牢。从本质上看，语文作为生命的一种存在和表现，一种生活的表达与交际，其学习空间的广阔正是它的本色状态。我们应当把生活与世界作为活语文的"教科书"，这就对语文课程、语文课堂形成了一种倒逼机制：必须在更宽的程度上实行整合与超越。

什么是"整合"？以"砌墙"为隐喻：我们先购买砖头、水泥和砌墙工具（抹刀等）。这些"资源"各不相同，却因"砌墙"（目标）集聚到了一起。然后以人的智慧让它们结合在一起，"整合"就实现了——一堵墙砌成了。这时我们看到的是一堵墙，一种另类的物体，已经不再是砖头、水泥了。以此反观语文课改，我们可以把整合界定为一种教育运作：使不同的、原先分散的因素，相互之间产生出有机的联系和依存，让它们按照某一既定目的，以一种新的链接，形成一种新的状态，产生更为强大的效能，而不再是之前的一些各自独立存在的元素了。

"整合"不同于"集合"，更不同于"混合"。"集合"只是把相同或相近的对象物集中在一起，相互之间没有产生新的意义或作用。"混合"就更不一样了，强调集聚在一起的对象物，不仅有完全相同的，更有完全不同的，它们之间没有任何的意义和作用，只是混在一起罢了。

整合的语文课程或语文课堂，是以语文乃人类思想交际的工具、历史文化的载体为基础，以尊重学习者个体的主动性为动力，以对生命整体、世界整体的认知，促进学习者健康成长为目的，并以学习内化的方式为途径而重建的一种课堂观念。为什么要整合？第一，教育的本原在于促进学习者的生命发展，而生命是统一的，不分学科；生命赖以生存的世界也是统一的，也不分学科。当然，为方便人的科学认知而作细分，有其一定的积极意义和存在价值，但不可画地为牢，使边界僵化。第二，东方式思维的特点，在于特别强调整体性，所谓"天人合一"，自有其宝贵的认知价值。"整合"正是这种思维方式的一种体现。第三，中国语文教育几千年来都不单独设科，而是与经学、哲学、史学、文学等统整在一起。语文独立设科才百年历史。几千年的传习不衰，说明了自有它不独立设科的理由。实际上，"整合"对语文课程来说意义确实更重要。它是人类思想交际的重要工具，有助于人的整体精神世界的建设。语言文字在各领域都有灵活运用的生态存在，从而让思维、阅读、表达（写作）的视界得以沟通，视野得以开阔。报载我国一套"维新"语文课本即将出版，那便是将语文、思想品德、历史整合在一起的一种全新教材。这足以实证语文教育在"整合"中跨界的发展趋势。最后，不能不说的一点是未来社会面临科技高度发达的挑战，生活中会出现越来越多的不确定性。层出不穷的新问题的解决，需要人们能整合各种资源，形成解决实际问题的智慧，这就更需要人们具有长于整合的能力。

那么，在当下的语文改课中，我们从哪些方面可以看出在"整合"中正在实现课程的超越呢？课程形态与实施机制，取决于教材的形式和内容。在语文课程里教材以文本的形式呈现。有别于其他课程，语文教材的文本不是由编者直接按课程的知识体系作解说编述的，而是选编现成的文学作品和文章为课文。所以，语文改课在整合中实现课程超越，往往也就更多地体现在教师对文本（课文）的处理与重构之中。

一、在文本性质上的整合超越

正因为语文教材是直接选编作家的文学作品或文章以供学生阅读，就常有文字浅近但旨意深远的特点，所以教师要能够解读教材，并在课堂上作贴切的讲析导引，让学生因文循义、披文入情。为了帮助教师的教学，出版社同时会推出教学参考书，以辅助教师备课。随着课堂教学改革的不断深入，传统的以"教"为主，正在不断向以"学"为主转轨，教师从编写"教案"到尝试着直接编写"学案"，让学生自学相关的资料来自行解读课文。于是有教师在这方面作了更大胆的探索：把教学参考书上的"教材分析"等栏目的相关资料，稍加整理后印发给学生自学，让他们边读课文，边看资料，然后思考交流——哪些分析你觉得很有道理？哪些分析你难以理解？课堂交流中学生的表现让我们不得不承认，以前都是教师对课文进行读解，学生在有了自读资料之后，也一样可以做到。我们完全可以让学生和老师一样，直接从相关分析材料中获取信息。这不仅提高了学生的自主阅读能力，促进了学生的思考、理解和表达，而且节省了大量课堂教学时间，推动了课堂结构的大幅度调整。这无疑是一种对"课本"和"参考书"这两种不同性质文本的直接整合。

二、在文本形式上的整合超越

面对不同形式的文本，为了实现同一的教学目标，完全可以借助于整合，实现对课程的超越。著名特级教师赖正清在执导《雅鲁藏布大峡谷》一课时，使用非连续性文本，帮助学生理解课文中的这一主旨段："在同一坡面上，从高到低形成了九个垂直自然带。不同高度的自然带呈现出不同的自然景观，犹如凌空展开的一幅神奇美丽的画卷。在这里，可以见到从寒冷的北极到炎热的赤道分布的动植物。"面对这样一段相当抽象的文字表达，赖老师通过补充非连续性文本（见下页图），达到了两个文本的互读沟通，实现了学生认知的超越。

显然，这样两种文本（课文的连续性文本和图片的非连续性文本）表现形式的互补，和两种文字（描述性语言文字和图片性语言文字）的互相照应，从根本上体现了文学与科学的整合效应，具有对传统语文课程"只从课文到课文"这一陈规习俗的超越意义。

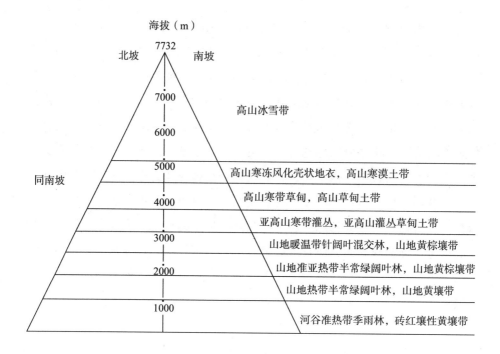

三、在文本体裁上的整合超越

在语文课程中，文本的体裁各异，不只是教法不同，在其认知领域、文化样式上也会各有差别。语文课堂若能将课文进行不同体裁的转换变化，也很能体现出在整合中超越传统课程的功力。《蟋蟀的住宅》是著名生物学家法布尔写的一篇科普说明文，一位特级教师在课堂上先让学生看电视科教片《动物世界》，要求学生特别注意聆听它的"解说词"。然后又单独放了"解说词"的录音。接着，再让学生自读《蟋蟀的住宅》，画出不太明白的生字和词语，画出最感兴趣的片段。在小组合作学习互学交流中，教师巡回指导。在全班交流朗读后，出示的指导深读的要求竟是：如果电视台要将《蟋蟀的住宅》拍成电视短片，把编写解说词的任务交给你，你怎么来确定镜头？哪些镜头用扫描？哪些用慢镜头？哪些镜头用特写？请你仔细读课文，作出设计，并自选镜头配写三处解说词。学生一下子被这项新奇的学习任务吸引住了，积极地投身其中。显然，正是两种文本体裁的整合转换，给了学生以极大的探究兴趣进行自主创造的空间,让课堂充满了学习、创造的生命活力。

四、在文本数量上的整合超越

阅读量小是语文教学多年存在而难以治疗的痼疾,因此也带来了语文教学效益低下的困顿。而另一方面则存在教师在课堂上的讲析过度,剥夺了本该属于学生的自主读书的时间和空间。一篇课文是不是一定要花两三节课时间来教?一堂课能不能将在内容上可比较、可参照、可串联的两三篇课文整合起来读?……这样的思考催生了由"读一篇带一篇"到"群文阅读"的整合阅读策略。优秀青年教师罗才军将陆游的《示儿》和杜甫的《闻官军收河南河北》整合在一起诵读,前者紧扣"悲"字和后者紧扣"喜"字,产生了可供学生进行比较解读的空间,同时又为学生自行领悟诗歌中采用的意象叠加的方式,深入感受不同时代的诗人从不同的角度抒发的强烈爱国情怀创造了条件。同样,著名特级教师魏星将《伊索寓言》中的《狐狸和葡萄》《狼来了》与《蝉和狐狸》组合起来导学,让学生在自主阅读中发现了一个共同点——撒谎,并归结出主问题:他们为什么要撒谎?撒谎的目的、手段有什么不一样?从而推动了学生自主建构阅读的策略。这两个案例共同说明了文本整合群读,若引导得当,可以大大提升阅读效益。实践足以证明:科学的整合就是发展,就是提质,就是超越。

五、在文本读写转化上的整合超越

语文课标对语文课程性质的明确定位是"学习语言文字运用的一门综合性实践性课程","运用"当然离不开读与写。教师若能在文本的读写互动、转化上下功夫,必然可以在整合中实现效益的优化与超越。在这方面著名特级教师于永正和他的弟子戴建荣共同导学的《珍珠鸟》一课,正是对同一文本实现读写转化整合的范例。

课上先由戴建荣老师导读第一课时,完成初读课文、识字学词、读通课文、理清层次和感受蕴意。接着由于永正执导第二课时,让学生代"珍珠鸟"完成一篇习作,来说说"我的主人冯骥才"。于老师先让学生再读课文,反思讨论:在"珍珠鸟"眼里,冯骥才又是一个怎样的人?他对"珍珠鸟"的爱表现在哪里?这样围绕同一文本,对人与鸟、读与写实行翻转整合,确实很有教学价值,体现了阅读是对写作的启示,而写作又何尝不是一场阅读的演练?在这里,读与写不是两层皮式的结合,而是生命表达活动的一体化"呼吸"。阅读是"吸",吸收精神表达的养分;写作是"呼",把在阅读中所得的丰盈的思维、心境表达出来。生命就在这"呼吸"循环之中显示了它的强大存在和无穷魅力。这无疑是在整合中获得超越的成功尝试。

六、在文本更宽泛的整合上实现对语文课程的超越

2015年10月13日的《北京晚报》载有孙乐琪的一篇文章,其中有这样的课堂描述:"明月几时有,把酒问青天……"在北京革新里小学的一节课堂里传来了邓丽君悠扬的歌声。听课的家长以为这是一堂音乐课。错了。听,教师接着问学生:听着歌声让你想起了哪个传统节日?你知道有哪些词语和语句可以形容中秋节?……听到这里,家长们认为原来是堂语文课。可教师接着和学生聊:看到月亮让你想起了哪种平面图形?(生答"圆")于是教师接着说:大数学家毕达哥拉斯说,在所有平面图形中,圆是最美的!……家长这才觉得这下错不了,这是一堂数学课。可是,接着,屏幕上出现了梵高的名画《星夜》,教师请大家数数有多少圆形在里面……原来这是革新里小学"构建课程文化,师生乐教科学"课改推进研讨会的一堂研究课。如果我们把这堂课改变部分设计,使其成为具有"全课程"色彩的语文课也无不可。语文单独设科的历史才100年,它的漫漫前世就是在多课程整合中存活的,而且活得很精彩。所以,今天的语文教学又何尝不可以开展有效、合理的学科间整合或学科内联动,让学生在鲜活、有趣的情境总汇里学语习文,同时提高综合运用多项知识解决新问题的才智呢?

在学科教学中,必须培养跨学科的意识和能力。面对未来社会的挑战,我们的教育必须走一条以提升人的核心素养为靶向的融合之路。须知在当代

教育更多地指向生命与世界时，不同的学科已不再是孤立的学科，不能再像以前那样"老死不相往来"。所以，语文教学必须在整合中实现超越，提高学生灵活运用知识，综合地解决不确定的、复杂的实际问题的能力，以面对未来社会的挑战。这就是我们应当树立的语文改课的价值自信和道路自觉。

课程：改革"教"的"供给侧"

陶行知先生有一次去武汉大学演讲，带了一只公鸡。人们觉得很奇怪：难道这会与演讲有关吗？原来先生要以这只鸡做个现场"实验"。他先抓一把谷子撒在讲台的桌面上，再把鸡的头按在谷子上让鸡吃谷子。公鸡一粒谷子都不肯吃。先生又把公鸡的嘴掰开，把谷子塞进鸡嘴里，公鸡挣扎着甩开了头，把已经塞进嘴里的谷子甩了出来。最后，先生把公鸡放了，把谷子撒在地上，退开几步，公鸡才慢慢啄食……这时，陶行知先生说："教育，就如同公鸡啄食……"

从公鸡啄食说到学生学习，确实是事异理同：要让公鸡"真吃"，你就得改变"供给"的方式。强按着头让公鸡吃谷子，公鸡死活不吃，不是它不想吃，而是你"供给"的方式不对。改变了"供给"方式，把谷子撒在地上，把鸡放了，再退开几步，公鸡就吃得很好。要让学生"真学"，教师也得放弃单向灌输的习惯做法，避免用简单的指令强迫学生去完成超量的学习任务。如果学生迫于教师的压力，只会是被动地去"假学"，哄着教师、家长，真正的用脑、用情的学习其实并没有发生在学生身上。

"教"与"学"的关系，从本质上说，也是一种"供"与"需"的关系。"教"的供给，要能真正调动、满足，进而激发学生学的"需求"，学生的"真学"才会出现，"教"的效益也才能落到实处。中央提出的"供给侧"改革问题，不只是切中了经济领域的时弊，也为其他方面的深化改革，提供了方向和路径。周洪宇、黄立明在《2016中国教育改革发展热点前瞻》(《中国教育报》，2016年3月10日)一文中，就提出了"教育发展新常态""教育供给侧改革""教育质量""共享教育""绿色教育""互联网＋教育"等十大热点问题。在"教育供给侧改革"中,特别强调了要"提高教育供给端的质量、效率和创新性,丰富教育供给结构,为受教育者提供更丰富、多元的教育资源、教育环境和教育服务模式"。因此,我们不难理解,要提高育人质量,关键就得让"真学"发生在学生身上,而作为教师就得找准"真学"的机理。在这方面,以前我们做得较多的是喋喋不休地让学生明确学习目的,端正学习态度。这当然没有错,但实践表明,光靠简单的说教是根本解决不了问题的。如能以"供给侧改革"的理论为指导,从调动学生的"内需"着眼,从提高教师教育"供给"的质量入手,才有可能让学生真正地学起来。

那么,从哪些方面探索,才会有助于教师改变"供给"方式,改善"供给"质量,以找准学生"真学"的机理,唤醒学生"真学"的动能呢?

一、顺性而为

所谓"顺性而为",就是要顺应学生的"天性"以施教,以引导。"儿童是天生的学习者",这应当成为教师对学生天性的公共认知。每一个生命降生之后,都有一些最基本的生存和发展的天赋。婴儿从吮奶到进食,以后又从学步到说话,基本上都是靠他自己的能力学会的。其中虽然免不了有一些大人的帮助,但这种帮助都是成人在幼小生命固有内动力基础上的顺性而为。我们会发现孩子有很大的好奇心,他们也特别爱玩,特别喜欢动手去尝试。其实这一切都是作为一个"天生学习者"的天然表现。"好奇心"源自孩子对这个陌生世界的认知欲望,这是"好学"的动力所在;"爱玩"是了解环境的基本手段,游戏是学习的另一种形式,所以这是"好学"的行为表现;"喜欢动手"更是"好学"的勇于探索精神。正是因为他们的"好学",即使在婴儿期,他们就已经学会了很多东西。正如鲁迅先生所言:"孩子们常常给我好教训,其一是学话。他们学话的时候,没有教师,没有语法教科书,没有字典,只是不断的听取,记住,分析,比较,终于懂得每个词的意义,到得两三岁,普通的简单的话就大概能够懂,而且能够说了,也不大有错误。"(《人生识字糊涂始》)确实,孩子学说话的过程,集中表现出他们与生俱来的学习能力是惊人的。如果我们对这一点能深信不疑，积极鼓励他们大胆参与到学习中来，毫无顾忌地展示自己的思想认识和生活感受，"真学"的局面也就打开了。听一位教师执导《手术台就是阵地》这一课，有小朋友自言自语地在那里说："白求恩到底是'客人'还是'不是客人'？"教师听到了，觉得这个问题有意思，就抓住这个学习的内动力，鼓励大家来说说——

生：白求恩当然是我们的客人，因为他是加拿大人，不远万里来帮我们抗日的。

生：他不是我们的客人，因为他不是我们请来的，是自愿来的。

生：不是请来的也是客人呀。昨天晚上，我们家正在吃饭，小李阿姨来了，妈妈说："客人来了，倒茶！"我们没有请小李阿姨，妈妈照样称她是客人。（把生活经历用上了）

生：白求恩刚来是客人，来久了，参加八路军就不是客人了。（辩得有理）

师：说他不是客人，那他是什么人？（这一问问到了点子上，"供给"得好。）

生：（齐答）自己人。

生：（部分答）一家人。

师：对，他跟谁是一家人？（抓住了问题的本质）

生：（齐答）他跟八路军是一家人……他跟中国人是一家人。

师：你们说得真好。他是把中国人民的解放事业——

生：（齐答）看成了自己的事业。（抓住了问题的本质）

这是一场多么自然的课堂讨论。孩子们自由言说，联系生活事件，毫无束缚地各抒己见，这完全可以证明他们的学习能力。当然，这样的"真学"境况，是与教师的有效"供给"分不开的，如机敏地发现问题、营造自由的讨论氛围和适度地点拨引领。在这里，教师的"供给"起到了重要作用。

二、平中生趣

兴趣是学生进入"真学"的最好"老师"。儿童的心理特征之一,是特别喜欢"跟着兴趣走"。但是,学习也是艰苦的劳动,"学海无涯苦作舟"早已成为传统的警语。问题是学习虽有需要勤苦的一面,但一旦投入其中,也有很多的快乐。而且提倡勤苦,强调的是一种态度,快乐或痛苦则是一种心理感受。以勤苦的态度学习,获得的不一定是痛苦,也可以是快乐。如果我们能够让学生在学习中享受到快乐,"真学"也就实现了。要达到这种境界,在教学中就得提升教师"供给"一方的质量,千方百计去发掘平凡、平常甚至有点平淡的学习中内蕴的快乐因子,追求"平中生趣",以调动学生对学习的兴致和爱好。

《新型玻璃》是一篇科学说明文,以平实的语言介绍了"夹丝玻璃""变色玻璃"等五种新型玻璃,这似乎很难让教师做到平中生趣。但在著名特级教师于永正那里却不一样,他引导学生改变体裁,让学生把《新型玻璃》的介绍说明,改成"新型玻璃自述",自己选一种作准备,然后上台表演,从中渗透学语习文,其教学谐趣艺术的魅力,令人倾倒:

(生读《变色玻璃的自述》。)

师:他是变色玻璃了。(笑声)

生:(接着读)我的名字叫变色玻璃,是高科技产品。有人可能不知道我,其实我早就上世了。

师:请停一停,把你写的"上市"的"市"字写在黑板上。(该生在黑板上写了个"世"字,师生都笑了。)

师:"产品上市",就是把产品拿到市场上去卖,是"市场"的"市"。(学生恍然大悟,立刻把"世"字改为"市"。)

师:同学们,汉字的同音字很多,如"市——世""向——像""已——以""在——再"等,写的时候要静心多想想,该用哪一个。只要心不慌,一般不会写错。——请接着读。

生:(接着读)门窗上安上我,从室内看外面很清楚,而从外面看室内却看不见。

师：应该说"却什么也看不见"。"却"后面加上"什么也"三个字"。

生：（继续读）所以小偷就不知道家里有什么，没法去偷。

师：想得真周到。不过，不是"没法去偷"，而是"不会去偷"，请改过来。

生：（继续读）我还会随着阳光的强弱而改变颜色，起到自动调节室内光线的作用，使光线变得柔和，不刺眼睛。你们看，于老师的眼镜片就是用我做的！（笑声、掌声）

师：（非常高兴地）对！我的眼镜片就是用你做的！你保护了我的眼睛，我得好好谢谢你啊！（和学生热烈握手，笑声、掌声。）

……

这真是平中生趣：把"介绍说明"变成了"自述"，这一变不仅意趣横生，创意迭出，而且也提供了用词造句的许多鲜活实例。这就难怪学生情趣盎然，掌声、笑声不断了。于老师改善了"教"的供给策略，给"真学"的形成创造了重要条件。

三、激疑借力

要让学习能真正发生在学生身上，起点应在一个"问"字上。对此，宋朝的张载说得好："在可疑而不疑者，不曾学。学则须疑。譬之行道者，将之南山，须问道路之出。自若安坐，则何尝有疑？"意思是在可以怀疑的地方不怀疑，等于没有学起来。譬如走路的人，要去南山，就得问这路该怎么走，如果只是想安稳地坐着，当然就不会去问路了。所以"凡理不疑必不生悟，惟疑而后悟也。小疑则小悟，大疑则大悟。故学者非悟之难，而疑之难"（唐彪，《读书作文谱》）。正是从这个意义上说，要让学生"真学"，先得让学生有问题。赞可夫认为："只要学生能提出问题，这就是重要的条件之一，它有利于形成和巩固学生对学习的内部诱因。"（《和教师的谈话》）那么，如果孩子没有问题怎么办？这其实是假象。孩子的心里天生有着问不完的问题，常常是因为成人（教师、家长）嫌他们烦，采取冷漠的甚至呵斥的态度，久而久之，他们也就失去了提问的兴趣。所以，要解决这个问题，"解铃还需系铃人"，就得靠教师改变"供给"策略，从冷淡学生提问变为千方百计诱发学生生疑。著名教育家陶行知就写过一首诗鼓励学生不但要爱问，而且要"问到底"："天地是个闷葫芦，闷葫芦里有妙理。你不问它你怕它，它一被问它怕你。你若愿意问问看，一问直须问到底。"如果教师能想方设法激起学生的疑问，他们自然就有了想弄清问题而"真学"起来的行动了。

我听过一位教师执导《太阳》这一课，有几位学生提出了对课文的不同看法，认为课文只是单方面地强调太阳"和我们的关系非常密切"，"没有太阳就没有我们这个美丽的世界"，好像太阳的一切方面都是好的。这样写，不够全面。这出乎教师的意外，但他没有据此就不让学生质疑，而是让学生说说理由。于是大家就边想边发表意见。有的认为："世界上许多地方都在闹旱灾，这与太阳有关系。"有的提出："猛烈的阳光照射会伤害皮肤，所以妈妈要抹上许多防晒霜。"有的举出夏天时看到园林工人在给花草搭棚遮阴，说明猛烈的阳光也有不利于植物生长的一面。有的还从书报上看到太阳黑子很可怕……如此热烈的议论，自然是"真学"带来的可喜景观。于是教师趁热打铁，临堂决策：让学生给课文补写一小段，不妨也说说太阳不利于人类生活的另一面。

四、差异开发

《规划纲要》特别强调了要遵循教育规律和学生的生理心理发展规律，为每一个孩子提供适合的教育。这是很高的要求。要让每一个学生都享有适合的教育，我们不仅要承认教育的差异性，而且要在运作层面上不再用一种方法去教育50个孩子，而是用50种方法去教育一个孩子，这样方能明白什么方法是最适合他的。只有适合了，我们才有可能看到"真学"在他身上的发生。教育要以人为本，就得承认人与人是不一样的。被誉为绘本寓言大师的李欧·李奥尼的《鱼就是鱼》，就生动地说明了这一点。有一条鱼很想了解陆地上发生的事，就向小蝌蚪打听。于是，小蝌蚪长成青蛙后就跳上陆地去了解。回到池塘后，青蛙向鱼汇报自己看到的各种东西：鸟、奶牛和人。鱼根据青蛙对每一样东西的描述形成了自己的认识：人是用鱼尾巴走路的鱼，鸟是长着翅膀的鱼，奶牛是长着乳房的鱼。……这说明了学习无法避免基于自己已有的知识建构新知识。而每一个人又是与众不同的唯一，所以，要让学习真正发生在每一个学生身上，教师就必须注意从每一个学生的差异出发，作有差异的指导，最后达到让每一个学生都能实现有所差异地发展。也只有这样有差异地"供给"，才能满足一个学生群体中有不同个体差异的需求，而让每个学生都能实现属于自己的"真学"。儿童诗人雪野执导的一堂童诗读写课《我的眼里》(二年级)，让春风来说话。教师先让学生看图说话，启发学生表达："我（春风）走过，柳丝怎么样了？"学生说的各不相同，有"飞起来啦""动起来啦""舞起来啦""绿起来啦"……都得到了教师的称赞。接着，再看图片，教师说："我走过，湖水怎么样了？"学生说得更欢，有"卷起来啦""笑起来啦""唱起来啦"……又都得到了教师的鼓励。当说到"我走过，花儿又怎么样了"时，学生说得正欢，一个孩子站起来却说"花儿哭起来啦"，于是全堂哄笑，都说她胡扯。可雪野老师耐心地摸着孩子的头说："你们别笑，应当听听她的理由，别随便就以为人家是胡扯。"于是，那个孩子说："我走过，花儿哭了，因为有人摘了它的花，有人踩了它的身体。"这时，全场响起了热烈的掌声。由此可见，只有教师实施了差异教学，才有真正基于差异的"真学"。

五、遵循"内生"

我们必须认识到，学习是一种"内生性"的智力活动。它主要不是通过外部的给予或灌输来实现的，而是依靠"自得"来达成的。即使是来自外部的授予，也必须通过自身的"内化"，才能真正获得。所谓"自得"就是"自觉地有所得"，即指主体不依外力，反身体验，默识心通，自然而得。这个过程，也就是"真学"的过程。孟子十分提倡自得的理念，他继承孔子"修己安人""为仁由己"的思想，并进一步提出："君子深造之以道，欲其自得之也。自得之，则居之安；居之安，则资之深；资之深，则取之左右而逢其源。故君子欲其自得之也。"（《孟子·离娄下》）自得是"真学"的果实，它的全过程是"内生"的。当然，强调这一点，并不否认教师的重要作用，而只是更加强调教师的有效供给，更应当扎根于学生"真学"的"内需"和"内生"。在这方面，有一个教学案例很能发人深省。一位特级教师教《海上日出》这篇课文时，一个学生问："一刹那间这深红的圆东西发出夺目的亮光——什么叫'夺目'？"教师请同学回答，一个小女孩站起来说："夺目，就是把眼睛突出来了。"话音刚落，全场大笑。教师认真地说："你想的方向不错——能不能换个更好的说法？"本来小女孩已被大家的笑声羞得满脸通红，低下了头，听了教师的鼓励，就抬起头还习惯地举着手说："就是光线太强，刺人的眼睛。"大家都为她的回答鼓起掌来。这位学生起初的回答显然是词不达意，如果教师来个谁来帮她说，可能会省事得多，但教师没有这样做，而是在适度肯定的同时，再给她一个"自得"的机会，终于让一颗稚嫩的心重新拾起了自信。所以，"真学"还离不开在一些细节上，教师能给学生以更多的"内生"机会。

联合国教科文组织在《学会生存——教育世界的今天和明天》中认为："未来的学校必须把教育的对象变成自己教育自己的主体。"而"真学"的发生机制从根本上说，就是让学生自己教育自己，让每个学生同他自己的关系有一个根本转变。这是教育面向未来的重大使命。

"微课程"：教育人性化的时代之舞

教育改革的重点是课程改革，从"课改"到"改课"一直受到人们的关注。"微课程"的出现和发展，是教育关注人性化的时代之舞，必然会是一道颇为靓丽的风景。

一、从课程说"微课程"

"微课程"首先是课程，要说"微课程"就得先从课程说起。教育的根本要素之一是课程。这是因为课程关乎为实现学校教育目标而选择的教育内容。如果我们说教育即课程也不为过。由于人们所依据的知识观、学习观，以及社会、哲学导向不同，对课程的定义也会有所差别。在我国，"课程"一词的出现，最早可以见于唐代。孔颖达在为《五经正义》所作的注疏中就有"教护课程，必君子监之，乃得依法制也"一说，其课程的所指已近乎现代的课程含义。在宋代朱熹的《论学》中亦有"宽着期限，紧着课程"，"小立课程，大作功夫"等说法。西方"课程"一词源于拉丁文，意思指"跑道"或"民族经验"。"跑道"近乎途径、通道、进程；而"民族经验"是指课程就是将民族经验作选择后传给下一代，使其通过学习，达到一定的社会要求。由此看来，课程的内容是相当宽泛的，因其所取的范围大小不一，就有了"全课程""微课程"的种种不同。

所谓"微课程"，就是指小微的课程。它们或占时少，一次就几分钟十几分钟；或总量小，几个星期才一次；或主题单一，只是很单纯的一个认知点，一个认知角度……"微课程"因其微小，就可以在同一单元时间里开出更多的课程，供学生选择参与，有助于解决现代人才培育多元与传统课程单一之间的矛盾。所以，这样的"微"不是"微不足道"的"弱小"，而是有着积小为大的功效；这样的"微"也不是不值一提的"卑微"，而是一种可以因小见大的精妙；这样的"微"还不是绝对的"小"，因为在任何一个小的领域里，都缩微着一个大千世界。你说"叶子"小吗？若论它的形状、颜色、功能、进化、物理性质、化学功能、细胞构成……麻雀虽小，五脏俱全，所以我们也就有了"一粒沙里见世界，半瓣花上说人情"的认知。

二、从"微课程"看"微时代"

"微课程"在课程改革的大潮中涌现，不是一个孤立的现象。这是因为一种"微文化"已悄然兴起在我们的生活之中，且成了颇为醒目的时代标签。"微课程"只是这种"微文化"大潮中的一朵浪花。放眼世界，我们不难看到报刊上有谈古说往的"微历史"专栏，品头论足的"微人物"推介，即时即地的"微新闻"报道，助人为乐的"微慈善"行动，什么"微就业""微旅游""微公益""微论坛""微电影""微博客""微小说"等等。可以说，我们已在不知不觉中迈入一个听起来很时尚的年代——"微时代"。

当代特别崇尚微小化，依我看是有理由的。在科技昌明、信息海量的今天，各行各业无不经受着变化迅捷、形态万象的挑战。人们在疲于应对中自然就有了如何充分利用资源，珍惜时间的要求。那些以前不为我们关注的各类"缝隙""边角"，也无缝不钻地挤入了我们日常生活的视界。这样，实现微小化无疑是应对的良策。另一方面，变化迅速的时势，也要求我们更重视灵动的可适应性。"船小调头快"，"微小"自然也就有了这方面的优势。再说"微"与"大"永远是一个可以互相转化的相对概念，人们常说"因小见大""从微知著"便是这个理。《荀子·非相》中有言"欲知亿万则审一二"。宋朝的司马光也说过"尽小者大，慎微者著"（《资治通鉴》）。这些都说明，从小处着眼，从细处入手，方能有大识、成大事。于是，一味追求"高大上"的固有逻辑习惯被颠覆了，硬是演绎出一幕幕颇具新意的别样"微景观"。显然，在这样的"微时代"里，语文课程的改革领域，面临一直存在的传统课程的单一化与现代人才标准的多元化之间的矛盾，也就必然会走向以"趋微"实现课程开放的新常态。"微课程"具有"主题单一"（一门"微课程"只以某个单一的事物为主题）、"占时短小"（几分钟到十几分钟或几周一次）、"领域跨界"（不以传统课程划界，多具综合性）、"参与自由"（学生自行选择，走课学习）和"学法多样"（既有以讲说为主的，又有以制作为主、操练为主、实验为主、研究为主的）等特点，是一种个性化、体验式、趣味性、创造型的学习。实践足以证明，灵动而多样的课程设置，更能适应时代对全人教育的多元要求，更有利于以人的生命发展为核心的创新人才的培养。

另外，"微课程"的开设也会有益于充分调动教师专业发展的个体积极性。教师的专业能力有着鲜明的个性差异。从著名的"木桶理论"来看，一个木桶的贮水量取决于围起这个木桶的那块短板的高度。在教师专业能力培养中我们就要关注他的"短板"在哪里，培训工作就得补补他的"短板"。但另一方面，为了更好地用好教师专业能力这一重要资源，我们也得关注他的"长板"在哪里，而且应当为他的"长板"设置一个"量身定做"的"微课程"，让他的特长得到最佳发挥。如一位教师对兵器特别感兴趣，有丰富的兵器知识，学校就专门为他开了一门"兵器世界"的"微课程"，学生很喜欢他的课，这极大地鼓舞了这位教师的教育积极性。

三、"微课程"的基本模式与实施

"微课程"的内容微型化和形式灵动性，决定了它在呈现方式和实施策略上的百花齐放与气象万千。然而，任何一个事物的多样存在，并不等于它无脉络可供梳理，无规则可供把握。"微课程"当然也不例外，我们大致可以归结出一些基本模式和实施途径。

总的来说，"微课程"并不一定都可以清晰地分别归属于某一固定课程。这是由它的高度综合性所决定的。特别是那些超越了传统课程边界的认知新领域的"微课程"，当然更没有必要受制于传统的课程界别。就现在我们所见较多的"微课程"，大致可以梳理出这样一些基本模式与实施途径。

1. 在一堂语文课中的"微课程"

语文教学事关对语言文字的听、说、读、写、思的综合运用训练，其内容之丰富、牵涉之广使这门课程具有极强的综合性和实践性。为了在整体性提高语文素养的过程中能强化比较薄弱的某些专项能力，有的教师就设计了只占时两三分钟的"微课程"。如一位教师针对班上学生口头表达能力比较差的实际情况，在课始预热的三分钟里，开出了"信息快车道"这样一门"微课程"，由学生按座次自动上讲台报告信息，诸如书报上的、社会上的、家庭里的、校园内的、街头听的乃至班里的"故事"，都可以作为信息交流的内容。教师对每次"信息快车道"的交流都录音保存，既供一周一次的讲评之用，也供大家前后比较，看到自己当众发言水平的提升。这一"微课程"的开发，利用了上课预备铃声响起后的两三分钟时间，既不影响上课，又很好地起到了安定情绪、集中注意的作用，可谓一举多得，取得了很好的效果。

2. 在课外活动中的"微课程"

利用学生在校园内的课余生活时间，结合各种兴趣小组的体验活动，让学生自由参加，形成一种特别宽松的"微课程"。如有一所校园开阔、种植活动搞得特别好的小学，设有"百花园"、"百木园"、"百草园"（种药草）、"百果园"、"百蔬园"（种菜）五大园和五个兴趣小组，学校就以兴趣小组的固定成员为核心，开设了相应的五门"微课程"，学生可以自愿参加活动。参加次数多，兴趣特别浓的同学还可以申报参加相应的兴趣小组，成为正式成员。其实，学校的各类课余兴趣活动，如"音乐吧"的器乐演奏，"陶塑（泥塑）作坊"的现场操作，航空、航海模型小组的模型制作等课外兴趣小组活动，都可以让组外学生自愿参加，把课外兴趣小组活动有计划地开发成一门相应的"微课程"。这样既丰富了学生的课外兴趣活动，又为有计划地从听课的学生中吸收兴趣小组成员，创造了有利条件。

3. 在"课程超市"中的"微课程"

为了使"微课程"的开设更方便管理和实施，也更有效，有些学校采用每周安排半天时间集中开设"微课程"的做法，称为"课程超市"。如有一所小学就选择了周三下午开设"课程超市"，根据学生的兴趣爱好和师资条件，让学生自主选择，并结合按程度分层教学的原则，开设了艺术、科技、语文、数学、手工、体育等6大类57门"微课程"，被学生们称为"快乐的星期三——我的课程我做主"。在这一天下午，校园真像一座大超市，许多课堂在教室里，但也有不少课堂在走廊里、礼堂里、图书馆里、实验室里、蔬菜地里、玻璃棚里……校园里弥漫着为打开知识大门而快乐的那一种发自内心的欢愉。

4. 在网络上的"微课程"

利用好现代教育技术着力开发数字化网络课程，是"微课程"在大数据时代的一种新形态。即充分体现教师的某一专业特长，设计好一门门"微课程"，通过数字化手段制作成精致的视频，统一整合在校园网上，以供全校学生随时上网学习。如绍兴市鲁迅小学进行了精心的设计和制作，按照可开发的课程资源，分8大板块，组合成学校的"百草园网络微课程平台"，首批上线37门"微课程"，175节"微课"。"8大板块"为"三味书屋""朝花夕拾""疾风野草""水乡社戏""现代闰土""上天入地""童年如画"等，其分类和命名都与"鲁迅文化"有一定的联系。每个板块下则各有一个"微课程群"。如"朝花夕拾"中的"鲁迅童年""美丽的手抄报""折纸的艺术""学学对课""有趣的谚语"等；"水乡社戏"板块则开设"微课程""小小越剧迷""认识五线谱""脸谱艺术""学唱莲花落""绍兴方言"等。网络"微课程"的实施过程是先"制作视频"，然后将视频纳入校园网中的"百草园网络微课程平台"，学生收视后有什么话想说就写在"学生留言板"上，教师则通过"导师和你在一起"作适时的回应指导。该校的网络"微课程"至2014年年底注册用户已达4531名，总访问量80余万次。经验介绍交流文章《从"三味书屋"到"百草园"》曾刊载于《中国教育报》。

5. 在社会本土活动中的"微课程"

在2013年年底召开的中央城镇化工作会议上，习总书记提出要"让居民望得见山、看得见水、记得住乡愁"。"乡愁"是一个人对故乡的眷恋之情。一直以来，人们总是会很难忘记自己出生并从小长大的那一块地方，这成为所有游子心中一辈子难解的情结。因此，在"微课程"的建设中，"乡土"是一个不可或缺的主题。如"乡土山水""乡土人物""乡土风光""乡土民俗""乡土方言""乡土物产""乡土传说""乡土节日""乡土谚语""乡土古迹"……这些"微课程"取材于当地，有特别丰厚的教育资源，可参观、可访问、可调查、可实地考察。实践证明，从小有扎实的乡土教育根基，对于人的一生发展具有重要意义。一辈子他无论怎样浪迹天涯，都可以重回心中永远的故土家乡，触摸它的风物人事，感悟它的发展变化，追寻曾经的无法磨灭的记忆，抒写难忘的童年体验。对每个生命来说，这一切既是永远的牵绊和希望，又是强大的动力和企盼。

总之，大千世界的无所不有，现代科技的无微不至，加上人才培育的不拘一格，个性发展的唯一和独特……都使传统的相对孤立和单一的课程设置，显得有些凝固和僵化。"微课程"的多样和灵动，无疑是一种颇具时代风格和适应人才培养多元要求的新事物。这对丰富课程内容和更好地推进课程的全方位建设无疑是十分有益的举措。

语文戏曲课程开发的成功样本

课改的浪潮在突围"应试教育"传统体制的时代博弈中正在拍打出万千气象。其中敢为人先的师者，总会在重要的时刻去发现课改拓展的空间，理性抉择其发展方位和前行方向。著名特级教师何夏寿倡导的语文戏曲课程便这样顺势而生。

2015年11月17日，在杭州"千课万人"的"常态课堂"的观摩讲习会上，他执教越剧《梁山伯与祝英台·草桥结拜》一课，用语文的功夫教戏曲，以唱腔的演示赏语文，全场为之倾倒，得到了现场三千多人的赞赏。在2016年，他应邀在全国各地执导语文戏曲课53场。从北国的哈尔滨到南方的广州城，从古都西安到边寨腾冲……语文戏曲之花，一年间竟开遍了长城内外、大江南北。

为什么一位在农村普通小学语文教育园地默默耕耘且又身兼校长之职的教师开发的语文戏曲课程能爆红全国小语界，有如此"一石激起千层浪"的反响？探求其中的奥秘，无疑会大有利于我们对课程改革的时代意义、学理价值与研究方略的认识。

一、"天人合一"是中国数千年积淀的生态智慧，课程开发自然必须顺应时代需求

课程开发所具有的时代意义，从根本上说是所有课程产生都必须具备的原生动力。这是因为课程改革的动因本来就是为了顺应时代的发展需求，在不断面对新的挑战中去适应客观规律，这其实就是一种"天人合一"。中国

社会在历经了农耕文化时代和工业文化时代之后，正在进入审美文化时代。如果说农耕文化和工业文化分别是人类社会的 1.0 版和 2.0 版，那么审美文化时代就是 3.0 版了。相比之下，我们不难理解，历经数千年的农耕文化和工业文化，都是为了丰富人们的物质生活，那么，在物质基础雄厚之后，人们的幸福必然指向精神的审美层面，去追求那些净化的、优雅的、崇高的精神享受。这种社会生活质量的提升，也必然会影响教育的方向和内容，从单向的记住知识和实现升学，转化为完善的人格塑造和博雅的精神追求。如 2013 年党的十八届三中全会上通过的《中共中央关于全面深化改革若干重大问题的决定》中就包括了"改进美育教学，提高学生审美和人文素养"。国务院办公厅于 2015 年 9 月 15 日发布了《关于全面加强和改进学校美育工作的意见》，不仅要求加强美育，还明确提出用戏剧课程加强美育的措施。2008 年孙萍提出的"京剧进中小学"的提案得到落实，京剧又被纳入九年义务教育音乐课程。2016 年 4 月《语文建设》刊出了关于开展"戏剧教育"的专栏，2016 年第 18 期的《人民教育》又刊出了关于"戏剧教学"的专辑……因此，语文戏曲课程爆红小语界，正是顺应了审美文化时代的呼唤。

二、"学理价值"决定了语文戏曲课程本身的生存能力和推广效应

一门拓展性课程的创导能否落地生根、开花结果，另一个重要前提是这门课程学理价值的高低。语文戏曲课程以语文教育为基调解读和欣赏中国传统文化中的戏曲之美，首先体现了当下语文课改的"统整"方向和在"统整"中跨越传统课程之间过于僵化的边界，以更好地体现母语的育人功能，从而整体地提升人的核心素养。戏剧本身是语文课程极富文学性的本质体现，是文学创作的四大体裁之一，是语文教育的应有之义，只是在某些特定的历史条件下曾经遭遇了冷落。

语文戏曲课程更重要的学理价值体现在戏曲本身所具有的极为丰富的资源属性之中。首先，戏曲是中华传统文化中的精华之一，其源远流长：从古代散乐歌舞和俳优，到汉代的歌戏、百戏和角抵；唐有歌舞戏和参军戏，北

宋时又形成了宋杂剧；金末元初在北方出现了元杂剧，戏曲创作和演出空前繁荣，出现了一些著名戏曲作家、作品和艺人，在中国戏曲史和文学史上都有重要地位，如关汉卿和他的《窦娥冤》、王实甫和他的《西厢记》等；明清各地剧种更是广泛兴起，以昆曲、京剧为代表，创作了丰富的戏曲文学和完整的舞台艺术体系。据1985年的统计显示，我国各民族、各地区的戏曲剧种共有340种左右。这些传统戏曲得以流传为经典，多以颂扬真善美、揭露假丑恶为主题，给人以丰富的民族文化之精神营养。戏曲资源如此丰富性，无疑具有承传颂扬的学理价值。

其次，戏曲具有高度的综合性。它的剧本所具有的文学性和演出过程中所辅以的音乐、舞蹈、美术等多种手段，使其被公认为是一门最具综合性的艺术。显然，语文的戏曲课程其特色便是戏曲所固有的综合的艺术陶冶，它可以极大地提升人的审美能力，培养博雅的个人品格，会更多地聚焦于人的核心素养的提升。

再次，戏曲的生活性品质，也是教育所必需的。虽然戏曲演出的空间只是一方小小的舞台，但反映的却是人间的真实生活。所谓"舞台小世界，世界大舞台"。小到家庭风波、人间聚散，大到民族兴衰、国际纷争，无不尽在戏中。通过戏曲认识生活、开阔眼界，自然不失为上策。

还必须强调的一点是，戏曲是一种十分重要的人的学习媒介。戏曲绝不仅仅是文艺圈的事，也不纯粹是娱乐活动，它底蕴丰富，富有教育性，正是学生重要的而且喜闻乐见的学习媒介。换一个角度看戏曲，我们完全可以把其视为由教师与学生一起共同建立的虚拟学习世界。在这个世界里，学生犹如镜中人一样可以更好地认识自我、了解自我与发展自我，也可以认识他人、了解他人，学会与他人互动相处，从而更好地认识生活、认识社会，更好地去建构、适应社群，也更好地去应对世界"不确定性"的众多挑战，并改变自身，成为改造世界的积极力量。

最后，不得不提出，戏曲还是特别适应儿童的一种教育手段。儿童的特点是以形象思维为主，习惯于感性的体验式学习。所谓"体验"，也就是让孩子在亲见、亲历、亲为中去获取知识与习得能力，而不是抽象地、简单地去接受和记忆现成的书本知识，去完成重复枯燥的、大量的书面作业，去聆听抽象的、空泛的、教条式的训诫。正是从这样的角度看问题，形象再现生活的戏曲会更容易贴近儿童、感化儿童，为儿童所喜闻乐见。

三、"研究方略"更强调课程设计的区域特色和教师的个人特长

何夏寿老师语文戏曲课程开发的成功之道，不仅是顺应了时代需求，有深远的学理价值，还在于有重视区域特色和教师个人特长的研究方略。绍兴是一个有着丰富地方戏曲遗产的文化之乡：越剧是清道光末年以嵊县（属绍兴市）一带的曲艺"落地唱书调"为基础发展而成的剧种。初称"小歌班"或"的笃班"。1917年进入上海，又称"绍兴文戏"，以后逐渐流行于浙江、江苏、上海一带，以及全国的一些大城市。著名剧目《梁山伯与祝英台》中的祝英台故乡就在绍兴上虞的祝家庄。绍剧是又一个在全国颇有影响力的剧种，其著名剧目《孙悟空三打白骨精》在中国几乎家喻户晓。绍剧又名"绍兴大班""绍兴乱弹"，明末清初即形成于绍兴一带，清乾隆年间已十分盛行。此外还有"绍兴莲花落""新昌高腔""上虞哑目莲"等。这些绍兴戏曲常常演出于农村、乡间，十分普及，民众不花钱就能经常观赏，称为"社戏"。所以绍兴乡下至今保留着"村村都有大戏台，人人都是小戏迷"的俗话。童年的鲁迅也十分喜欢看社戏，乃至在他的许多作品中，常有与社戏相关的描述。也正因为如此，在绍兴的一些学校发展史上有不少开展戏曲教育的记录。如著名的上虞春晖中学，师生的戏剧活动就十分活跃。早在1934年，春晖中学的部分师生就在12月2日的校庆晚会上首演曹禺的话剧《雷雨》，比《曹禺传》中记载的首次公演还要早四个月。由此可见，语文戏曲课程率先在绍兴出现，绝非偶然。

另一方面，何夏寿创导语文戏曲课程还与他的成长经历和童年记忆有着密切的联系。在他近年出版的《爱满教育》的教育散文集里，就有着《我与戏文》《戏文里的父亲》《姐姐许到后门头》等十分动人的童年记忆。何夏寿不仅爱看戏，还收集"戏考"（旧时的戏曲剧本），并且唱得一口字正腔圆的京剧、越剧等。在语文戏曲课程的关键教学环节，他常会来一段，以婉转、

清亮的唱腔，把课堂教学活动推向高潮。显然，开发课程成功与否，与教师在这方面是否有扎实的知识储备、出色的个人专长与浓厚的个人兴趣有着相当密切的联系。

总观何夏寿语文戏曲课程从无到有、从小到大的开发过程，还具有这样一些操作特点：

第一，重视文本的选编质量。

"课本课本，一课之本"，此话在课程开发过程中有重要意义。语文戏曲课程有别于一般的戏曲课程，它是语文这门国家课程中的拓展课程，因而不能丢失了语文的课程本质"读写运用"这个基本点。要阅读就得有读本。戏曲一般都会有剧本，但剧本的篇幅太长，不宜在一节课里阅读，教师就得选取其中的一场，并视需要再作必要的删节和改编。好在许多剧目的基本故事情节，许多学生都有大致的了解，所以节选一场作为一篇课文并不影响他们的读解，还可以设计一些相应的问题或作业，以促进学生自主阅读、写作活动的展开（如将故事语言改编为唱词、对白，补写剧情等）。何夏寿将这些零星进行编选的文本，合编成了《中华戏曲语文读本》，分为神话戏、清官戏、励志戏、悲剧戏、爱国戏、才子戏、巾帼戏、英雄戏、谴责戏、伦理戏、现代戏、名著戏等12个单元，可供小学高段和初中一、二年段学生阅读。

第二，关注情节的感化作用。

戏曲首先是情节的艺术，所以更应当强调情节的感化功能。这种感染力借助于戏剧性的矛盾冲突和演出体验，会比小说更强烈。虽然在生活背景方面，戏曲比不过小说的广阔，因为小说可直接以整个世界和人间生活为描写对象，可以汪洋恣肆，无所不及，但戏曲的情节却可以十分细腻和深刻，融入在一些具体的戏剧冲突之中。所以亚里士多德在人类第一部戏曲理论专著《诗学》中认为，人的行动即情节是戏曲的重要原则。后来的黑格尔确认了亚里士多德的这一观点。确实，戏曲的情节是由一个又一个的因果关系构成的一条完整的"情感链"，具有戏曲矛盾的引起、发展、冲突到结局的完整性。这些情节充满了人们的意志和激情，足以从深层次打动所有的观众。正因为如此，戏曲的情节就蕴藏了戏曲的内在审美价值的全部而成了追求情感烈度的独特艺术，其高潮也就是描写情感"火山"爆发的精彩瞬间。所有这些都使戏曲成为了特别具有感化作用的一种艺术形式。当然，这一点是我们选编与教学戏曲课文时不能不多加考虑的重点所在。

第三，强调对话的运行特点。

在语文戏曲课程的教学中，对话有着特别重要的意义。对话是人类生命的存在与表现。每一个生命每时每刻都离不开思考、表达和交流，也就少不了语言这个物质存在。思考用的是内部语言，表达和交流用的是外部语言，包括口头语言、书面语言，甚至是肢体语言。广义的对话，指的就是人类的各种语言活动。戏曲中的对话所指显然是"台词"和"潜台词"，从本质上说也就是编剧与演员、导演之间的对话。正是戏曲的这种由对话构成的体裁，使教学过程中的朗读、表情朗读、分角色朗读具有了特殊的意义。显然，读好对话是读好台词的基础，也是演好戏曲的必备条件。总之，对话在戏曲里是一种具有情节意义的行动。如果说情节是对生活的提炼，那么对话便是对生活语言的提炼。这在语文戏曲课程的教学中无疑具有基础性的地位和作用。

第四，运用语文的教学方式。

语文戏曲课程是语文基础课程的拓展，本质上属于语文课程的一种统整改革行为，因此就必须强调要用语文的方式教学语文戏曲课程。观察分析何夏寿的语文戏曲课程教学，是坚持以学生的读写实践为基础的。必须指导学生读好经教师选编的戏曲课文。在阅读过程中辅以"学习单"的形式，由学生在教师指导下学习相关的生字、文言词语、方言词语，重点解读疑难的对话和唱词。如此在提高学生阅读能力、培养良好阅读习惯的同时，渗透了识字、学词和学句，巩固和拓展了语文基础知识。教师在推进阅读台词的过程中，综合提升学生有感情的角色朗读水平，并适度展开读写结合练笔活动。如把说白改编为唱词，理解并运用好写作唱词的规律——节奏和押韵；续写对白，发展剧情，补写舞台说明；将微童话改写成剧本；等等。这样，在语文戏曲课程里学生不仅提高了戏曲审美能力，汲取了感受真善美与批判假丑恶的精神营养，而且也有效地提高了语文能力，提升了语文素养。

第五，重视艺术的实践活动。

语文戏曲课程，是语文与戏曲的统整，而戏曲又是一门综合艺术，所以在教学过程中应当十分重视引导学生尝试戏曲艺术的实践，从而满足学生对戏曲艺术的审美需求，提高他们的审美能力。在这方面，教师可以由低到高步步"登堂入室"。如先从"分角色朗读"做起，到初步的角色扮演（用简单的头饰、面具和服装等）；由一般的重视"情境教学"到课文片段的"即兴表演"；从初步的"戏剧游戏"到尝试编写、演出"课本剧"；从语文戏曲课程逐步引向校园文化，如成立校园剧社（剧团），举办学校戏剧节，等等。总之，语文戏曲课程，不能只停留在纸上谈兵，应当重视学习与实践体验的结合，深入感受戏曲艺术的审美教育价值。

在课改高潮中，教师积极参与拓展新课程的研究实践，给中国教育改革创生了一个全新的时代。课程的极大丰富，为学生的全面发展和健康成长，以适应未来社会的挑战创造了极佳的契机。许多新的拓展性课程的涌现是教育供给侧改革的重要成果，大大提高了教育供给端的质量、效率和创新性，为受教育者提供了更为丰富、更加多元的课程资源、教育环境和教育服务模式。但是，正如2016年全国教育工作会议所提出的：必须实实在在地把质量作为新时期我国教育工作的主题，把时间、精力和资源更多地用在内涵建设上，实现我国教育更高质量、更有效率、更加公平、更可持续的发展。对于拓展性课程的建设，如何提高质量、提高效率，也是当下亟待解决的问题。为此，我们必须努力总结那些成功的开发经验，深入研究在拓展性课程设计、运用上存在的各种问题，以不断推进课改的深化发展。

第二辑 - 2

让儿童站在课堂正中央

◎ 作为涉及千家万户、影响千秋万代的母语教育,价值立场是其改革的灵魂。

◎ 以"人民中心"为导向的教育改革,让我们重新认识"让儿童站在课堂正中央"的意义……

◎ 课堂教学走向精致,但要警惕是否正在用一种结构化、高控制性的安排去掌控儿童。

◎ "以生为本"永远是语文教育的原点思维。

◎ "教什么"固然比"怎么教"重要,但"为谁教"显得更重要。

◎ 我们要竭尽全力在课堂里"寻找"儿童,发现儿童,服务儿童。

◎ 把儿童的世界还给儿童吧!语文课堂可以率先而为。

生本：语文教育的原点思维

生本课堂是以学生为本的课堂，具体地说也就是依靠自主学习，激发主动学习，以实现学生的学习和发展的课堂。按理说，课堂本来就是为学生设置的，教师的教自然是为了学生的学，难道还会有非生本的课堂吗？可现实并非如此。大教育家夸美纽斯表达过这样的希望："找出一种方法，使教师可以少教，但是学生可以多学；使学校可以少些喧嚣、厌恶和无益的劳苦，独具闲暇、快乐和坚实的进步。"（《大教学论》）这充分说明了教师教得太多而学生少有自主学习的课堂是普遍存在的。否则夸美纽斯也不会将此作为自己对教育的一种理想追求了。

把课堂还给学生，应当说是基于教育原点思维的一种追求，但它仍然是今天值得关注的焦点。

原点是什么？"原"，词典的义项是"最初的、开始的"，如"原始""原生""原油"等，也有"根本的""本质的"的意思，《礼记·孔子闲下》中就有言"必达于礼乐之原"。"原点"就是事物最根本、原生的属性。在创造性思维中，创造的"起点"和"原点"就不一样。如从创造的起点进行创新，往往会受到思维定势的影响；而如果从原点思考，创造性思维就会有广阔空间。18世纪法国著名昆虫学家法布尔发现，在他的实验室里到处都是飞蛾，这些飞蛾是关在铁丝笼里的雌蛾引来的。但雌蛾又是用什么方法引来雄蛾的？法布尔未来得及揭开这个谜底就去世了。后来，一位昆虫学家凯特韦尔经反复研究后发现雌蛾是以"性信息素"招来雄蛾的。这无疑是一个十分重要的发现"起点"。如果从这个起点再作深入研究，就难免会蒙受"性信息素"这个结论的束缚。但之后电学家特斯勒却不是从凯特韦尔已经发现的起点入手，而是从雌蛾的"原点"出发，终于又有了新的发现：雌蛾吸收了紫外线，雄蛾是被紫外线发射的"黑光"招引来的。他试验用"黑光"诱捕飞蛾获得成功。这说明"原点"思维对于认识事物的本质属性而不被现象所迷惑，从而不断深化对事物的认识是何等重要。

原点就是事物的本质所在，"本质"与"质"是不一样的。本质是事物的根本性质，是质的一种。而质还包括非本质的东西。非本质的东西，如花是红的、石头是硬的等，都只是一种现象，一种质，而不是事物的本质。我们不能把事物的所有质都看作是原点，只有本质才是原点。

"本质"与"真象"也有不同。真象和假象都是现象，看清了真象并不等于看清了本质。拨开云雾我们看到了天空弯弯的月亮，这应该说是月亮的真象，但不是本质。追寻月亮的原点并不是这个样子的。

马克思说："如果现象的形态和事物的本质会直接合二为一，一切科学就都成为多余的了。"（《资本论》）正因为事物的现象和本质不是直接合二为一的，所以我们才需要在研究中运用原点思维的方式，来获取对事物的本质认识。

自20世纪90年代末，中国第八次课程教材改革拉开序幕后迄今，正处在自上而下全方位推进的关键阶段。不可否认，新课改的新理念、新思路、新内容、新方法，确实激活了教育，也优化了课堂。但改革毕竟无法一帆风顺，它在解决了一些旧问题的同时，也导致了一些新问题的产生。当下的语文教学，我们似乎太多地关注了课堂上出新的理念、出色的亮点、出彩的课件、出类的资源开发和出众的教师才艺，但一个十分根本性的问题，即教学的原点——学生的学习和发展，却在不断地遭遇淡化。尽管"课标"十分强调"应致力于学生语文素养的形成和发展"，"学生是学习和发展的主体"，但在课堂教学实践层面上，教师得意忘言的分析讲问，尽情于自我才艺的展示，常常使得学生因此失去了很多自主学习的时间和空间。学生的学情没有得到足够的关注，学习中的矛盾和需求，被有意无意地遮蔽，学生必要的训练实践也因其不够出彩而被丢弃。课堂上以教师为中心，少数学生捧场面，多数学生默默"陪读"等现象，并不少见。一句话，课堂上的应"以生为本"正在转向形式上的"以美为求"。特别是在形形色色的公开课上，在看到许多好课的同时，我们也经常能够看到有些执教老师的华丽出镜和强势登场，以刻意挥洒的自我展示和形式主义的雕琢扮靓，异化了课堂教学的主流价值。

如何让新课改的决战课堂，能真正向以学生的学习、发展为本皈依？看来还得对传统的"去生本化"的"师本"课堂作深刻的反思。由于历史的局限性，传统教育更多强调的是知识的授予。教师以知识垄断者的身份主宰课堂，加上建立在封建等级制上的"师道尊严"，就难免视学生为接受知识的容器和待训诫的愚众。教师在课堂上享有绝对的话语霸权，课堂应"以师为本"自然也就成了天经地义。尽管教育革故鼎新，百年来已有了翻天覆地的变化，但"师本"意念确实很难说已经在课堂上完全销声敛迹。今天我们对"生本"课堂的呼唤和渴求，从根本上说正是师本课堂的浓重历史阴影所致。

总观师本课堂对生本课堂的挤压和排斥，我们不难追溯有三方面的主要归因：

其一，"唯心"的一厢情愿。在课堂上教师很容易按自己的主观设想设计教学，忽视了客观存在和学生需要。如果我们不自觉地以教师的认识规律来安排教学流程，就无法与学生的认识规律相一致。教师是成人，作为成人的认知水平和生活经历，与学生（儿童）的认知水平与生活经历无疑相去甚远，其认识规律也就根本不同。但是在课堂上教师又总是想把自己的意志传递给学生，希望学生能按照自己的意志去完成布置的学习任务。显然，教师这种出于主观唯心的企盼，其结果不仅无法在学生身上实现，而且还会从根本上消解学生在课堂中的自主意识和积极心态。

其二，"唯美"的形式追求。课堂教学是学生学习发展的生命体验过程，在教师的指导下，学生从不懂到懂，不会到会，是一个不断出现问题、出现错误，而又不断解决问题、纠正错误，从而获得进步和发展的过程。这样的过程只能是一种朴实、扎实的美，而不一定有形式上的行云流水之美。然而，师本的课堂就不会这样。特别是在公开教学的"非常态"和急功近利的驱动下，有些执教老师会太多地去追求课堂教学美的形式和轰动效应，以至于不惜作秀、造假，完全淡忘了课堂应当是学生学习、发展的绿洲，而不是教师表演的舞台这一基本定则；恍惚之中模糊了教师是在为学生上课，而不是为评委和听课老师上课这一基本方向。这些不当又被误认为是"示范"而得到无限放大，任其发生着普遍而深远的影响。教师对"唯美课堂"的追求，无疑会使课堂背离"以学生为本"这一主流价值观。须知生本课堂要传递的只能是"爱"与"责任"，离市场和做作越远越好。

其三，"唯分"的价值异化。应当说，应试教育的体制和意识，也是导致师本课堂大行其道的一大原因。当教学异化为只剩下"分数"时，学生便成了争分的工具，既谈不上自主的学习和发展，也会完全失去充满发现和乐学的探究情绪。为了争分，教师会更多地寄希望于强制灌输和题海战术，便不仅会占领课堂的每一分钟，而且还要千方百计去课外加班加点。如此，学生只能陷入在疲于应付与无可奈何之中，惶惶不可终日，自然谈不上还有什么乐学善学的理念。

那么，从原点思考，我们应当如何认识生本课堂的主流价值和运作策略呢？

一、追寻教育的原点：关爱受教育者的生命发展

教育是什么？我们可以从不同的视角作出不同的诠释。如果从教育的原点思考，教育应当是关爱受教育者生命发展的事业。这不仅因为教育是生命发展的原始需要，而且还因为它需要通过人的倾情投入、积极互动来实现，最终又是为了生命质量的提升。这是在以人为本的社会中最能体现对人的生命尊重、生命关爱的一项伟大工程。正是教育才使一个个鲜活的、充满绿意的生命，在全面、全程、全向的活动中，使人的生命四重构（自然生命、精神生命、价值生命和智慧生命）得到了最和谐的发展。生命课堂直接把教学活动的价值指向受教育者——学生，正是出于对教育原点的思考。杜比宁认为"人是地球上物质发展、有机进化过程的最重大成果"，"只有人才具有认识自己、认识和改造周围世界的能力"（《人究竟是什么》）。如果没有受教育者的生命发展，教育还能留下什么？又需要教师做什么？

建立在关爱生命发展原点上的生本课堂，就要高度关注学生的生命状态，悉心呵护、体贴学生的健康发展和全面发展。

教学《丰碑》这一课，在读解课文的过程中，教师应当重视调动学生的生活体验，这无疑是正确的，但也要充分注意学生的"已知"和"未知"的间距，才能产生好的效果。一位教师教文中写冻死的军需处长的一句话"单薄破旧的衣服紧紧地贴在他的身上"时，便要学生想象"这是一件怎样的衣服"。于是一位学生说："他只穿了一件外套，里面没有毛衣、绒衣，只有一件T恤。"听课的老师忍不住笑了，孩子觉得很不好意思，又不知道哪里说错了。其实，这不怪孩子，孩子完全是以现在的生活体验描述的，他们根本无法想象或不容易想象当时的红军穿什么。如果说能从体贴学生的生命状态出发，就该老老实实地让学生体味课文中的词语，如"单薄破旧"，何谓"单"、何谓"薄"、何谓"破"、何谓"旧"，咬一咬这些词素。再想想"紧紧地贴在他的身上"又意味着什么，不仅是里面没有什么衣服，而且已被雨雪淋湿，在寒风中才会"紧紧地贴在他的身上"。这样，孩子的想象就不会远离了课文。

这显然只是一个细节，但一样存在着如何关注儿童的生存状态与生命感受的问题，一样需要教师的细心关照和温暖呵护。

二、反思师道的原点："为了一切学生"的无痕之教

在课堂上，为师之道应当是适度的组织引领，而不是包办代替；应当是让学生自主探究、有所发现，而不是全盘授予的讲说；应当是民主治课、平等对话，而不是以话语霸权主宰课堂……一句话，师道的原点在于"为了一切学生"的自主学习而循循善诱，行无痕之教。教师需要"悠着点"，不可刻意地表现自己，不因张扬个人才华而陶醉，才能使学生享有充分参与、激情表演的机会。当然，这不等于教师可以放弃"教"与"导"的责任，但这种"教"或是"导"都应当尽可能是"无痕"的，"润物无声"的，让学生可以在课堂充分"自由呼吸"的。

一位教师执教《钓鱼的启示》，课正在进行，突然一位同学提出问题："我认为这位父亲不该在禁渔期去钓鱼，儿子钓着了鲈鱼，又不顾儿子的再三恳求，硬是把鲈鱼放了。既然这样，又何必去钓鱼。"

是啊，课文写的似乎有点儿矛盾。还是让大家先讨论一下吧，于是教师把问题交给大家，再仔细读读课文。这样，在课堂上就热烈地议论起来：

"可能是父亲不知道还不到开禁的时间，以为已经可以钓鱼了。"

"不对。课文中明明写着'鲈鱼捕捞开放日的前一个夜晚'和'父亲划着了一根火柴，看了看手表，这时是晚上十点，距离开放捕捞鲈鱼的时间还有两个小时'。这说明父亲是知道的。"

"在开禁前钓鱼，他们只是先玩玩试试，所以钓着了还得放回去。等到开禁后钓到的鱼就不放回去了。"

……

怎么办？教师当然也可以直接告诉孩子，但应当让孩子自己去发现，还得让他们在课文中寻找答案。

这时，一位同学终于有了发现："老师，我觉得禁渔只是禁鲈鱼，而不是所有的鱼，其他的鱼还是可以钓的。"

"对呀，这话有道理"，教师说，"能在课文中找到根据吗？"

一位学生说："我从'那是鲈鱼捕捞开放日的前一个傍晚'这一句中看出的。禁捕的应该是鲈鱼，而不是所有的鱼。"

另一位学生说："课文中还有这样一句话——'你还会钓到别的鱼'，是父亲说的，这也说明别的鱼是不禁止捕捞的。"

……

于是，教师说："答案原来就在课文中，关键是要用心读书啊！"

教师的"引而不发"终于使学生都积极地参与到"发"的过程中来，这才有了真正意义的"学习"发生在学生身上，这才是"以生为本"的课堂。

三、探索学生的原点：回归属于儿童文化的"田野"课堂

生本的课堂应当属于儿童文化。什么是儿童文化？儿童文化是儿童自己在与同伴交往的过程中形成的，是一种以儿童自己的思想和行为来决定其价值标准的文化。它与成人文化尤其是教师文化虽有一定的相关性，但又有着很大的区别。"生本课堂"要把课堂真正还给儿童，就应当体现出

儿童文化精神。正如边霞在《论儿童文化的基本特征》一文中所认为的：儿童文化精神就是游戏精神，即一种自由想象和创造的精神，一种平等的精神，一种过程本身就是结果的精神。从这里我们不难发现儿童文化精神的原点是自由与平等，游戏与创造。这样的课堂是具有"田野"性格的课堂，每一个在课堂上的孩子，都像是一粒撒在田野沃土里的"种子"，他们是不同的种子，有的是大树，有的是小草，有的是麦子，有的是水稻，但他们都需要阳光、水分和温度。有了这些，他们就都能自由自在地成长为本来应该长成的那个样子。我们千万不要希望他们都长成一样的大树或麦子。

所以，生本的课堂应当给孩子以自由的游戏精神，应当能够最佳地调动他们参与的积极性，为他们所喜闻乐见。小学语文课中的"识字学词"，让不少教师觉得枯燥乏味，但一位教师做得却不一样，竟让全班孩子"乐而忘返"——

这位教师教学的是《威尼斯的小艇》这一课，她用一套"组合拳"游戏来引领学生的识字学词，让孩子们在快乐和兴奋中不仅完成了学习任务，而且获得了身心的自由发展。

一是"当小先生"。教师说："今天我们学的这些词语中，如果说让你当老师来组织同学们听写，你认为最应该写的是哪个词语，为什么？要说出理由来。"大家争先恐后地想当小先生，把自己认为最难写的那个词语的难点，剖析得十分清楚。这样自然就提醒了大家，对这个词语也就不会写错了。

二是"请小先生"。对有些词语的意思，教师让小朋友自己请个"小老师"来回答，如果还没说清楚，可以再问，再讨论。

三是"猜词语"。屏幕上出现一个刚学的词语，让一位背着屏幕的同学根据全班小朋友的动作表演来猜，如"祷告""哗笑""操纵自如""簇拥""手忙脚乱"。这一游戏让全班同学都参与了理解词义然后用恰当的动作来表演的活动，情绪十分高涨。

四是"据义猜词"。对"手忙脚乱"这个词语，有位同学就是猜不出来。大家说："让我们告诉他吧！"可教师却说："不，我们请一位同学来说说这个词语的意思，然后还是请他猜猜，老师相信他一定能猜出来。"……

就这样，在一环套一环的"玩乐"中，学生对字、词不但学得一点儿也不枯燥乏味，而且兴趣越来越高。这种快乐体验正是源于教师设计、引导中的那种儿童文化意识，那份自由游戏精神。

四、关注课堂的原点：体验生命成长的过程

传统的课堂观念，首先被认定是传递知识的渠道。这一定位必然会带来课堂教学原点的错位，即学生只能是被动地接受教师的知识灌输。教师则必然会处于主宰课堂的位置而追求个人对拥有知识的炫耀和权威。这样的课堂就必然会消解以学生为本的价值追求。从课堂教学的原点思考，学习只能是学习者自主的活动，教师的指导和帮助虽然十分必要，但这只能是外因，不可能改变学习是由学生的个性化行为决定的这一重要内因。所以，课堂只能是学生体验自身生命成长过程的平台，这就从根本上决定了课堂的"生本"定则。

教学《趵突泉》一课时，一名学生质疑："课文中说没有趵突泉，就会使济南丢失一半的美，这怎么可能？说得太夸张了。"但教师没法说服学生，自己的备课预设又不是对这个问题的探究，扯开去怕收不拢，只好不了了之。其实学生的大多数质疑，都可以在深读课文中自己去得到解决。而他们的质疑又正是他们的一种学习需求，一种生命活力的外显。如果我们的课堂"以生为本"，就应当高度重视去满足学生的学习需求，让他们从中体验生命成长的过程。这样，教师的设计就应当在现场的矛盾碰撞中去灵活生成，岂可死抱自己的教案不放。其实，对于"没有趵突泉，就会使济南丢失一半的美"是否有道理，是完全可以成为学生深读探究的主问题，满足学生学习需求的。如从课文插叙的视角看，是由大到小展开的。先说"千佛山、大明湖和趵突泉，是济南的三大名胜"，趵突泉是三分济南之美有其一，这与"一半"就相当接近了。再说"一溪活水，清浅，鲜洁，由南向北流着。这就是由趵突泉流出来的"。由此可见，趵突泉不仅仅是泉眼，而且还是一溪活水，流过济南城的很多地方，给那里带去了美，就更可以说"没有趵突泉，就会使济南丢失一半的美"。再说趵突泉本身有三个大泉，池边还有小泉，比大

泉更有趣……凡此种种，说"没有趵突泉，就会使济南丢失一半的美"一点也不过分。再说课文中描写的毕竟是文学语言，说得夸张一点，也完全在情理之中。由此看来，学生的这处质疑，应当是大有价值，值得探究的。教师弃之不顾，正是课堂"生本"意识的失落。

五、坚守学习的原点：学生的快乐发现之旅

就学习而言，"兴趣是最好的老师"。学生的学习兴趣哪里来？来自自己在学习过程中的发现。发现是学生认识的提高，是尝试成功的体验，是克服困难的胜利，是那份学如登山的快乐。所以生本的课堂应当放手让学生去自主学习，合作发现，快乐共享，而不可由教师牵着走，或者由教师设计好种种"圈套"，让学生往里钻。若教师背离了学习的原点，学习便不再是学生的主体行为，只能是被迫胁从的一种"苦差使"。这应当是当下学生学习情绪不高，甚至产生厌学的主要原因。

一位教师教《祖国，我终于回来了》一课，在第二教时深读探究时，是这样导入的："读第一小节，找出四个表示称谓的词（'科学家''博士''专家''终身教授'）。"然后，教师要大家思考："这四个表称谓的词，概括起来可以用一个什么词来归纳？"这使学生摸不着头脑，有的说是"伟大"，有的说是"身份"，还有的说是"地位"……五花八门的说法都不符合教师的要求，最后只好由教者揭晓，是"人才"。于是课堂才走上教师设计的轨道——"人才：获得荣誉""人才：遭到阻拦""人才：受到帮助""人才：得到关怀""人才：遇到问题"，进行了逐段讲问式的分析讲解。这样的课，尽管在设计上似乎有些精巧，但从本质上看，依然是教师牵着学生"走教案"。你看，思路是教师设计的，程序是教师设计的，小标题也是教师设计的，问什么、答什么还是由教师设计的，只是让学生钻一个一个的圈套，请君入瓮而已。显然，这从根本上背离了课堂的"生本"特点，学习只是学生被迫应和的不情愿行为。

其实，按照这样的基本思路，教师完全可以适度放开，让学生主动起来。如听写"科学家""博士""专家""人才""终身教授"，然后让学生指

出其中哪一个词可以全面其余四个词，避免让学生漫无边际地瞎猜。接着就可以用"人才"统领，找出能说明钱学森是人才的章节，自己拟个小标题写在黑板上。最后，让大家交流，为什么这一章节可以说明钱学森是人才的理由（随机，不定序），教师则相机点拨，落实训练。当然，这只是顺着教师原先的思路进行的调整，自然还可以设计得更开放，更注重学生的学习发现，让课堂真正充满学生的生命活力。

在课堂里"寻找"儿童

我自 1950 年从教,一直教中小学语文。1984 年调入教研室后,就不再为孩子们上课了,更多的是听课和评课。听课、评课使我学到了很多,也引发了我的一些思考。我一直在课堂里"寻找"儿童,我感佩一些教师细读文本的杂学旁搜、深邃精到,赞叹一些教师讲析课文的口吐莲花、左右逢源,也钦敬一些教师设计的别出心裁、匠心独具,更佩服一些教师资源开发的宽阔灵动、汪洋恣肆……但遗憾的是儿童少见了,不见了。他们在哪里呢?

说"寻找"儿童,当然不是说他们的身体不见了,分明在那里坐得满满的;但确实很少见到他们的思想、心灵,他们的学习需求、探究足迹、生命活力,他们是怎么从"不会"到"会"的行程……按理说,课堂本来就是为学生而开设的,这里应该是他们活动的天地、成长的平台,可为什么总会使我在听课时要苦苦去"寻找",希望能发现哪怕是一两处来自儿童的真实的心声和行动,以表现出他们在课堂里的存在?

按理说,在课堂教学中教师应当做到"目中有人,心中有书,手中有法",这中间"目中有人"是最重要的。因为教师的"有书""有法"都是为"人"服务的。如果"目中无人",教师便成了"亮眼瞎",即使心中有了书,却不知道这书让谁读,手中有了法,这法又为谁用。做事失去了目标,行动没有了方向,也只能是滴水不漏地把自己主观设定的教案作一次展示而已,而不在乎学生的感受和参与。对此,苏霍姆林斯基说得不错:在教师的劳动中"最核心的是把自己的学生视为活生生的人"。什么才是"活生生的人"?就是每一个学生都是独立的、鲜活的生命。他们都是唯一的,不重复的,这就决定了教师单边的"预设"、单向的"讲析"、单一的"提问"、单定的"步骤"不能包揽一切、涵盖一切、搞定一切。教师在课堂上的过度强势，只能使"人"（课堂的真正主人学生）被边缘化、被概念化、被模式化、被抽象化。他们虽然身体在，却思想不在，精神不在。这就难怪我们在课堂里要去苦苦"寻找"儿童了。

我在课堂里"寻找"儿童，会特别关切地去寻找儿童的以下一些方面。

一、学生的"学习需求"在哪里

所有的学习活动都是从已知世界向未知世界的进军。儿童的学习生活，也必然要从他们的学习需求出发来形成学习的动力。可是我们在课堂里很少看到教师从发现学生的学习需求入手来激发他们学习的内驱力。这里的问题在于学生的学习需求很多不是由儿童直接向教师提出的，而往往会表现在他们的错误上、困顿中、疑惑处，需要教师去机敏地发现，及时地把握。执教《李时珍》一课，教师让一位学生读课文，学生将"品尝"一词读成了"尝"，漏掉了一个"品"字。教师便随口帮他更正了事。这里的"品尝"与"尝"是一回事吗？这"品"能随便漏掉吗？显然这里隐含着学生的一种学习需求："品尝"和"尝"到底是不是一样？在另一位教师的课堂里也出现了这样的朗读错误，可教师却抓住不放。"品尝"与"尝"的意思一样吗？有的学生认为，意思相近，漏掉当然不好，但句子照样通，没有大问题。但更多的同学就有了不同的意见。有的说："品尝"除了"尝"以外，还有"品"的意思，就是细致地品味；有的说：这里只能用"品尝"不能用"尝"，因为李时珍要判断药材的药性和药效，必须仔细品味，"尝"是不够的；有的说：这里用"品尝"还说明了李时珍有不怕苦，不怕危险的精神；还有的说：用"品尝"这个词表现了李时珍的认真、负责……因此，把"品尝"读成"尝"绝不只是粗心，还内隐着一种源于语感不足、理解不到位的学习需求，可是在课堂上由于某些教师只关注于完成自己的"预设"而被忽视了，丢弃了。这是很不应该的。

二、儿童的"问题意识"在哪里

新"课标"明确指出,"学生是学习的主体",要"充分激发他们的问题意识和进取精神"。

学生的学习活动是靠学生的不断质疑来推进的,遗憾的是,学生不会问,却要一味回答教师的问。这就难怪李政道博士批评中国的现行教育时会说:"学问学问是要学会问,而不是只学会答。"赞可夫在《和教师的谈话》中特别强调:"只要学生能提问题这就是重要的条件之一,它有利于形成和巩固学生对学习的内部诱因。单纯地听教师讲课,是不能充分发动学生的精神力量的。"并非中国小学生在学习中没有问题,也不是他们天生不会问问题,更不是对质疑没有兴趣,而是长年来不少教师在课堂教学中一统天下,没有让学生可以质异问疑的时间和空间。性由习成,久而久之,他们也就不问问题了,而只随时应付着教师的提问。这是十分可悲的。反之在一些教师的课堂上,学生就很有质疑的能力。著名特级教师窦桂梅,在导读《牛郎织女》一课时,学生就提出了许多很有质量的问题,如:"织女为什么不要过神仙的日子,而要去过穷人的日子?""王母娘娘既然法力无边,为什么抓牛郎时恰恰是牛郎不在家的时候?""织女为什么一定要找牛郎,而不去找'马郎''羊郎'什么的?""现在找对象要有房、有车,为什么织女轻率就选定了,她会后悔吗?""织女被抓时,为什么会说'快去找爸爸',他爸爸有用吗?"……窦老师不仅一一记录了这些问题,而且当场作了有机串联,凭借这些问题展开了深入的"共学",让整堂课成为由学生提出问题,再引导他们自己解决问题的过程,实现了课堂的转型。

三、儿童的"探究兴趣"在哪里

《杨氏之子》是一篇富有童趣的小古文,教师通过课后注释、借助上下文理解等方法,带领学生读通课文,并抓住课文中的"甚聪慧",分析解读全文。"甚聪慧"表现在:杨氏之子在父亲不在家时会接待客人;会拿出水果来待客;在客人开玩笑说杨梅是他家的家果时"应声"反驳"我可没听说过孔雀是先生您家的鸟"……这时,有一位同学说:"我觉得杨氏之子的聪慧还表现在杨梅是他有意拿出来的,好让孔君平犯错误。"显然,学生这样认为是缺乏依据、不合情理的:杨氏之子再聪明也不可能想到孔君平见了杨梅就会说"此是君家果";因为家里正好有杨梅才端出了杨梅,如果杨氏之子是刻意而为,他还得早作准备买好杨梅,这没有可能,因为他不知道孔君平会来。再说,杨氏之子讨厌拿姓氏开玩笑,又怎么会故意去讨没趣呢?……于是,教师否定了这位学生的意见。其实,既然学生有了这样的探究兴趣,因势利导让学生来争辩一番,可能比简单地否定会有更大的教学价值。新"课标"明确指出:阅读教学应"引导"学生"钻研文本",而不是由教师"代替"学生"钻研文本"。现在学生"主动积极"地开展"思维和情感活动","加深理解和体验,有所感悟和思考",这正是最佳的教学机遇,教师应当推波助澜让大家来探究,方能在各陈理由的思维碰撞中分清是非,从而达到"加深理解和体验,有所感悟和思考"。所以,并非在我们的课堂上学生没有产生过任何"探究"的主动性、积极性,而是在初露苗头时并没有得到教师细心的呵护和积极的引导,因为"教案"上没有。这样便使得课堂失去了最可宝贵的生命活力。

四、儿童的"个性解读"在哪里

在阅读教学中,学生的解读是一种高度个性化的行为,所谓"有一千个读者就有一千个哈姆雷特",所以,新"课标"强调"不应以教师的分析来代替学生的阅读实践,不应以模式化的讲解来代替学生的体验和思考"。然而在当下不少的语文课堂上,解读课文依然是教师在"预设"中事先确定的,在课堂上教师习惯于以细密的提问步步牵着学生走,来达到"请君入瓮"的目的。学生只能亦步亦趋地跟着教师走,又哪里会有自主解读的行为。如一位教师教学《路旁的橡树》,课文讲了这样一件事:人们想修建一条公路,但是有一棵高大的橡树挡住了去路。为了保护这棵橡树,工程师和工人们毅然改变了筑路计划,决定绕过这棵橡树。于是工程师拿出一根楔子,走到离橡树100米的地方,把楔子打进了地里。可是学生搞不清这公路该修在楔子的里面（与橡树之间）还是楔子的外面，形成了解读的分歧。这正需要通过学生自己的阅读实践去得出正确的结论，可教师简单地否定了修在楔子里边的意见，而是顺着自己既定的"预设"程序，按部就班地"走"完自己的教案。其实学生完全可以自己从课文中找出应当修在楔子外面的理由（不会少于五个方面）；主张修在楔子里面的学生也可以找出自己的理由，如100米够修一条公路又不锯掉橡树了，拐弯太大会带来严重浪费，等等。双方争辩一下，对语言文字的理解加深了，思维更严密了，表达能力得到了锻炼，不是更好吗？总之，解读的话语权首先应当归儿童所有。若为此花费了时间，这不仅不是浪费，而且正是教学的价值所在。因为学生真正的"阅读实践"和因此发生的"体验、思考"，都是在这种对"个性化解读"的困顿和切磋之中实现的。

五、儿童的"独特感受、体验和理解"又在哪里

新"课标"强调"要珍视学生的独特感受、体验和理解"，其含义十分丰富。这一方面是对儿童生命本来就具有唯一性、独立性的尊重，生命与生命之间各有不同，他们的感受、体验和理解，自然也会因人而异。另一方面，许多问题的答案往往也不是唯一的、标准的，可以有多角度、多层面的理解和发挥，从而为创造的各种可能性提供条件。然而在我们的课堂上唯一可见的是教师的大多源于教学参考书的、流于格式化的感受、体验和理解，以致我们难以发现儿童的存在。这是中国语文课堂教学历史性的痼疾，然而在今日仍然是"改课"的瓶颈，这是十分令人悲怆的事实。也正因为如此，有些名师在这方面的大胆突破，就很令我们雀跃。听著名特级教师薛法根导学《猴子种果树》，我便很受启发。这是一篇知识童话，围绕农谚"梨五杏四""杏四桃三""桃三樱二""樱桃好吃树难栽"等农谚，编成了猴子种果树因轻信别人的话而朝三暮四的故事。在深读课文后，教师让学生补写："猴哥正在伤心，一只小麻雀'喳喳'地对猴子说：猴哥猴哥，你不要伤心了＿＿＿＿＿＿＿＿＿＿＿＿＿＿＿＿＿＿＿。"这补写还比较容易，孩子都会劝猴哥不要再三心二意了，要有耐心把樱桃树种好。课末，教师又设计了一个

更有难度也更有情趣的语言框架，让学生回去自己编或和爸爸妈妈一起编："小猴子正在伤心，一只狐狸来了，说：'林子大了，什么鸟都有，这些都不是好鸟，都是骗你的。'猴哥一想，说：＿＿＿＿＿＿＿＿＿＿＿＿＿＿。"这是极富创意又颇有情趣的"亲子共编"，创作的空间很大，它当然没有标准答案，因为答案不会唯一，要的便是学生各自的独特感受、体验和理解。显然，薛老师的设计是相当成功的。

……

我们在课堂里"寻找"儿童，说白了就是要寻找儿童的自主、自由、自立和自强，让他们在教师的引导下有真正的自我的学习生活，以求发展人性、培养人格、改善人生。这显然是"目中无人"的课堂所难以实现的。

据美国《华盛顿邮报》报道，美国弗吉尼亚州要求把学生成就作为重要因素纳入教师评价中（《中国教育报》，2013年7月2日），即应当十分重视学生上课时的表现，而不再仅仅观察教师上课的方式或技巧。这种关注点的变化，反映了现代课堂正在从重教师输入模式向产出（学生的学习和发展）模式转变。输入模式着重的是教师的培训、经验和授课方式，而产出模式则更注重学生是怎样学习的，学到了多少东西，有了怎样的成长。

所以，在我们的语文课中儿童在哪里，实在应当成为从"课改"到"改课"的最根本的前置性追问。唯如此，我们才不会再有在课堂里"寻找"儿童的困惑和尴尬。

"教什么""怎么教"与"为谁教"
——语文"改课"的三度拷问

所有的课程教材改革("课改")最后都将决战于课堂教学改革("改课")。如果课堂没有变,或没有大变,"课改"就无法落到实处。

回顾和前瞻小学语文课堂教学改革之旅,从某个角度说,我们似乎经历了三度拷问:"怎么教""教什么"与"为谁教"?不可否认,在语文课堂教学研究的漫长历史中,我们更多地滞留于"怎么教"的求索。这是因为古代的语文教学并不单独设科,而与经学、哲学、史学、文学混为一体,传经读典、道统教化,"教什么"是神圣不可侵犯的。于是"教学"便绝对规定了"教什么",无须考虑"为谁教"的问题,自然便只有"怎样教"了。这种浓重的历史阴影一直笼罩着语文教学。

十年课改给我们以许多新的理念,其中之一便是教师不只是教材的被动执行者,他们同时也应当是教材的创造者、发展者,要参与选编教材,即使是使用规定教材,也有如何因时、因人、因地之宜"用教材教"(教教材中的什么)的问题,而不只是僵化地去"教教材"。王荣生教授等对教学内容的系统研究,甚至使"'教什么'比'怎么教'更重要"成了共识度颇高的口号。从"怎么教"到"教什么",语文课堂教学有了视界更为开阔的二度拷问。

无论是"怎么教",还是"教什么",确实都十分重要。我们固然可以认为"'教什么'比'怎么教'更重要",但更为重要的应该还是"为谁教"。小学生是儿童,他们与青少年、与成人有着很大的区别,然而在课堂实践层面,他们往往容易被已成人的教师或研究人员忽视。2011年,21世纪教育研究院等机构,进行过一场"教师对于课改的评价"的网络调查,其中两个数据特别引人思考：教师对新课改理念的认同度高达74%，而对其实施的满意度却只有25%。这说明认同度很高的新课改理念，在实践运作层面却遭遇了滑铁卢，并没有体现出强大的制胜力。当然这里的原因是复杂的，但是"学生是学习的主体"这一核心理念难以落实，教师单边讲析为主导的课堂形态依然故我，小学语文教学的"成人化"倾向未见大的改变，恐怕是主要归因。

说"怎么教"和"教什么"都得植根于"为谁教"的理由是充分的，从本质上讲"教"是为了"学"。对此，陶行知先生说得好："论起名字来，居然是学校，讲起实在来，却又像教校。这是因为重教太过……"所以，"为谁教"的答案只能是为学生的学习、发展而教。而学习不能靠一种异己的外在控制力量，它应该是学生发自内在的精神解放运动。所以，只有当学生具有好奇心和怀疑精神时，他才会有充实的内心，才会有对探索的热爱，才会真正认识到认知外部世界的那种美妙和快乐，而在课堂上始终充满生命的活力。

就以"教什么"来说吧，所教的必须是那个阶段的学生学习、发展的生命需求。这也就是说，先得考虑"为谁教"。听一位教师为小学生执教台湾诗人余光中的《乡愁》："小时候，乡愁是一枚小小的邮票，我在这头，母亲在那头。长大后，乡愁是一张窄窄的船票，我在这头，新娘在那头。……"这确实是一首脍炙人口的好诗，但并非好诗就一定适合做小学语文教材。课堂上，就有孩子天真地提问：为什么长大后，邮票不行了，要变成船票，写信给新娘不是也可以吗？这对成人来说当然很容易明白其中的奥秘，但对于小孩子而言却成了问题，而且是一个令教师一时无言以对，不知该如何说的问题。真的，"少年不识愁滋味"，更缺少了"乡愁"的生命经历，更不要说一个男人对新娘的牵挂，不是靠一枚"邮票"就可以解决问题的。所以，于漪老师在回答《语文学习》记者访谈时特别提出，"尤其是小学语文教材的选文，不能让孩子们在课本里看不到童年"（2013年第6期）。因为童年有许多对成人世界难以理解的问题。这也从一个方面说明了教师"教什么"与"为谁教"，确实有着很重要的相关性。

再说"怎么教"就更离不开"为谁教"了。由于语文能力的非传递性和内在性特点，决定了判别"怎么教"的方法优劣，就必须以小学生自主的言语实践行为为标准。教学《夸父追日》这篇略读课文，教师在快下课时，竟发下了袁柯的原作，让学生当堂比较阅读。问题是原作的篇幅是课文的两倍，难度也更高。显然，教材编者的改写正是为了适合三年级的孩子阅读。现在，教师要展开与原作的比较阅读，这肯定是在临下课时无法实现的教学价值，只好草草了事，还拖了堂。如果我们能对"为谁教"多些考虑，这样偏重于形式的教法安排，是完全没有必要的。

为什么提出"为谁教"比"怎么教""教什么"在当下显得更加重要？它又具有怎样的学理价值和现实意义呢？

一、"为谁教"关乎对教育原点的坚守：关爱学生的生命发展

原点的本义是指事物的根本，诸如江河的源头，道路的起点，坐标的中心，等等。教育的原点是什么？孙中山先生说是"人的建设"，鲁迅先生则认为是"立人，人立尔后万事举"。一句话，是对学生生命发展的关爱。"为谁教"自然是一切为了学生，为了学生的一切，为了一切学生。这理所当然是"教什么"和"怎么教"的出发点与归宿。即无论是教学内容（"教什么"）还是教学方法（"怎么教"），都必须从关注学生的现实性出发，因势利导地走向开发的可能性，而且这种开发的可能性，不应以教师主观的意愿单方构架设计并强行驱赶，而是要更多地顺应学生发展的自然规律、自主意向，使愿景的可能性成为可以实现的可行性。早在20世纪初，杜威就批评过教育的错误："第一，不考虑儿童的本能的先天的能力；第二，不发展儿童应付新情境的首创精神；第三，过分强调狭义的历练和其他方法，牺牲个人的理解力，以养成机械的技能。"（赵祥林等，《杜威教育名篇》）20世纪20年代，朱自清也说过"新的教学法以学生为本位，教员只加以协助"的话。但实际上中国的教育一直都没有形成以"学习者"为中心，从学生的生理、心理发展水平出发来探究教学内在规律的运作系统。今天，我们都会痛感中国教育之病，这中间未能真正实现为学生的发展而教，深陷在"应试""分数"的泥淖，背离了教育的原点，不能不认为是一种主要症候吧。

二、"为谁教"应是实施新"课标"的根本所在

新"课标"带给我们许多新的教育理念,但一个根本点是语文课程"致力于培养学生的语言文字运用能力,提升学生的综合素养"。一句话,语文应为学生的发展而教。在实施新"课标"的这些年里,我们的教研课题、论坛话题、刊物研讨主题大多是"文本细读""教师理答""教研磨课""言意相生""文体特色"……当然所有这些偏重于"怎么教"和"教什么"的命题确实也很重要,而且是教师专业发展中需要解决的问题,但是对"为谁教"的思考,因其带有相当的隐蔽性而并没有引起足够的关注。其实,新"课标"中并不少有对"为谁教"之重要性的阐述和警示,但我们对此却很少有专题的研讨。

如:"学生是学习的主体",要"充分激发他们的问题意识和进取精神,关注个体差异和不同的需求"。那么,我们在课堂上应当如何激发儿童的"问题意识"?"进取精神"在这里又是指什么?是否可以认为前者主要指学生提出问题的能力,而后者主要指学生勇于自己解决问题的精神?教师又应如何敏锐地去发现并满足学生的"个体差异"?如何才能感受到学生"不同的需求",而为每一个学生提供适合的教学?……

如:"阅读教学应引导学生钻研文本,在主动积极的思维和情感活动中,加深理解和体验,有所感悟和思考。"那么,我们应当如何实现"引导学生钻研文本"的要求,这与当下教师较为普遍的"代替学生钻研文本"有什么本质的区别?又怎样在阅读实践过程中去引发学生的体验,去激发他们的"有所感悟"?……

又如:"要珍视学生独特的感受、体验和理解。"什么是"学生独特的感受、体验和理解"?为什么在我们的课堂上会少见学生那些"独特"?根源是什么?又为什么要特别地"珍视"这样的"独特"?……

再如:"不应以教师的分析来代替学生的阅读实践,不应以模式化的解读来代替学生的体验和思考。"课堂上"教师的分析"是什么?现在的"教师分析"状态又有什么不妥?为什么学生的阅读实践不可代替?"不应以模式化的解读来代替学生的体验和思考"是不是向我们提出了这样一个阅

读教学的根本问题：课文应当由学生自主解读，教师只是给予必要的引导帮助？……

所有这些，都指向了一个"为谁教"的根本问题。实施新"课标"，首先要落实好"以生为本"的教育理念。可我们对此却没有给予足够的思考和实践。

三、"为谁教"又是落实建构"让学"课堂的逻辑前提

语文课堂要真正落实从"以教为主"向"以学为主"的转型，其逻辑前提必然是先明确"为谁教"。若为学生的发展而教，其"教"的内涵就只能是"让学""导学"，即教师要以学生的自主学习为基点来组织教学活动。山东杜郎口中学校长崔其升曾提出：把学习的权利还给学生，把学习的自由还给学生，把学习的空间还给学生，把学习的快乐还给学生。学习本来就是学生自己的事，课堂应当说就是学生学习成长的沃土，现在却要如此大声疾呼四个"还给"，也正从一个方面反映出语文课堂"失学"的严重程度。当然，教与学、师与生的关系应该是辩证统一、共融共和的，但绝不能就据此认为二者的位置是全然对等、平分秋色的。我们可以设想，如果没有了学生，教师的存在就会彻底失去意义，但如果说没有教师，却并不等于学生的存在就完全没有意义。学生还可以通过自学等途径，无师自通地存在发展下去。所以教为学而存在，师为生服务。在以学习为基点的课堂里，我们要实施的是自学要先于引导，评议要长于讲解，读写要胜于做题，质疑要强于告诉，学生自主解读要优于教师单边授予。正是从这样的视角思考，我们不难明白"为谁教"是可以真正撬动改变课堂教学形态的支点。

四、"为谁教"还是真正转变、化"教"为"导"的内在动力

小学语文教学中以"教"为主线的教师过度讲析，一直困扰着我们，使我们难以摆脱高耗低效的教学怪圈。崔峦同志提出的"与课文内容分析式说

再见",一针见血地道出了改课的瓶颈所在。其实,中国的语文教学一直都陷在"分析式"的泥潭里难以自拔。20世纪50年代的"政治思想分析式"让语文课变成了政治课;60年代、70年代的"课文情节分析式"让语文课变成了故事课;80年代的"人文蕴意分析式"又让语文课变成了人文教育课。现在提倡关注课文的语言形式,又颇有落入"语言形式分析式"的苗头。这里我们不难发现不变的关键在"分析式",教师分析来、分析去,必然会消解对学生的学习最为重要的语言实践活动。我们为学生的学习和发展而教,这样的教育,就不应该是灌输的"分析式"了,而应当转化为"导"。所谓"导",叶圣陶先生说得很明白,即不是"全盘授予",而是"相机诱导",使学生能"自奋其力""自致其知"。

  教师化"教"为"导"之必要,是因为真正的课堂是"学堂",学生会怎么学,遇到什么问题,不是全部可以由教师预测的,这就使课堂具有很大的不确定性。教师必须跟着学情走,做相机诱导才成。如果不很清楚"为谁教",教师难免会把主观的单边预设变成一种确定性程序,并千方百计诱使学生"入我彀中"。这样的课堂也许可以像时钟一样精确,尽显"怎么教"的精致,但绝不可能有学生充满生命活力的精彩。教师心趋高雅,凌虚滔空,只在课文中"深挖洞",自以为对"教什么"有了新辟的天地,其实大多只是对"教参"观点的释证和指认,或为显示博学的猎奇和搜艳,却牺牲了课堂教学中最为可贵的来自学生阅读实践的独特理解和感悟,和那些节外生枝的联想和思考。这种唯求谨守预设并纹丝不差的呈现,使有些教师似乎染上了课堂"洁癖",来不得半点的"杂乱"和"意外",一切都求照本宣科,又如何谈得上去"充分激发学生的问题意识和进取精神",培养他们的实践能力和创造精神。

  总之,"为谁教"不仅只是"怎么教""教什么"的根据和依归,而且还是当下语文改课最值得关注的突破点所在。它关系到人才培育模式的根本改变,已成为当下民族和时代所需要的一种情绪,而突显为充满了未来性和永恒感的重要话题。

新"课标"的主导价值追求

2012年，在中国教育史坐标上是一个新的节点：经十年课改实践检验的"课标"，在《规划纲要》的语境下，完成了修订，并正式颁布实施。十年课改给小学语文教师带来了许多新概念、新内容、新策略，其发生的深刻变化，对语文课程的建设发展具有十分重大的意义。但不管怎么说，改革都免不了是一次"摸着石头过河"的尝试。"课标"即使是一部纸面上的"真经"，也难免会在过河时被"打湿"。因为它必须在实践的检验中方能逐步趋向完善。

在全面实施"课标"时，人们的目光无疑会聚焦于其改动之处，这是无可非议的。但我认为从实施的角度说，我们也一样要关注"课标"的保留之处。因为这是它的坚守部分，即已被实践检验是正确的内容。问题在于这些已被证明是正确的部分并不等于在课改实践中已完全做到了。所以，只有综合了"课标"坚守的内容和修改的新质，才能保证全面实施的准确度和有效性。

总观以上两个方面，实施"课标"的重中之重，在于确立一种"育人为本"基础上的新颖的师生关系，在于树立起正确的教师观和学生观。我们这辈人应当留给后代一个怎样的世界，取决于我们将留给世界以怎样的后代；而我们留给世界以怎样的后代，又取决于我们今天能给后代提供怎样的教学——是学生被动接受教师的全盘授予式的教学，还是让学生独立学习、自主实践创新的教学，而教师只是起唤醒、组织、引领的作用？如果没有正确的学生观和教师观，实施"课标"就无从说起。所以，树立正确的教师观和学生观，不仅应当是实施"课标"的一种主导理念和实践策略，也是一个重要基础和强大推力。从"课标"的修订改动中,我们是不难在这方面获得指导实施的诸多启迪的。

一、坚守"育人为本"是教师实施新"课标"必具的学生观

"课标"的修订,一个关注的重点是社会主义核心价值体系在课程中的渗透。

作为一门课程标准体现的是国家意志。为此,修订版着力于贯彻《规划纲要》精神,始终把育人为本、德育为先作为课程的灵魂。语文课程是一门让学生学会运用语言文字进行交际的实践性课程,同时这门课程又因语文是母语教育及它的人文性特征而更有利于承担育人宗旨,这就决定了"育人为本"的基本方向在语文课程中的特殊地位。"育人"所指首先是学生的健康成长和发展。这就不难理解,在修订版的"前言"部分,为什么要加上这样一段长达百字的话:"语文课程致力于培养学生语言文字运用能力,提升学生的综合素质,为学好其他课程打下基础;为学生形成正确的世界观、人生观、价值观,形成良好个性和健全人格打下基础;为学生全面发展和终身发展打下基础。"这里的"三大基础"是学生的学习能力基础、思想精神基础和生命发展基础。这样的重要论断正是基于对语文课程的育人功能,对母语教育在承传民族精神和民族文化方面的独特优势的认识而提出的。而且这种"育人为本"的思想因其从本质上体现了社会主义核心价值体系之精神而渗透在新课标的各个部分。如在"课程基本理念"部分的第一点"全面提高学生的语文素养"中新增的一段话——"语文课程还应通过优秀文化的熏陶感染,促进学生和谐地发展,使他们提高思想道德修养和审美情趣,逐步形成良好的个性和健全的人格"等,都能使我们充分感受到要实施好"课标",必须重建我们的教师观和学生观。因为"育人为本"必须把学生的健康发展和精神成长放在首位,这就从根本上挑战了中国传统教育思想中教师师道尊严的封建等级思想和垄断了话语权的讲台形象,全盘授予的过度讲析和缺失了民主平等的师生关系。特别应当看到的是这些表现的浓重阴影,并没有完

全消除，今天依然以不同形式笼罩着语文教坛。这个问题不解决，又如何体现"育人为本"？这不能不认为是当下实施新"课标"的最大障碍。

二、小学的"育人为本"应当是以"童"为本

"课标"是在九年义务教育阶段实施的。"育人为本"的"人"，在小学便是儿童。我之所以特别强调这一点，是因为儿童与成人有着很大的区别。别以为儿童是小不点儿，就可以被简单地视为只待大人教化。儿童尽管幼稚，却更接近自然，更直接地接受造化的赐予；儿童尽管不如我们成熟，巧于应变，可他们单纯、简朴，更安于当下，能从所拥有的不太丰富的生活中发现乐趣；尽管儿童没有成人那么忙碌，没有那么多喧嚣的节目，可我们应当为他们留下足够的空间，让他们在自己简单的游戏中安顿心灵的全部快慰。教师应当看到新"课标"充分体现了在教学要求上放低重心、减轻过重负担，以促进儿童健康快乐地发展这一点，并确保实施好。如：修订版在"教育目标与内容"中适当降低第一、二学段识字写字量的要求。一、二年级的识字量由"1600—1800"降为1600左右，写字量"800—1000"降为800。三、四年级须累计认识常用汉字2500个，其中会写2000个左右，新"课标"则降低为会写1600个左右。显然，这些"量"的降低，减轻了学生的负担，但在一定程度上又为"质"的获得提供了保障。如第一学段和第二学段减少的识字量和写字量，到高年级则相应增加，整个小学阶段识字写字的总量保持不变。这就凸显了教学要求更符合不同年龄段儿童的特点。又如修订版明确给出了"先认先写"的300个字，减少了写字量，却是为"练习基本笔画，基本部件，基本结构，为写复杂的字作基本功准备"。"多认少写"，减轻了儿童的过重负担，却为以后的写好、写快，从而为真正提高识字、写字教学效率创造了条件。

显然，为形成新"课标"的实施所要求的新颖师生关系，必须充分考虑到儿童的接受能力，完全"以童为本"。只有教师真正在语文教学中实行了"从儿童中来—在儿童中做—到儿童中去"的路径图，实施新"课标"才有了根本的保证。

三、变革人才培养模式对改善师生关系的诉求

新"课标"通过学习目标的调整和细化教学评价建议,体现了语文教学要以能力为重,着力于培养学生的社会责任感、创新精神和实践能力。这一修改的重要意义旨在引导变革人才培养模式。除集中体现于"前言"中新增的一大段文字(见前)外,这方面还体现于"基本理念"部分的第一条中,如将"具有掌握适应实际生活需要的识字写字能力、阅读能力、写作能力、口语交际能力"作为"学生语文素养"的重要内容。又如在"总目标"中的第四条提出:"在发展语言能力的同时,发展思维能力,激发想象力和创造潜能。学习科学的思想方法,逐步养成实事求是、崇尚真知的科学态度。"第五条提出:"能主动进行探究性学习,激发想象力和创造潜能,在实践中学习和运用语文。"所有这些都体现了将"能力为重","培养创新精神和实践能力"等变革人才培养模式的要求具体地落实于语文课堂之中。教师必须从根本上改变教学观和学生观,重建民主平等的课堂氛围,以对话互动机制,让儿童享有真正的学习自主、精神自由、意识自觉、氛围自在的课堂生活,否则实施新"课标",变革人才培养模式就只能是空中楼阁。以此对照当下语文课堂教学的现实,仍然摆脱不了以考试、分数为中心,教师给予、学生接受的基本样态。教师依然以知识垄断者的身份出现于课堂,将自己从"文本细读"中获得(更多地从"教参"上获得)的主观解读感悟,进行深入深出的单向系统呈现。所谓的提问,浅近而琐碎,只不过是为教师的过度讲析作陪衬,以避"一讲到底"之嫌。这样的课堂又何来学生的质疑精神,又何来独立的解读课文之能力,又何来学生的"独特体验",又何来自主、合作、探究的学习方式改变……一句话,要解决钱学森之问,关键在于变革人才培养模式,而改变人才培养模式,关键又得从变革儿童观、教学观入手,使学生真正成为课堂的主人。

四、要相信儿童在教师的组织引领下是可以自学语文的

鲁迅在《人生识字糊涂始》中说过:"孩子们常常给我好教训,其一是学话。他们学话的时候,没有教师,没有语法教科书,没有字典,只有不断的听

取,记住,分析,比较,终于懂得每个词的意义,到得两三岁,普通简单的话大概能够懂,而且能够说了,也不大有错误。"的确,婴幼儿学话,靠的就是他自己的"习得",而不是"教"。这也正是母语教学的重要特征,可以"无师自通"。因为人一生下来就活在母语的怀抱之中。据语言学家平克的研究,儿童不仅有语言的本能,还有着文法的本能,语言表意的本能,这些就意味着语言基本不是依靠教,而是依靠学。在强大的学习本能面前,我们的许多教是多余的,不仅是疲软无力的,更可能是有害的。平克的这番话,足以颠覆语文课堂至今仍未根本改变的以教师讲析为中心的传统模式。在教学生活中,我们其实并不陌生这样的现象:开学时学生拿到一摞新课本,最喜欢看的是语文书,因为它故事生动、图文并茂,而且儿童基本可以看懂。可是到期中,儿童最不欢喜的却是语文课,因为在课堂上全是教师在折腾,学生只有"围观"的份儿。其实所有的孩子都有天生的"三好":一是"好问",有问不完的问题;二是"好奇",他们感到奇怪的东西与大人完全不一样;三是"好玩",喜欢自己动手来做,参与活动。可这些天生的特点,为什么在生活中常见,可在语文课堂上却成了罕见?这难道不足以令我们深刻反思吗?新"课标"的革新精神是立足于"以人为本"的,而人类每一个生命个体又都有着与生俱来的学习、成长和发展的能力。就如种子一定要顽强地发芽,草木一定要拼命地扎根一样。这是自然界的恩赐,也是生命降世所必须拥有的谋求生存、成长的基本生命活力。所以,语文学习应该是生命自身的一种行动历程,我们所有的教学目标和希望,都可以依托儿童的自我生命来实现。教育只在于唤醒和引领。实践"课标",教师是必须具有这样的生命观、儿童观和学习观的。

五、教师的重要作用在于要让学习真实地发生在儿童身上

也许有人会质疑:既然儿童是天生学习者,为什么又会有不少孩子学不好?这并不奇怪,除极少数学生有生理因素的原因(智能发育不良)外,基本上是由不正确的"教"造成的。学习本来应该是孩子自我需要的快乐的事,可成人化的学习内容,过高的要求,太多的机械作业,不平等的师生关系……都有可能伤害了儿童的学习积极性,厌学情绪油然而生,好学的天性

遭到压抑。这正如大教育家卢梭所认为的："受错误教育的儿童比不受教育的儿童，距离智慧更远。"语文教学的现实警示着教师去深入思索：新"课标"所要求的"教"到底是什么？我想，我们应当更多地去重温叶圣陶先生多次提及的"教，是为了最后达到不需要教"。我们虽然信奉这一普世至理，但似乎很少考虑它的逆命题，即"为了不需要教"，今天我们又应当怎样"教"？显然，这就不应当是教师的主观设定和全盘授予、过度讲析，而应当是以"童"为本，在学生自主探索中的组织和引领。这样的"教"确切地说就是"导"。这种新颖的师生关系，应当不是对教师作用的削弱，而是对之提出了更高的要求。因为"导"比之"全盘授予"的自说自话的"讲"要难得多。"导"无疑应是在学生学习"迷糊"处的引领，和在学生学习发生"错误"处的开导，是极富现场生成的，很难在课前预设时准备周全。所以教师的引导和组织作用不能充分发挥，一般地说，并非因为强调了"以生为本"的观念所致，而是碍于专业水平的限制。因为及时发现学生学习的"迷糊"处和"错误"处，对教师来说不是一件容易的事，而要即时做出正确回应，更是难上加难。有鉴于此，新"课标"对充分发挥教师的组织和引领作用，有了更多的强调，如将"学生是语文学习的主人"修改为"学生是语文学习的主体"，这里的一字之差，蕴意深刻。同时，新"课标"又把"教师是学习活动的组织者和引领者"提升到"教学建议"的开端加以强调，与"学生是语文学习的主体"相并列，共同强化要"充分发挥师生双方在教学中的主动性和创造性"。新"课标"刻意强调的"语文课程是学生学习运用祖国语言文字的课程"，要确立"自主、合作、探究的学习方式"，"阅读是学生的个性化行为"，"要珍视学生独特的感受、体验和理解"，"不应以教师的分析来代替学生的阅读实践"，"不应以模式化的解读来代替学生的体验和思考"……都凸显了语文课堂关键在于改变"教"的路径，切莫用教师课前的详尽预设和在课堂上的全盘呈现，从根本上代替真实的学习过程在儿童身上的发生，使课堂原生的"不确定性"，扭曲为教师精彩表演的"确定性"。这绝对不是对教师作用的否定，而是对教师应当怎样"教"，提出了全新要求。因为，这种"确定"的"精彩"遮蔽了真实的学情，模糊了人们的视线，使学生陷入了完全的被动。这也从根本上背离了"课标""育人为本"的精神实质。

第三辑 - 3

由"唯教"向"导学"翻转

◎ 中国传统教育具有明显的"后喻型"文化倾向。

◎ 过度强调承传,贬抑变化,曾经使中国教育带有数千年封建社会"超稳定"结构的阴影。

◎ 我们的语文课堂总是以教师的分析讲解为中心,以全盘授予为中心……

◎ 我们的课堂需要"翻转",而最根本的"翻转"是由"唯教"向"导学"转型。

◎ 导学型语文教学是语文课堂的深度变革,其着力点在于重建学生学习的自信心和自动力。

◎ "学会学习"的过程,是重建一个新的大脑的过程……

翻转课堂：重建学生学习的自信心和自动力

翻转课堂的本质就在于课堂功能的"翻转"，即知识的传授讲析，尽可能地由学生通过课前预习或课始先学来解决，而腾出课堂教学的宝贵时间用来质疑探究、小组讨论和作业实践等促其内化。现代信息技术的应用，更为这种"翻转"创造了条件，即教师可以将要授予的内容先做成生动的、图文音色并茂的视频，以有助于提高学生自学的兴趣和效率。

因此，课堂教学的"翻转"，绝非形式上的花样翻新，而是一场思想上的深刻革命。它不是教学技巧上的小修小补，而是关乎课堂教学的结构性改革：将全盘授予的课堂变为学生自主内化的课堂。

构建内化的课堂，就必须重建学生的学习自信心与自动力。那么，怎样才能逐步建构起内化的课堂呢？

一、激发学生的学习需求，形成内化愿望

著名的美国心理学家罗杰斯认为：人生来就对世界充满好奇心，但这种好奇心往往因学校偏重灌输的教学而变得迟钝了。确实，学生要真正地投身到学习中，关键之一是他必须有学习的"需求"，好奇心往往是学生产生学习需求的一个重要原因。有不少人以为孩子不爱学习，是因为学习的艰苦，因此也就失去了学习的需求。这显然是片面的，学习固然有艰苦的一面，因为所有的学习都意味着一种"改变"，即必须放弃已习惯的一些观念或行为，但这种改变中，往往快乐多于艰苦。以小孩学步为例，摇摇晃晃地独立行走会很不舒服，与被大人抱不一样，跌倒又会碰痛，但他们还是会继续学着走。

因为从自己独立行走的潜能中,他们获得更多的是快乐和满足。所以,学步的需求总是会高于独立行走的不适和苦恼。小孩的学步其实也是一种学习,由此足以说明学习有"苦"的一面,但"乐"肯定比"苦"多。要发现学生的学习需求并不难,它不仅直接表现为他们的好奇或疑惑,也间接地表现在他们的差错、疑难处。《一件运动衫》中有一个长句子,其中难读的部分是:"一件印着仰着头的大角麋鹿的红色运动衫。"有好几位同学总会念不顺,自然就迫切希望能念好它,需求便这样产生了。教师出示了这样的一组填空作分解:

"一件运动衫。"

"一件(红色)运动衫。"

"一件(印着大角麋鹿的)红色运动衫。"

"一件印着(仰着头的)大角麋鹿的红色运动衫。"

果然,经过这样的分解后,学生读起来就顺畅了。于是教师趁热打铁:"既然这个句子读起来那么拗口,作者为什么不省一点附加部分呢?说'一件红色运动衫'不是简洁得多吗?"学生七嘴八舌地说:"不能省,这样才写出课文中'我'对这件运动衫的喜爱";"这样写明确了'我'最喜欢的运动衫的两个特点——'大角麋鹿'仰着头、'红色',所以一个也不能少";"这是课文的中心,题目就是《一件运动衫》,所以要把这件运动衫写具体,写出它的不一般"……显然,教师成功地激发了学生的内化过程,正是源于因这个句子难读而催生的学习需求。

二、在鼓励质疑中探究,增强内化动力

在语文课堂上学生对文本的探究行为,无疑是内化过程的一种重要表现。而探究必须以问题为前提,问题则离不开学生在读解课文时的勇于质疑。清代的唐彪说得不错:"凡理不疑必不生悟,惟疑而后悟也。小疑则小悟,大疑则大悟。故学者非悟之难,而疑之难。"(《读书作文谱》)赞可夫说得更直接:"只要学生能提问题,这就是重要的条件之一,它有利于形成和巩固学生对学习的内部诱因。单纯地听教师讲课不能充分发动学生的精神力量。"(《和教师的谈话》)这就说明学生提问题正是促进内化的重要诱因,其

效果要大胜于单纯听教师的分析讲解。

著名特级教师窦桂梅执教的《皇帝的新装》，便是一堂以学生的自学内化为主导的翻转课堂，全程分为三大板块："预学""共学"和"延学"。在学生填写的"预学单"中除写"我的感受"之外，还有"我的疑问"，鼓励学生大胆质疑。在"共学单"中有小组讨论梳理出来的主要疑问，并要求合作表演课文最后一个自然段。这既是质疑探究的深入，又最大化地丰富了实践体验过程中的感悟。而"延学单"中有一栏是"离开课堂，我新的疑问是……"。显然，这样的课堂已不再是技巧上的小修小饰，而是一种结构性的变革，实现了传统课堂以教师为本位，以讲析提问为手段，向当今和未来课堂应以学生为本位，以自学、质疑、探究、体验为手段的惊艳转身。而学生质疑是贯穿始终的一条主线，因疑而去解疑，解疑而促成内化。一切皆由疑生悟，真正成为学生内化的动力。教师只是在学生内化过程中适度介入，充分发挥其导学者、助学者、促学者和评学者的作用。

三、借用同伴互动之力，推进内化过程

就学生内化的机制而言，主要是个体独立的思维活动，但群体的合作互助对于推进内化的作用也是不可小觑的。因为如果你有一个苹果，我也有一个苹果，交换之后，每人手里仍然只是一个苹果。但如果你有一个思想，我也有一个思想，交换之后，每人就会拥有两个思想。所以，信息在交换中能够增量增值，为极大地提升内化效率创造了必要条件。联合国教科文组织在《学会生存》的报告中指出：受教育的人必须成为教育他自己的人；别人的教育必须成为这个人自己的教育。当下课堂教学十分重视小组讨论、合作互动的作用，也就是相信儿童具有自己教育自己的内动力。他们在同伴合作中探讨所获得的体验会远胜于被动地听教师单边讲析的效果。

人教版三年级下册的《路旁的橡树》，讲的是人们打算修建一条公路，但有一棵高大的橡树挡住了去路。为了保护这棵橡树，工程师和工人们改变了筑路计划，绕过了这棵橡树，把路修成了。对于课文中"工程师拿出一根楔子，走到离橡树100米的地方，把楔子打进了地里"这一细节，学生中发生了

争论:"这路修在楔子里边,还是楔子外边?"认为修在楔子里边的理由是:"离橡树 100 米已经够远了,完全可以在 100 米内修一条路了,不会影响橡树的";"课文中说'计划是不可以修改的',只要不砍掉橡树就行,不必去兜一个大圈子"……但是,认为应该修在楔子外面的同学,找出了更多的理由:"课文开头就说'这条公路将会宽阔、平坦又漂亮',宽阔的公路,肯定不会在楔子里边";"课文中说修路时还必须埋一根排水管,土要挖得很深,这就会伤到橡树,所以应当在 100 米之外";"工程师钉楔子的目的是为了保护橡树,所以规定的一定是公路的内沿必须距离橡树 100 米";"我从课文中'但只在一个地方弯曲成马蹄形'可以看出这个弯度很大,是'马蹄形'而不是'弧形'";"课文中写了这是一棵高高的橡树,粗壮、结实、挺拔,它的根一定会伸得很远,公路当然得修在 100 米以外"……在小组和课堂讨论中,学生最后一致认为应修在离橡树 100 米之外。这样的互动中的思维碰撞,不仅是解读课文的深化,更是培养了对课文言意相生的敏感,内化的形成机理,于此可见一斑。

四、用"做中学"的实践性,提升内化效能

有意义的学习,大多是做中学。因为只有在亲力亲为的实践行为中,学习者才能获得真切的体验。所以,学习语文只能在识字中学会识字,在阅读中学会阅读,在习作中学会习作,舍此别无他途。"做"这种实践行为,使学习者亲历其境、亲自动手、亲身去体验其中的关键和奥妙所在,从而获得难以言说的实践经验和实践智慧。这不是可以通过听讲达到的。

听一位优秀教师导读《匆匆》,如何让儿童用言语具体地感知朱自清的"时间都去哪儿了"?教师以独特的、富有选择性的三组关键词语的提示,打开了学生的思路,既触发了他们诸多关于时间匆匆而过的生活体验,又尝试了言语表达的多样化和陌生化。如教师先示例:"读书的时候,日子从思索中过去,我感到时间是匆匆的。"然后让学生回顾自己的生活,尝试例举:"××的时候,日子从××中过去,我感到××是匆匆的。"学生踊跃发言,颇多感慨,教师一一板书。显然,教师引导学生在游戏一般的组句运用中,真实地内化了对时间匆匆逝去的认识和珍惜时间的思想感情。

五、学会自我梳理，推高内化能力

在学习过程中，学生的内化也是全过程的。因为当学习真实地在学生身上展开的时候，内化也就同步产生了。所以，从"预学"（先学）、"互学"（同伴互助）、"导学"（教师引导）、"延学"（拓展学习）到"理学"（对学习活动的自我整理），"学习"与"内化"总是如影随形、同步前进的。特别是"理学"更是推高学生内化能力必不可少的重要步骤。"理学"就是学生对学习的自我回顾、自我梳理和自我调控，是对学生学习"元认知"能力的培养。所谓"元认知"，就是对认知的认知。学生经常反思自己的学习生活并进行自我整理，换一种说法就是对自我的认知活动进行再认知。这是一种由学生自己对自己的学习活动实施的自我监控，无疑是更好地促成内化机制的关键所在。这种自我监控的行为，在古代教育的精华中即是"自省"。《论语·学而》中"吾日三省吾身"，是有口皆碑的名言古训。这里的"省"就是反省，自我检查。让学生学会整理自己的课业，乃至学习行为、学习态度，正是一种重要的自我检查的可操作形式，它对于促进内化的价值，无论怎样评说都不为过。

浙江省温州市实验小学早在2006年就开设了"整理课"，并且将其作为一种必修的校本课程，进行了系统的实验研究。该校制定了自己的学科规范（《温州市实验小学校本整理课课程标准》），研究了基本课型：从"整理情绪"入手，静下心来自行回顾一天来的课业学习，填写"课业整理表"，梳理主要收获，提出还没有学懂的问题，开展互助和教师个别辅导，等等。整理完毕可以自行离开教室。实践证明，规定时段让学生有整理课业的时间，并得以及时总结学习收获和查漏补缺，从本质上体现出教学观念和方式的转型，即由偏重教师授予到真正以学为中心，重视学生的内化。

美国课程论专家泰勒认为：学习是通过学生的主动行为而发生的；学生的学习取决于他自己做了些什么，而不是教师做了些什么。因此，所有成功的教育改革无不以行动显示其坚定的学生立场。"翻转课堂"的本质正在于将传统的以教师授予为主的课堂，翻转成为教师千方百计促成学生内化的课堂，让孩子在真实"打开"心扉的状态下，成为自主、自觉、自动、自律的学习主体。

学与导，寻求语文课堂形态的深度变革

　　语文教学的高耗低效是一个老大难的历史问题。造成这一痼疾的原因有许多，但其症候会综合地反映在课堂形态上。因此，关注、研究和变革课堂形态无疑是解决高耗低效的一个重要抓手，一个无法回避的方面。

　　所谓语文课堂形态，在这里指的是一堂语文课的结构、过程、时间分配和内在机理，在整体外观上的呈现，及因此形成的课堂氛围。语文课堂形态有侧重于教师讲解授予式的，也有侧重于学生主体实践式的；有侧重于联系生活开放式的，也有侧重于引导学生发现式的；等等。说起来，课堂形态虽然有千姿百态的一面，但归根到底不外乎两类：一类是教师讲演式的，一类是学生学习式的。以讲演为主的课堂，立足于教师的讲析授予，基本上是教师讲、学生听。教师的精力主要用于如何解读教材，如何引入教学资源，如何组织自己的教学语言……这一切都是为了讲课时能够达到头头是道、精彩纷呈的境地。在这样的课堂里，虽然也有提问学生，但问题大多小而浅。学生简简单单的回答还是为了配合教师的继续讲析，以避"唱独角戏"之尴尬。虽然也有学生读书或偶尔见到的作业，但大多时间不充分，只是作些点缀而已。这种形态的课堂，难免教师讲析过度，而学生学习实践活动严重缺失。课堂缺少了学生的自主学习实践，又怎能不造成高耗低效的后果。总观我国语文课堂教学的历史发展轨迹，从文言文教学时代的"满堂讲"，到白话文教学的"满堂灌"，从20世纪50年代始于谈话法教学的"满堂问"，到今天"泛人文"影响下的"满堂牵"，虽然不可否认其中有着一定的变革和进步，但一个根本性的问题没有变，就是"讲"的强势依旧。我们不难发现在那里"满堂"忙活的总是教师，学生自主的学习、实践活动始终没能成为课堂教学的主流。

以此反观学导式的课堂形态，其立足点在于学生的自主学习和实践。从哲学的观点看，事物发展的根据在于事物自身的内因。就学习而言，学生的自我意识和主观能动性才是完成学习任务的内因，教师的"教"，只是上述过程的外因和条件。外因必须通过内因才能起作用。所以，教师的"教"绝不能代替学生的"学"，而只能在帮助引导学生的学习过程中方能产生积极效果。这种"教"，更确切地说便是"导"，是引导和指导，是学中之导。对此，叶圣陶老先生说得好："所谓教师之主导作用，盖在善于引导启迪，使学生自奋其力，自致其知。非谓教师滔滔讲说，学生默默聆听。""教师之为教，不在全盘授予，而在相机诱导。必令学生运其才智，勤其练习，领悟之源广开，纯熟之功弥深，方为善教者也。"

我们要寻求由"讲演"为主向"学导"为主课堂形态的变革，关键在于如何处理好"学"与"导"的关系。必须坚信语文课堂教学中"学"是"本"，"导"为"向"，"学"是基础和归宿，"导"则为引领和提升。"导"立足于"学"，当然"学"又少不了在疑惑处的"引导"和对重难点的"指导"。导学相长、师生互动，如此方能修复课堂的学习生态而臻于和谐的境地。具体地说，应当着重处理好"学"与"导"的以下几种关系。

一、提倡"先学后导"

很多教师不太相信小学生可以自己学课文，其实，所有的儿童都是天生的学习者。这是因为人类生命都存在一种天赋的学习能力，这是生命赖以生存和发展所必需的本能。教学正是要唤醒儿童的这种本能。另一方面，实践表明语文又是一门最方便学生自学的课程。这正如语言学家平克所研究的：儿童不仅具有语言的本能，还有着文法的本能，语言表意的本能，语文基本上可以不依靠教，而是可以依靠学的。还有一个不容忽视的特点是语文教材知识系统的安排是螺旋式渐进的。孩子接触一篇新课文，98%以上是熟字、熟词和已经掌握的句式。课文内容大多是生活故事，学生完全可以凭借个人的生活体验来感知理解。所以，语文课堂完全应当让学生自学在先，而教师的指导在后。这不仅可以充分调动学生学习的积极性和自主性，而且也可以使教师的"导"更有针对性，只在疑难处点拨启迪，让学生能"自奋其力，自致其知"，在学习中学会学习。

教学《颐和园》一课时，一位学生质疑："课文中说'两岸栽着数不清倒垂的杨柳'，这杨柳是什么树？"教师觉得这很简单，就随口回答："杨柳是杨树和柳树呀！"有的同学就说："课文中写的不对，柳树是倒垂的，杨树的枝叶是不倒垂的。"教师在备课时根本没有考虑到这个问题，就让大家讨论："那我们可以把这句话修改一下，使它表达得更准确。"孩子们经过一番争论之后，修改主要集中为三点：一是把这句话改成"两岸栽着数不清挺拔的杨树和倒垂的柳树"；二是干脆删去"倒垂"，改成"数不清的杨柳"；三是把"倒垂"改成"碧绿"，"两岸栽着数不清碧绿的杨柳"。这时一位女生还是把手举得老高，她拿着字典说："杨柳是什么树，查查字典不就知道了。字典上说，杨柳有两个意思，一是指杨树和柳树，另一个意思是泛指柳树。课文中写的就是指柳树，所以用'倒垂'根本就不错。"教室里一下子静极了。教师说："你真了不起，能用工具书来自己解决疑难。我说的不对，课文中应当就指柳树。"

这个案例生动地说明了学生有自学课文的兴趣和能力，如果能得到教师的正确引导，他们也完全有能力来解决学习中的某些疑难。这位教师说错了，使学习过程绕了一个弯子。但即使教师能说对，也不宜直接把答案告诉学生，完全可以让学生自己来解决疑难："杨柳是一种什么树？"即使没有人想到查字典，教师也不妨启发一下，让大家查查字典。所以学在先，学而有疑，教师再导。导也不全是"给予"，而是启迪，让大家自己解决疑难，复归于学。课堂就应该这样在现场生成中提高学生的学习能力。

二、坚持"为学设导"

我国著名教育家陶行知先生曾经说过："民主的教育方法，要使学生自动，而且要启发学生使能自觉……"（《实施民主教育的提纲》）在"学导式"的课堂形态里，关键之处在于分清"引导"与"讲演"的关系，不应把"讲与"导"完全等同起来，否则就仍然解决不了教师讲析过度的问题。这就在于"导"是"引而不发"，还是要让学生在进一步的学习探求中自行解决，教师的"导"只是一种帮助。而"讲"在这里所指的不是"讲话"的"讲"，而是"讲析"的"讲"，也就是"全盘授予"的"讲"。所以"讲"与"导"完全是两码事，不该混淆。正是从这个意义上理解，教师的"导"应是为学而设，即"导"从"学生的学习中来"，再到"学生的学习中去"，切莫把"导"与"讲"混为一谈。

如教学《科利亚的木匣》一课，课文写的是苏联卫国战争时期的一个故事。研读中有学生提出："怎么科利亚老跟妈妈在一起，从五岁的埋木匣到十岁的挖木匣，他没有爸爸吗？他爸爸到哪里去了？"这个问题显然偏离了课文的教学重点。一开始，教师为他的"想入非非"而有点不高兴，可略一沉吟，意识到不能无视孩子的质疑，不妨来个顺学而导，于是让学生来帮助解答。

"课文主要写的是科利亚会动脑筋，和他爸爸无关，所以不用写清楚。"有孩子这样回答。"那为什么写他妈妈呢？"学生又问。"科利亚是学着他妈妈的样子埋木匣子的，所以当然要写他妈妈。""那为什么又要写他奶奶呢？奶奶跟科利亚也没有多少关系呀！"没想到有的孩子还是不依不饶。"那是因为奶奶和科利亚一起转移的呀。"这下，孩子们的理由显得不够充分了。这时教师脑子里忽然灵光一闪，发现了问题的价值。"同学们，我们索性来研究一下这个问题吧。课文中确实自始至终没有写科利亚的爸爸和爷爷，那么让我们思考一下，科利亚的爸爸和爷爷都上哪儿去了呢？""上哪儿去了呢？"学生们自言自语，开始沉思。"……哦，我知道了，打仗去了！打仗去了！"沉思片刻后，突然有孩子大叫起来。教师笑了："真聪明！课文中有能说明这个问题的答案吗？"孩子们立刻捧起书本认真读了起来。"我想，科利亚和他妈妈要四年后才能回到自己的家乡，说明敌人很凶狠，科利亚的爸爸他们应该花了很大的力气和很多的时间才把敌人赶了出去。""真聪明。苏联人民永远都不会忘记这一段奋勇抗击法西斯的历史，这就是著名的卫国战争。我们现在可以比较肯定地说，科利亚的爸爸是去打仗了。怎么样，你们满意这个答案吗？"因为自己的发现，同学们都笑了。

这样，学生的质疑由学生自己解决了，而且深化了对课文的研读。正因为教师"为学设导",才使"导"带动了学生自主的"学",而不必再由教师来作"全盘授予"式的过度讲析,从根本上颠覆了"讲演式"的语文课堂形态。

三、把握"顺学而导"

从系统科学的观点来看,学生个体和群体都是一个个相对独立的系统,同外界环境(教师和由教师组织的教学媒体)进行以知识、信息为主要形式的能量交换,从而使学生个体和群体的学习发展不断获得完善,进而体现出教学双方这个更大系统的优化。由此可见,语文课堂中的"学"与"导",融合在学生个体和群体与教师、教学媒体之间不断地以知识、信息为主要形式的能量交换中。不可机械地把"学"与"导"割裂开来,而是学中有导,导中有学,循环往复,其推进机制则基本表现为"顺学而导""因势利导"。

听一位教师执教《难忘的泼水节》,在通读课文之后,教师让学生提出问题,经归纳,共有三个:一是"泼水节在什么时候举行?"这个问题比较简单,教师引导学生找出相关段落(第一自然段),并结合进行了识字学词和读通课文的引导。第二个问题是"为什么这次泼水节是'难忘'的?"学生自读课文,在第二、第三、第四自然段找到了答案,教师也就顺学而导做了字词和诵读的指点。可是,对于第三个问题"为什么要用'泼水'来庆祝?"教师却不了了之。其实,对孩子来说,这是一个最真实、最有需求的疑问。小朋友可能觉得放爆竹烟花、敲锣打鼓、文艺表演等才是庆祝,"怎么会用'泼水'这种方式?要是我泼了同学一身水,还会挨老师批呢!"教师避而不究,可能是觉得一时说不清。其实,如果能让学生细读课文,教师顺学而导,正可以达到化教为学的理想效果。学生细究课文,教师因势利导,就不难使学生理解:一是泼水节现场,不光是"泼水",还有铺地毯、撒花瓣、赛龙船,人们"笑哇,跳哇","敲着欢乐的鼓点","同傣族人民一起跳舞"等,这是一场多种形式的庆祝;二是"泼水"在这个特定的日子里表达的是祝福的美好心愿,所以,也不是粗野地"泼水",周总理端的是"银碗",用的是"柏树枝"蘸水泼洒;三是如果再深究一下"水"是什么,

"水"与生命有着怎样的关系，也就不难理解傣族人民的这种古老民俗的深刻含义。由此可见，立足于学生的"学"，在教师的顺学而导、因势利导下是完全可以达成教学目标的。

四、力争"以学代导"

尽管教师的"导"是语文课堂不可缺失的重要手段，但从教学现状看，有许多的"导"是可以由学生的"学"来代替的。除非导不可之处，我们还是要力争"以学代导"。这是因为最好的学习效果莫过于学生的"自得"。孟子是最早提出教学"贵在自得"的人，他说："君子深造之以道，欲其自得之也。"所谓"自得"也就是自觉地有所得，是指学习者不依赖外力，能返身体验，默识心通，所达到的那种自然而得。由此可见，"自得"强调的正是学习者主体性的发展，即学生通过自身的省察反思而明理，重视的是亲身体验，不搞人云亦云。显然，这样的知识是学生通过苦心探求、追本究源之思而得到的，自然可以达到深切体悟、彻底明了的境地。这样的学习质量自然也就不是一般的听人讲析、被动接受所能够比的了。

这是一堂二年级的语文课《我是什么》。在学生第一遍读课文之后，教师问："读了课文，你们谁知道课文中的'我'是什么吗？"一个孩子马上回答："我是云。"许多孩子都说他错了，应该"我是水"。教师面对这一意外，不忙着去指正说"我是云"的那个孩子的错误，而是当机立断要利用这个错误，改变自己的预设。教师说："大家说得很对，但这位小朋友搞错了也是有原因的，'我是云'，这'云'确实也是水变的，但这只是'我会变'中的一变，谁知道这个'变'在课文哪一小节？"于是教师就引导小朋友学习了这一小节，相机落实了一些生字新词，指导了朗读。

"那么，'我'还会变什么呢？难道只会变云吗？接下来就请小朋友自己来学了。谁愿意学哪一变，就请他来说给我们听。"这样一来，有的小朋友说"我"变成了"雨""雹""雪"；有的小朋友说"我"变成了"池水""溪水""河水""海水"；有的小朋友还从"变"形状，说到了"变"脾气，"变"得"温和"时怎么样，"变"得暴躁时又怎么样……在交流中又引出了现场的许多讨论，本来该由教师指导的许多地方，在小朋友们的自觉交流中却给解决了。

著名语文学家王力先生说过："西洋语言是法治的，中国语言是人治的。"所谓"法治"，讲究的是规律和逻辑，大多需要通过"教"去认识和把握；所谓"人治"，讲究的就是自觉感悟，重要的是学习者的反复习练。所以，从根本上说，学中国语文是可以少教或者不教，可以"无师自通"的。上面的课例也正可以印证"以学代导"或"以学代教"在语文教学中是值得提倡的。

五、达到"多学少导"

恽代英同志是一位伟大的革命者，也是一位杰出的教育家。他做过多年教师，对当时学校盛行的"注入式"教学方法，提出过尖锐的批评。他在《编辑中学教科书的先决条件》一文中指出，旧的教学方法存在八大弊病，其中最大的弊病是只有教师的活动，少有学生的活动，"教师太劳，学生太逸"，结果"学生成了无意识的承受知识的器皿，脑筋中不能有一点创造力"。教师讲得有味时，学生只把它当作笑话听；讲得寡味时，学生便昏沉沉的要瞌睡。因而这种"注入式"的教学方法，实际上是"注则有之，入则未必"。尽管今日的教学与昔时的"注入式"教学已有很大改变，但我们不能不承认，当下普遍存在于语文课堂的过度讲析，仍然有着某种"注入式"的历史阴影，甚至我们还可以称之为变相的"后注入式"教学。鉴于此，我们强调"以学代导"的根本目的正在于尽量地做到"多学少导"，把学习的自主权能真正归还给学生。

让学生尽可能多地自主学习，教师只是在一旁相助，只在十分必要时才作点拨，是完全可能的。

一位教师教学《闻官军收河南河北》，在学生一致认为一个"喜"字能概括诗人当时的情感时，不失时机地让大家好好思考，准备交流一下哪些诗句表达了这种"喜"的情怀。

——我觉得"漫卷诗书喜欲狂"这一句最能表达出"喜"，诗人随意地胡乱地卷卷这本诗书，又卷卷那本诗书，高兴得手足无措像要发狂了一样，这是欢喜若狂呀。

——"白日放歌须纵酒"这一句也写出了诗人的狂喜,大声地唱着歌,没有节制地喝着酒,都是因为太高兴了。

——我认为,"青春作伴好还乡"这一句,虽然没出现"喜"字,但同样地表现了"喜",因为官军收复了河南河北,杜甫不必再流浪四方,可以回家乡了。高兴的心情使他想到沿路作伴的春天的景物也一定会格外美丽。

——从"即从巴峡穿巫峡,便下襄阳向洛阳"中也可以看出诗人的喜悦之心。我们从"即从""便下"的语气中可以感到诗人回家的速度会很快、很顺利。其实这是杜甫想象的,因为开心,他才会有这样的想象。

——"却看妻子愁何在"这一句,从"愁"已不见,可以看出作者的"喜",我认为这是以"愁"写"喜"。

——我觉得"初闻涕泪满衣裳"这一句其实写的也是开心。因为诗人听到官军胜利平息"安史之乱"的消息,激动得泪流满面,这是高兴的泪。

教师说:大家说得很好,八句诗中,同学们认为有七句都从不同角度、以不同形式写出了"喜",那是不是只有第一句没有写"喜"呢?于是,课堂里又出现了沉思,不一会儿,同学们又发表意见了。

——第一句是总起,交待"喜"的原因是蓟北收复了,所以不一定立即写喜,从后一句才开始表达诗人的欣喜之情。

——我有不同意见,第一句虽然是总起,但也一样传达了诗人欣喜的心情,它集中表现在一个"忽"字上,"剑外忽传收蓟北",好消息是一下子传来的,喜在突然之间,喜在诗人的意料之外,好像是什么——喜从天降!

课堂里响起一片掌声,教师高兴地总结说:"这样说来,整首八句诗是句句见喜,只是出现的方式、角度不同。让我们怀着像诗人那样的欣喜之情来朗诵全诗吧!"

这不是学现代的白话文,学的可是一首古诗。我们对学生的学习能力,确实应该另眼相看。当然也许他们对古诗的讲析还不如教师的分析来得深刻,但它肯定会比教师讲的更可贵,更管用。因为这是他们自己的体会,来自他们真实的学习生活。他们收获的不仅是认识,更有知识以外的许多更为可贵的东西,如自信、体验、感动、方法和能力……

翻转课堂：越界与回归带来的教学挑战

夸美纽斯在《大教学论》中说过一段大家耳熟能详的话："《大教学论》的主要目的在于寻求并找出一种教学的方法，使教员少教，学生多学；使学校少些喧嚣、厌恶和无益的劳苦，多些闲暇、快乐和坚决的进步。"这确实是一种令人振奋的教育景观。事实上，教育的改革研究、实践探索，也一直受着这种景观的感召和鼓舞。

在当前，以"云计算"为标志的，以大学"慕课"的"在线学习"为基本特征的"翻转课堂"探索实践，也与这种教育景观的鼓舞有着内在的联系。它不仅挑战了以"班级授课制"为基础的传统课堂教学形态，为大学的教学方式开辟了一条全新的路径，也影响着基础教育从"课改"到"改课"的多向思考。可以说，这股浪潮已从高等教育波及中小学教育。2013年8月，由华东师范大学考试与评价研究院中外名校研究中心和全国20所顶尖高中共同发起C20慕课联盟（高中），一个月后，C20慕课联盟（初中）也随即成立。首届全国中小学教师、高等院校师范生微视频大赛颁奖暨慕课与翻转课堂教学研讨会也于2014年年初在华东师范大学举行。

"慕课"指的是一种"大型开放式网络课程"，华南师大的焦建利教授率先定其中文译名为"慕课"。在"慕课"模式下，课程、教学、学习体验和师生互动等相关活动，都可以被完整、系统地通过网络在线完成。学生可以在任何时间、任何地点观看"慕课"视频，自学相关知识，完成练习，而课堂教学时间则由学生讨论视频学习中的疑难问题，订正作业，在师生互动中求得教师的引领和帮助。这样，传统课堂的功能被完全"翻转"了，主体的教学活动是在课前视频自学中完成的,课堂上是学习之后的讨论和解疑。

就传统的课堂教学而言,翻转课堂无疑是一种"越界",它完全颠覆了课堂是教学活动的主要载体这一基本定义,而仅仅是学生在视频学习之后讨论和交流的场所,虽然有教师引领的参与,毕竟大不同于之前的教师系统授予。但是,它又是一种"回归",向教学的"原点"回归,即教学应"以生为本","以学为重"。教学的本义是必须依靠学生主体的内驱力来完成学习活动,这个过程必须由学生来自主实现,任何人(包括教师)都是无法代替的。

鉴于真正意义的"翻转课堂",须有现代信息技术的深度介入,当然就要具备一定的条件。如每一位学生的家里都要有完备的上网设施;每一位学生都要有充裕的课外自由支配时间;每一位学生都要具备自学的能力和自律的精神,以保证有效地自学视频,不受五花八门、鱼龙混杂的网上信息诱惑;还要有优质的"视频"资源供应;等等。所有这些,对农村小学、对小学生来说,都会成为问题。但是,"翻转课堂"是一种对教学原点的回归,其课堂改革的基本理念在于把传统课堂以教为主转化为以学为主,把以教师主宰为本位转化为以学生发展为本位,在这个过程中适度发挥信息技术的作用。"翻转"只是一个犀利的名称,以警示必须加速课堂的改革转型,以适应时代对未来创新人才培养的要求。从另一方面说,信息技术的应用毕竟只是"工具",而且会受到实际条件的限制,但以学生自主学习发展为基点是理念,是具有普适性的,完全应当去努力实现。这就赋予了"翻转课堂"以普遍的研讨价值。即我们关注的重点可以不在于教师自制了多少个相关的授课与练习视频,而在于教师如何转变观念,鼓励学生自主学习,积极参与合作互动,获得实践体验。这个意义上的"翻转",在一些名校名师的课堂上,已有了不少的探索研究,如邱学华"尝试教学"的"先学后教,先练后讲"、杨思中学的"用提纲先学"、李希贵的"三讲三不讲"等,不都有对传统课堂价值的突围和重认吗?

语文课程的特点,更有利于对传统课堂的"翻转"。第一,语文学的是"母语",每一个生命降临之始就生活在"母语"的怀抱里,耳濡目染之中,谁都不会感到陌生。所以，婴幼儿基本理解并会说母语，到三周岁就实现了。上小学之后重点是学习母语读与写的书面形式。这就为孩子学习书面语言带来极为有利的条件。第二，语文课程内容的安排是螺旋式的，一篇课文也就六七个生字，新词语无几，内容又大多是可以理解的生活故事。这与直线式安排的其他课程，如数学、科学不大一样。所以，一个小学生，如果缺课两个月，数学肯定就会跟不上，但语文可以照读不误。第三，学语文与思想、生活有着十分密切的联系。语言本来就是思维活动的载体和工具，思想在活动就是语言在运用；而"语文学习的外延与生活的外延相等"决定了在鲜活的生活中语言文字的无处不在。……所有这些都说明语文学科更可以让学生自学自悟。所谓"语文学习可以无师自通"一说，是有充分依据的。因此，我们似乎可以得出这样的结论：语文课堂是可以"翻转"的，而且是必须"翻转"的。那么，在语文教学中具体可以在哪些方面去尝试"翻转"呢？笔者认为主要可以从以下七个方面来进行。

一、在课堂理念上，由以教为主向以学为主的翻转

课堂的原生状态应当是学生自主学习的平台，课堂为学生的学习需要而设，为学生展开真实的学习过程而握进。正是从这个意义上说，课堂应当是"学堂"，课本应当是"学本"，教案应当是"学案"，教程应当是"学程"。然而，由于课堂异化为讲堂，教师过度讲析，奠定了"以教为主"的课堂状态，学生只是被动地聆听和接受，真正的学习过程并没有发生在学生身上，而只停留在教师不断施教之中。如何实现以教为主向以学为主的翻转？关键在于教师"化教为学"，把教的过程设计引导为学生学的过程，让学习真实地发生在学生身上。听著名特级教师薛法根导学《寓言两则》的"鹬蚌相争"，在学生识字学词、读通课文之后，教师没有作任何所谓"文本细读"的讲析，而是紧紧扣住一个"争"字，引导学生说说是怎么争的。学生边说，教师边板书，形成了下面这样的图示：

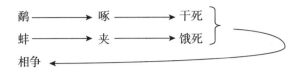

然后教师就根据图示让学生按课文讲故事，哪一位讲得好，可以评为"讲故事新手"。学生在自我准备后争着站起来讲。接着，教师又提议在"新手"的基础上评选"讲故事能手"。学生讲熟了，教师说谁能不看课文讲，那就是"讲故事高手"了。最后，教师又要求学生不看课文，而且能到讲台上面来讲，讲得好，那就是班里的"故事大王"。在学生层层讲说中，教师结合学生的评议落实教学点。整堂课就在学生兴趣高涨的角逐中，变被动为主动，把常见的教师作课文内容解读，转化为学生的学习演练，真正实现了化教为学的翻转。

二、在角色定位上，由"教师主宰本位"向"学生发展本位"的翻转

在传统课堂里，教师总是处在"主宰"的地位，不仅教学目标是教师确定的，而且教学思路是由教师设计的，教学程序是由教师排定的，教学方法是由教师选择的，就连教学语言也是由教师在教案上定稿的……怪不得有的教师会不无得意地说"我的课堂我做主"。这种以教师为本位的课堂意识，显然很难落实学生在课堂学习中的主体地位。被动学习、消极接受使学生丧失了学习的主动性和积极性。当然，教师在课堂中的主导作用不容否定，但何谓"导"？"导"者乃因势利导、循循善诱，是对学生主动学习的引领和帮助，而绝非包揽一切、一意孤行。

导读《少年闰土》一课，教师让学生归纳闰土的见多识广，将他说的故事一一概括出一个小标题，有"瓜地刺猬""海边拾贝""雪地捕鸟"等，可有的小朋友概括得不一样，把"雪地捕鸟"说成是"瘪谷捕鸟"，就被教师轻易地否定出局，让这位学生十分失望。其实，"瘪谷捕鸟"也挺好，学生觉得用瘪谷也能捉到鸟，很稀奇；用瘪谷捕鸟说明当时劳动人民的生活艰

难，舍不得用好谷子；用瘪谷捕鸟也可以看出农民对粮食是多么爱惜……但教师对学生说的这些理由不屑一顾，硬是写上了"标准答案"——雪地捕鸟。当然，这是教师教学用书上给出的答案，就这组小标题而言，"瓜地""海边""雪地"说的都是地点，用"雪地捕鸟"自有它的理由，可就"学生发展本位"而言，"瘪谷捕鸟"是不应被轻易否定的。学生说了那么多理由，难道就不应当给予充分肯定吗？学生好不容易有了一处自主发现，竟被彻底否定了，这叫大家情何以堪。可见课堂向以学生发展为本位的翻转，实在艰难得很！

三、在教学预设上，由指令性的刚性预设向生成性的弹性预设的翻转

教师教学预设的模式，基本上可以决定课堂的呈现形态。如基于程序细密、小步推进的预设，课堂呈现就会比较倾向于教师单边的固化灌输，学生只能是被动接受，课堂缺乏生成性。如果这是一堂有效的好课，真实的学习活动必然会在学生自主的学习过程中自然地展开，这就会给课堂带来诸多的"不确定性"，教师无法在课前预设框定，只能在上课时灵活利导，现场生成。这就要求教师的预设必须具有弹性，为课堂的即时生成留下足够的空间。从这样的角度看，教师对预设的翻转实际上决定着课堂的翻转。在一堂教学《杨氏之子》的课堂上，一学生在解读课文时，对"孔指以示儿曰"这一句，解释为"孔君平一边指着水果给杨氏之子看，一边说"。教师却并不专注于学生学习的现场性，及时把握这一误区内含的教学价值，让学生讨论：孔君平指的是水果吗？这一处非同一般，孔君平是拿水果盘中的杨梅跟杨氏之子开玩笑："这是君家果。"全文的重点、难点、疑点都在这个纽结点上，必须让学生十分明白孔君平指的是水果盘中的杨梅，而不是笼统的"水果"。唯如此，才能让学生顺流而下，懂得杨氏之子的"应声"回答"未闻孔雀是夫子家禽"的深切意蕴。可见，学生的学情是现场生成的，不是全部可以由教师预设决定的。课堂由"教"向"学"的翻转，必先有教师预设方式的翻转。

四、在教学程序上,由传统的"先教后学"向"先学后教"的翻转

课堂教学的起点在哪里?应当是学生的学习。学生在学习中碰到疑难,从而萌发的学习需求、衍生的新的发现或问题,都是保证教"有的放矢"之基础和前提。应当说,传统的"先教后学"是在教师成为"知识垄断者""课堂主宰者"等非科学定位下的产物,是学生主体地位被排斥、被遮蔽的结果。这样的"先教后学"不可避免是出于教师主观主义的"一厢情愿",它从根本上消解了学生的学习主动性和积极性,破坏了课堂的民主氛围,也必然导致课堂教学效果的流失,是导致"高耗低效"这一痼疾的病根所在。

教学《少年闰土》一课,教师先让大家自读课文,并要求用最简洁的文字概括出闰土对"我"讲了哪些"稀奇事"。一学生将第二件稀奇事归纳为"夜晚管西瓜"。这合适吗?正是学生的先"学"为教师的"教"(也即是"导")带来了契机和方向。教师因势利导让大家讨论:"'夜晚管西瓜'的概括合适吗?有没有更好的?"于是,学生再读再思,纷纷表达认识,展开交流:

——"'稀奇事'要体现在归纳里,用'夜晚管西瓜'不能体现'稀奇'。"

——"我认为稀奇的不是'管西瓜',而是刺偷瓜的猹,猹的'伶俐','皮毛油一般的滑'……"

——"光说'管西瓜'好像只是防人来偷,其实不是,课文中也写了,我来读一读……"

——"猹是啥东西,也是作者一直想弄明白但一直没弄明白的(读相关课文)。所以,归纳的重点要放到'猹'上来,归纳为'看瓜刺猹'会更好。"

……

这便是课堂"由学生学,以教促学"的生动景象。

五、在教学方式上,由教师的单边讲析为主向合作讨论为主的翻转

要真正提高教学的有效性,在方式上必须深度启动学生的内动力,让他们在参与过程中去获得实践体验。在课改不断深入的今天,体验被赋予很高的地位是不奇怪的。因为在实际教学的语境中,体验是人在亲历亲为中产生情感、生成意义和获得审美享受的活动过程。在这样的过程中所获得的"认知"是全方位的身心感受。而"合作讨论"在语文教学中则是保证学生大面积参与并从中获取切身感受的重要方式。这不是仅仅听教师的单边讲析可以奏效的。教学《揠苗助长》这则寓言之后,学生认为这人也太愚蠢了,教师趁热打铁企望引向深入:"那聪明的人会怎么做?"这引起了一场课堂的热烈讨论。有的说:"聪明的人不会去拔苗,苗的根断了,必定会枯死。"有的说:"聪明的人应当懂得给禾苗合理施肥、除草,才会长得更快。"有的说:"聪明的人应该明白禾苗的生成规律,不能凭自己的愿望行事。"还有的说:"聪明的人可以先做个实验,比如先拔一株试试,会不会长高,会不会枯死。"话音未落,马上有了反对意见:"这不对,大家都知道的事,何必再去做实验。"但有些同学却认为:"我们对常见的事物难道就不能产生怀疑吗?去实验、去探索,这种精神是很可贵的。""有怀疑不是一件坏事,而用实验去证明,这是一种科学态度,有什么不好,爱迪生还代替母鸡孵过鸡蛋呢!"……显然,这样的"七嘴八舌"不仅调动了大家的研讨兴趣,而且也必然会激起更多的有益思考,获得更多的学习体验。

六、在学习心态上,由被动接受向质疑探究的翻转

学生学习的过程,不应是被动地听讲、接受教师给予的过程,而应当有一种自主、合作、探究的态度。要探究,就要有问题意识,要有敢于质疑的精神。宋代的张载说得好:"在可疑而不疑者,不曾学。"(《经学理窟》)意思是在可以怀疑的地方不怀疑,等于没有学习。这是因为"凡理不疑必不生悟,惟疑而后悟也。小疑则小悟,大疑则大悟。故学者非悟之难,而疑之难"（唐彪，《读书作文谱》）。应当说，学生被动接受的学习心态，是教师教学的"注入"式造成的，"解铃还需系铃人"，若教师的教学理念"翻转"了，学生主动质疑探究的学习心态也就会随之形成。

《和时间赛跑》是著名散文作家林清玄回忆他的孩提时代的一篇文章。文中从时间过得快因此珍贵，说到"所有时间里的事物，都永远不会回来了"，这对幼时的作者来说就像一个谜。于是幼小的心里便滋生了一些多少带有童真的行为，如"和时间赛跑""和西北风赛跑""三年级做五年级的作业"……于是学生提出了许多疑问：干吗去和时间赛跑？时间又不是人。"比太阳更快地回家"有什么意义？三年级干吗去做五年级的作业？作业做完了，不是正可以读课外书或看会儿电视吗？林清玄光是贪"快"顶用吗？为什么现在还要提倡"慢生活"？……所有这些问题，正是激发学生主动探究的推动力，为自主深入读解课文带来了难得的契机。

七、在能力培养上，由单一的书面习题向听说读写综合运用的翻转

"语文是一门学习语言文字运用的综合性、实践性课程。"新"课标"对语文课程性质的这一阐述，使很多语文教师十分重视课堂上的"运用"，大多表现为在教学进程中不时穿插一些作业训练，或书面习题，或随堂练笔。应当肯定，这样的"运用"确实也很重要，但也不免失之单一和机械。诚如"课标"所指出的，学习语言文字的运用具有综合性、实践性的特点，并不完全等同于曾经非常提倡的书面训练，它应当是包涵了听、说、读、写、思（思维）各种语文实践的运用。听著名特级教师王红执导《喜爱音乐的白鲸》一课，教师把全程的教学完全置于学生实践运用的基础之上。如对于课文主要内容"人们是怎样抢救白鲸的"，她是让学生自读并填表来完成的，实现了课文的连续性文本和表格化的非连续性文本之间的阅读转换运用。

为了激发学生的发展性思考，教师还设计了一个文外虚拟的情节：国家为了表彰在这次抢救白鲸行动中的有功人员，要颁发一枚高级别的奖章，你觉得应该奖给谁？教师这一虚拟设计极其关键地把学生的读思运用推向了顶

峰。于是，课堂上有了学生的激烈争论，结果是谁的功劳都很大。这翻争论不仅提高了学习的趣味性，更重要的是在争辩的过程中，学生又一次体验到了人们抢救白鲸的炙热爱心，在互动中梳理提升了自己的认识，锻炼了思辨能力。这便是对听、说、读、写、思语文能力的综合运用。

……

说到底，我们不能将"翻转课堂"仅仅视为一种不切实际的花样翻新而加以简单排斥，而应当透过表象去评价它在改课转型中可以发挥的积极作用。它更不是简单地以视频取代教师，以"工具"遮蔽理念，以"上网"否定上课，而应当认识其以生为本、以学为重的本质价值所在，去建构能让所有学生都可以积极参与、开心学习、充分展示生命活力的新课堂。

语文课，请多让学生享用"自助餐"

在新课改氛围里的小学语文课堂，确实有了不少新改变，出现了很多新景观。但是，遗憾的是，不少教师依然沉迷于以"指令"编序、"讲问"打造的教学方略，把40分钟摆布得密不透风。即使是一些名师的"示范"之作，也仍然使我们感到这种逼人的课堂强势，排挤了真正属于学生的发展空间。尽管教师的思路出新了，技巧提升了，手段现代了，方法多样了，但"星星还是那个星星"，学生的主体地位、自主意识，仍然令我们为"千万里追寻着你"而困惑不堪。

看今日社会"自助"已经凸显成为一种以人为本、以满足自我需求为表现形态的主动的生活方式，如"自助餐""自助游""自助购物""自助公寓"……"让自己做主"已成为时尚，与传统激烈碰撞，倡导着尊重人、发展人的现代文明。课堂本来就应当是学生的"学堂"，为什么就不能多一点"自助"的春风，让新"课标"主张的"自主、合作、探究"的学习方式真正落到实处呢？

"自助"按字面理解，应该是自己帮助自己。然而在语文课堂里的自助，无疑有着更深的意蕴："我的课堂我做主"、自主性、主动性、个体差异的自我满足、个性化的解读和表达等，都会大有益于学生的生命成长。

让我们的课堂多一点学生自助，首先是教学的根本规律使然。教学，学生学是主体，"教"因"学"的需要而设，是为"学"服务的。世界上有许多事别人可以代替，而"学"是无法代替的，必须由学生自己来实践，自己来完成。因此，学习本来就应当是以"自助"为主的行为。教师指导的必要是为了更好地提高"自助"的效益。

自助，可以更好地发展学生的个性。个性的解放和自由发展，绝不只是文艺复兴时期正处于上升期的资产阶级提出的口号，它也是马克思主义的命题。"每一个人的自由发展是一切人自由发展的条件。"（马克思语）培养学生的个性应当更多地从他们的学习生活、学习方式入手，这才是最有效的。如果在课堂上学生只有听讲、应答的义务，而没有自主探究的权利，显然是极不利于儿童个性发展的。

另外，自助的过程性正是学生"从语文实践中学语文"的必不可少的载体。在这个过程中，学生的策划能力、交往能力、发现能力可以得到最有效的培养，而思考力、探究力乃至克服困难的耐挫折力又会得到最全面的锻炼。

这里，还应当特别强调的一点是，语文尤其是一门特别适合于自助的课程。有学者言"语文可以无师自通"，这句话不无道理。因为语文是母语，人们在孩提时代，已经无师自通地学会了口头语言，有了口头语言打底子，学习书面语言就自助有道了。哲人说"学习语文的外延与生活的外延相等"，生活中处处有语文，这又为学生自助创造了重要条件。另一方面，语文课程的编排不是像理科那样采用"直线式"安排知识内容，而是采用"螺旋式"排列，逐步回环上升，一篇新课文90%以上是熟字、熟词，已学过的句式和标点，内容又来自生活，其中不乏触发的体验，这更为学生的自助开了方便之门。由此可以引发出另一话题：语文教学历来教师讲风太盛，实在不符合语文课程特点。本来应当是以学生的听、说、读、写、实践操练来学习语文，现在竟以教师洋洋洒洒的人文演说、"大卸八块"的情节分析来替代，能有效提高学生的语文素养吗？

那么，如何在语文教学的各个环节给学生更多的自助，使传统的"教"的过程更多地转化为在教师指导下"学"的过程，唤醒学生的自主意识呢？

一、自助解题入文

题目是文章的"窗口"，常有"立片言以居要"的功能。"题"的本义是"额头"，"目"则为眼睛。额头和眼睛对一个人来说无疑是最重要的脸面。所以解读课文审题切入是为主要；而初读课文之后再回顾题目含义更会相得益彰，有豁然开朗之感。如此由题入文，回顾审题，使语文教学中解题入文这个环节，有让学生充分自助的条件。

一位教师在教学《爬天都峰》时，布置学生自助解题：读前先想一想，从题目来看课文应当写哪些内容？（天都峰在哪里？有什么特点？谁爬天都峰？为什么用"爬"，而不是"登"？……）在读一遍课文后再回头想想这题目有什么特点？实践证明学生的现场自助十分有效，甚至胜过了教师的讲：

——这题目中"爬"字用得真好。天都峰很高很陡，上去时要手脚一起使劲，所以用了个"爬"字，而不是"登"。

——我觉得重要的是爬天都峰的是一位小姑娘和老爷爷，他们要登上天都峰不容易，所以才是"爬"。

——我的理解是因为小姑娘和老爷爷在登山时要开展竞赛，谁都想快些，不要落后，所以手脚都使上了。

——通常"登山"也可以说是"爬山"，意思是一样的。但在这篇课文的题目中用"爬"确实更生动、更合适，也更有意思。

二、自助识字学词

汉语基本上是以汉字为中心的，任何一篇文章都是汉字的不同排列组合，由字生词，组词为句，联句成段，串段为篇。因此，识字学词是语文教学中具有战略意义的基础一环，在小学阶段更应当得到重视。在识字学词的范畴里，几乎所有的生字都是学生熟识的笔画、偏旁、部件的组合，在学生掌握了三套识字工具（拼音、字形分析和查字典）之后，就拥有了自助识字的条件，教师只需从旁点拨。这样，反而会使学生的识字能力获得真正的发展。请看一位教师教学"氵""亻""扌""刂"四个偏旁时，学生的自助热情：

师：同学们，现在有四个偏旁娃娃急着想与大家交朋友，你们愿意认识他们吗？瞧，他们来了（课件显示四偏旁）。谁来说说，你认识谁，是怎么认识的？现在他们藏在课文中要和大家玩捉迷藏，你们能找出他们藏在哪里吗?

生：我认识"刂"旁，老师说过刀字在旁叫立刀旁，与锋利的刀箭有点关系。

生：我认识"冫"旁，三点水去掉一点水，这一点水因为天气太冷，结成冰了。带两点水的总是与"冷"有关。

生：老师，我想给大家介绍剩下的两个偏旁"彳"和"扌"。"彳"旁表示有很多人，叫双人旁。"扌"旁与手的动作有关系。

生：我从课文中找到了"刂"旁藏在"到"的右边，"秋一来到"的"到"。"到"的读音与右边的"刂"旁读音差不多。

生："冫"旁藏在"凉"字的左边，"凉快"的"凉"。

生：两点水的"京"就是"凉"，凉风、凉气。

生：在课文中的"往"字左边，就是"彳"旁，"向往"的"往"。我们很向往飞上月球拍张照片。

生：我听姥姥说，旧社会有地主欺负老百姓，"往"字的左边就像很多老百姓，右边有个地主。

生："排"字带"扌"旁，排队要伸手，与手的动作有关。

生：我觉得右边像小朋友在排队，两边各三横是三排小朋友。

这里教师除引领、赞赏外，没有教什么，全是学生以自助完成了识字任务。所以，在教学一篇课文进入识字环节时，教师不妨告诉大家："这篇课文共有 × 个生字，哪些是你已经认识的，你是怎么认识的？哪些是你现在能够学会的，你是用什么方法学会的？哪几个是你认识时觉得有困难，需要人家帮助的？"这样让学生在自助识字之后再将学习成果进行交流，会比以教师的"教"为主，平均使用力量在每个生字上，更具教学价值。

三、自助理清层次

在"初读课文"阶段，为学生的自主探究打好基础，教师通常会花力气去指导学生理清课文层次。其实，这一教学环节的实现，让学生自助解决，可以更好地体现"有效教学"的要求。在教学《记金华双龙洞》一文时,教师未加任何暗示,让学生独立自助,用自己喜欢的方式,把课文的层次划分出来。结果学生的分析不仅清楚正确(虽然稍有不同,但都没有曲解了课文的结构),而且有多种方式,体现了乐于创新的潜质。

(1)用文字叙述的:

第一层,写路上所见;第二层,写洞口和洞外;第三层,写乘船通过那个孔隙的惊险;第四层,简要地点出内洞更好玩。

(2)用线条表述的:

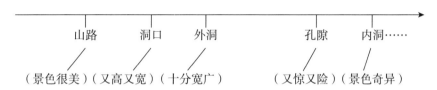

(3)用图示简述的:

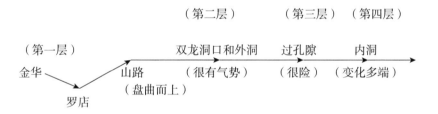

(4)用剖面图(略)描述的:

山路(第一层) 洞口(第二层) 外洞(第三层) 孔隙(第四层) 内洞(第五层)

显然,这种丰富而精彩的生成,会优于教师单一的预设,也只有在学生的自助中才能出现。

四、自助"圈、点、画、注"

"不动笔墨不看书"是重要的读书方法,因此,在语文教学中应当大力倡导让学生以"圈、点、画、注"来自助读书,凸显"学"的过程。在这方面,教师常常习惯于严格按照指定的"圈、点、画、注"符号来操作。其实，具体的学习方法，总是十分个性化的，没有多大意义的"强求一律"往往会给孩子频添束缚，减少了自助的乐趣。在这方面，万茂皎老师的一个案例，颇能说明问题：

中午，学生正在午休，我收起一组同学的语文课本来检查，看看他们在书上圈画的情况。各式各样的圈画映入眼帘：

有的学生用上了苹果图案把字词圈出来；有的学生用上了桃心图案把字词圈出来；有的学生用上了太阳花瓣图案；有的学生用上了热带鱼图案；有的学生用上了五角星图案；还有的学生用上了小闹钟图案。

午休过后，我按照语文书上的姓名找到了孩子们，让他们告诉我为什么要用上这些不同的图案来圈出课文中的字词，而不用最常用的、简单的圈。孩子们的回答出乎我的意料。

学生：用上苹果图案，就让我感觉到这些苹果字娃娃特别可爱，每读一个字就可以尝到苹果香香的、甜甜的味道。

学生：用上桃心图案，是因为万老师经常提醒我们只要用心去学习，做到眼到、口到、手到、心到，什么知识都能掌握。每次看到这些用桃心圈起来的字宝宝，我就会认真地去读、去记、去写，很快就记住了它们。

学生：太阳花的图案，就像老师奖励给我们的小红花，看到这一朵朵太阳花图案圈的字词，我就特别想认识它们，特别想写好它们，特别想得到老师的夸奖！

学生：我用上小闹钟图案圈字词，是想让小闹钟时时提醒我，要抓紧时间把这些生字记住。万老师你不是告诉我们，今天的事情今天做，明天还有新功课吗？

学生：我喜欢用五角星图案圈字词，因为我识字的速度特别快，就当是自己奖励自己呗！

……

学习是快乐的，自助更应当是快乐的。既然是自助，应该让孩子"自主"，用怎样的方式去圈、点、画、注，完全可以让孩子自己去决定，给自助一份真正的自主。

五、自助设计提问

学须有疑，有疑有问，才会去思考，去探究，真正的学习才会发生。为此，语文教师总是十分重视提问设计，讲究提问的艺术。于是，提问似乎也就成了教师的"专利"。其实，本着设疑而学的原则，提问也应当可以由学生自助，自己发现问题，自己提出问题，自己解决问题正是读书之道。事实上，要学生提问质疑，确实能从另一种视角，提出很有质量的问题。《李子核》这篇课文是一则劝导儿童要诚实，不可说谎的故事，讲瓦尼亚小朋友趁家人不注意，偷尝了一颗李子。妈妈知道后问大家吃了没有，瓦尼亚说没吃。妈妈说，谁要是把李子核吞下去了，肚子里会长出小树来。瓦尼亚怕了，忙说自己把李子核扔在了窗外，逗得大家哈哈大笑。在读通课文之后，教师让小朋友自己设计提问，大家提了许多很有探究价值的问题，其中有些问题很值得思考，是对教材提出的挑战。如："对吃了一颗李子的小事，瓦尼亚为什么要说谎？""瓦尼亚说谎是不对，可妈妈撒谎骗瓦尼亚对不对？""如果妈妈不骗人，采用另外的教育方法，瓦尼亚会不会承认？为什么？""为什么大人不诚实没事儿，小朋友说谎就得挨批评？"……这些提问确实很有探究价值，是孩子深感兴趣的。教师若能围绕他们提出的问题深读课文，学生们一定会特别感兴趣。这说明提问设计又何尝不是一块可以自助读书的乐土？

六、自助表情朗读

在学生朗读课文时，如何激发他们的情感，是教师普遍比较关心的问题。而常见的行为往往是教师在技巧上作启发，哪里要读得快速，哪里要读得舒缓，哪里要声音高亢，哪里要发音低沉……或者作些标签式、概念化的提示："你能读得更快乐些吗？""你能不能把他的悲伤读出来？"……其实，这里忘记了最重要的是让学生去自助解读文字，真正把意思读懂了，情感自然就会相应而发。

全国著名特级教师于永正执教《水上飞机》，在指导读好小海鸥与水上飞机的对话时让学生自助的做法，正可在这方面引人深思。他要学生体会读好这部分对话，关键要注意"喂，船大哥，你好啊"的"喂"。为什么？于是学生先讨论，再分两个角色走远了表演尝试。学生感悟到了当时对话的环境，认识到这个"喂"非同小可，说明当时小海鸥与水上飞机是在距离比较远的情况下对话的。现在，在一个人朗读时也应该而且完全可以把这种远距离对话的气氛读出来。于老师这种善于让学生在自助的语文实践中去获取认识，生发情感的做法，确实值得称道。

七、自助归纳中心

虽说不是每篇课文都必须呆板地走划分段落、梳理大意、归纳全文中心等程序，但明确课文的主旨毕竟还是读懂课文的重要环节。对有的课文来说，让学生自助归纳中心，可能会各有不同，其实，这很正常，比之教师以一个标准答案强加给全班学生会更合理。这是因为文本只是一个召唤结构，真正的意义解读，总是由读者从自己的理解认识体验出发而作出个性化的建构。虽然有着客观的规定性，教师又有责任实施价值引领，但在不颠覆课文总体价值框架的情况下，学生各有侧重的、大同小异的那种个性化解读，会比由教师统一授予的标准式的"课文中心思想"更有意义。这正是自助在归纳中心环节中所体现的重要价值。

如以教学《丑小鸭》这篇经典童话来说，"教学参考书"上提供的中心思想是"面对不幸的境遇要有信心，今天的丑小鸭也许就会变成明天的白天鹅"。但学生在自助归纳中心时给出的答案，却颇多个人的感悟，如："丑小鸭本来就不丑，只是天鹅小时和鸭子不同罢了，是鸭子不认识天鹅"；"要有勇气去面对挫折，要相信自己才好"；"不要用片面的眼光看人"；"美丽不是所有人都会知道的，发现美丽要有本事"……显然，这些见解有互相联系的一面，只是侧重点不同而已。这是一则经典童话博大精深的思想内蕴带给学生多方面的启迪。正是自助，使我们看到并懂得了"珍视学生独特的感受、体验和理解"的可贵。

八、自助辨析明理

在语文教材中有些课文蕴含着较深的哲理，而这些自相矛盾或似是而非的蕴意，又极易引发学生之间不同见解的争论。显然，这种争论不仅有助于辨析明理，读懂课文，而且争辩的过程又往往是思维碰撞、唇枪舌剑的言语实践过程。特别应当提出的是这种争辩明理的活动具有很强的自助性，十分有益于学生语文素养的整体提升，是值得倡导的一种学习方式。《"精彩极了"和"糟糕透了"》一课有这样一个教学片段：

师：同学们，巴迪七岁时写了第一首诗，父母的评价截然不同。母亲说"精彩极了"，父亲说"糟糕透了"。你认为谁的评价更好？赞成母亲的请举手。（大多数学生举了手）赞成父亲的呢？（只有十来个）现在大家的意见不一样，我们就分成两方，来一次小型的辩论会，请各自大胆地说出理由。（学生认真思考准备）

生：我支持母亲的评价。因为巴迪很小，小孩子第一次写诗很激动，妈妈的评价给了巴迪信心。

生：我觉得妈妈的鼓励很重要。因为我胆子也很小，每次妈妈鼓励我、夸奖我的时候，我的胆子才能大一点。

生：我喜欢爸爸的评价方式。因为爸爸的话很直接，让巴迪一下子就明白了自己写的诗还有很多不足。如果爸爸也像妈妈一样只夸奖，巴迪可能会觉得自己真的很了不起，就不会再进步了。

……

（学生各抒己见，争辩十分激烈。）

生：老师，我和他们的意见都不一样，我觉得爸爸的警告和妈妈的鼓励只有合在一起对巴迪的帮助才最大。这样巴迪才会有信心，又不会盲目自满，懂得还要继续努力。

多么生动的自助！最后一位学生的意见，实际上已经融合了双方的争辩，自然地得出了正确的结论，根本无须教师再作过多指导。

九、自助作业安排

布置作业，历来是教师的专权，似乎学生只有认真完成教师所布置作业的义务，而不可能享有自己给自己安排作业的权利。当然，由教师布置作业自有它天然的合理性，如可以从教学目标出发，根据学情，给出既有训练实效，又有情趣的训练题。所以，由教师设计作业，无论在过去、现在和将来，其价值存在都是毋庸置疑的。但是，换一个视角看，在作业安排上同样存在着由学生自助的可能。适度地给学生自行设计作业的空间，可以帮助教师了解学情，也有益于提高学生的学习能力。应当说，学生也能自助设计出一些很好的作业题。如在教学《白鹅》一文时，教师让小朋友自己设计作业，其中一位学生是这样设计的：

你能为这只可爱的白鹅建立个小档案吗？好，请代替白鹅填好这张档案卡，用课文中合适的词语来填，并在照片的地方画上白鹅。

姓名：(　　　)　　　昵称：(　　　)

性格：(　　　　　　　　　)
叫声：(　　　　　　　　　)
步态：(　　　　　　　　　)
吃相：(　　　　　　　　　)

总之，在语文课堂上学生自助的天地是非常广阔的。我们提倡让学生多一些自助，不仅并不排斥教师在教学中的组织、指导作用，而且正是因为学生的自助多了，更需要教师去指点引领、匡误纠谬。希望教师不再陷入以"教"代"学"的误区，多给孩子一些自主学习的机会，把课堂还给学生，让语文课堂真正焕发出生命的活力。

第四辑-4

低碳课堂让教学更有效

◎ 如果说自然界、社会是个大生态环境，那么课堂就是一个小生态环境。
◎ 教育的绿色发展，呼唤低碳课堂。
◎ 低碳课堂乃是教育可持续发展的必要条件。
◎ 要突出"育人为本"，尊重生命的成长和发展。
◎ 要关注新质量观的全面落地。
◎ 要遵循教育规律和人的生命发展规律，循循善诱。
◎ 让课堂真正成为学生、教师一起幸福成长的乐园……

"渐近自然"与低碳课堂

《世说新语·识鉴》中有这样一段叙事：大司马桓温有一天问参军孟嘉："听艺妓演唱，为什么拉的琴没有吹的笛子好听，而吹的笛子又没有唱的好听？"孟嘉回答说："那是因为'吹'比'拉'接近自然，而'唱'又比'吹'更接近自然。"（"听妓，丝不如竹，竹不如肉，何谓也？""渐近自然耳。"）"自然"，在这里也可理解为是一种生命的天然状态。"唱"，出自人的发音器官，原为心声，不假于物，当然是最动听的。这可以说是音乐的"生态观"了。

从音乐的"生态观"联想到课堂的"生态观"，最好的课堂也就是课堂环境（包括教师的"教"）最适合学生主体成长的课堂。课堂为谁而设？为何而设？当然是为学生而设，为学生的学习与发展而设。因此，教学环境必须与学生的学习和发展相和谐，这应是自然的生态要求。而学生的学习和发展又必然要依赖于学生自身的内化，别人（包括教师）都是无法代替的，教学的环境必须服务于此，方能达到生态的平衡。从哲学的观点看，学生的主动学习是内因，教学环境是外因；内因是发生变化的根据，外因则是变化的条件，外因要通过内因才能发生作用。如果内因不得激发，仅靠外因的轰动很难发生根本的变化。我们作这样的理解，并不否定教师在课堂教学中的主导作用。问题在于教师的主导从本质上说仍然是为学生的学习和发展服务的。"教"应以"育人为本"，乃天经地义。正是从这个视角看，尽管教师在"教"的过程中，也实现着自身的发展，但就学生主体而言，应归属"教学环境"这一外因。实践足以证明，教师过度的"教"，如主观的单向详尽预设，自我的深度解读展示，泛化的教学资源开掘，过多的课件操作演练，得意忘形的分析，烦琐浅表的提问……反而干扰了学习的自然状态，造成了教学的高能耗、信息的大排放。这不只是无助于学生的自主学习和主动发展，甚至排挤了学生的自主学习体验，降低了学习效率，破坏了课堂学习生态。语文课堂教学的高耗低效，已是一个老大难的历史遗存，并且一直作祟于当下。因此，只有追索低碳课堂，才能实现语文教学的"渐近自然"，修复课堂生态的平衡。

低碳课堂是"优质轻负"的课堂，是注重学生的学习实践和体验的课堂，是"教是为了不需要教""大教无痕"的课堂。它有五个基本特点：

一是"以生为本"的坚定理念。课堂的主人是学生，课堂是学生自主学习的场所，主动发展的平台。教师的组织引导虽十分重要，但前提是他们所做的一切都应当是为了学生更积极地投身于主动的学习实践。课堂教学的终极价值不在于教师教得精彩，而在于学生学得扎实。

二是简约朴素的教学安排。教师的教学安排应具有极大的现场生成性，要充分体现因学设教、顺学而导，这就必然要求教学程序简约朴素，以适应学生的学习需求，实现与教学现场学情的无缝对接。教师为展示自我而滔滔不绝，为形式好看而追求唯美，往往会使课堂有华丽臃肿之累，高碳排放之痛，而缺失了实事求是之效。

三是深入浅出的教师引导。教师的引导要有一定的"深度"与"高度"，更要有"适度"与"温度"，离开了儿童实际的"深入深出"，甚至"浅入深出"，只能让学生闻而生畏、敬而远之，既缺失了关爱孩子的"温度"，又把"适度"演化成"失度"。这就不再是"引导"，而是盲目的、一厢情愿的灌输。

四是扎实充分的学习实践。教学资源的高消耗，教学信息的大排放，都无法代替学生主动的学习体验。学习的本质机理是完全依靠于学习者的自身内化，所以，课堂教学应采纳以学生学习体验为主的实践取向。越深层面的教学越是依靠学生的自主。只有学生自己的实践活动才能使教学达到深层，也才能真正激发学习者的潜能。

五是低耗高效的和谐生态。生态是生命系统在一定环境中的生存状态，自然贵在和谐相处、平衡共存。课堂（包括教师对课堂教学的组织和引领）

是学生实现学习和发展的环境，如果可以低能耗、高效益地使学生获得自主的学习和发展，才称得上是和谐的生态，这也正是低碳课堂的必然追求。

对照低碳课堂的基本要求，反思当下语文教学的现状，笔者认为最应当考量的有以下几个方面。

一、以"注入"为主还是"唤醒"为主

儿童是天生的学习者，"会学习"是每一个生命赖以存在和发展的潜在本能。教师的天职便是唤醒这种潜质。儿童好奇、好问和好玩，可能使不少大人感到头疼，被视为顽劣不堪，其实，这恰恰是他们天生的学习潜质。语文教学应当满足他们的天性欲求。但是，传统教育的浓重阴影，让不少教师关注的不是"唤醒"孩子的那种好学天性，而是施以填鸭式的单向灌输，把学习简单地看成是一种强制性的"给予"。有人把这种教学过程，比喻为生产板鸭的四道工序：先是"赶鸭子"，把鸭子统统赶进课堂，约束其精神的放纵和思想的自由；第二是"填鸭子"，强行把"知识"填入口中；第三是"烤（考）鸭子"，用考试和分数对付学生，逼其就范，以这样的高压来排斥学生的健康成长；最后一道工序便是做成"板鸭子"，把活泼泼、鲜灵灵的生命硬压成一只只定型统一的"板鸭"。所以，正确的教，"是为了不需要教"，教应当是"引而不发"，是唤醒学生自己去学习实践的相机诱导，而不是教师为展示自我而刻意扮靓的"全盘授予"。

人教版实验教材第9册有一篇课文叫《钓鱼的启示》，课文中的"我"回忆起34年前随父亲钓鱼的一件往事："我"钓到了一条大鲈鱼，可是因为距离开放捕捞鲈鱼的时间还有两个小时，父亲执意要儿子把鲈鱼放回去，尽管这是一条很大的鲈鱼，钓得那么不容易，当时周围又没有人。11岁的"我"当然舍不得放鱼，可在父亲坚定的要求下，不得不惋惜地放走了那条鱼。一位教师导读到此时，为了激发学生的感悟，问了一个问题："此时此刻，如果你是那个孩子，你会怎么做？"出乎意料的是，答案并非教师所期盼的"父亲做得很对，我会十分感谢父亲的坚持，把鲈鱼放了"之类，而是说了各种"不应该"放的理由。有的说："我认为可以留下来，因为再有

两个小时就可以捕捞了,既然是可以捕捞的,也不在乎两个小时。"有的说:"鲈鱼是可以捕来吃的,为什么要放回去?再说当时周围不是没有人吗?"还有的说:"我看这个父亲也太固执了,他怎么一点儿也不考虑儿子的感受和要求呢!"……这让教师一时难以收场,后悔不该提这个问题。其实,小朋友出于对钓到了大鱼的开心、舍不得放的想法很真实,这正是学生主动参与学习后表达的需求。教师应当因势利导让学生读读最后一段,并启发大家作进一步思考:课文中的"我"和你们的想法一样,可是34年以后,他的想法有了什么变化?为什么不一样了?"我"所说的"在人生的旅途中,我却不止一次地遇到了与那条鲈鱼相似的诱惑人的'鱼'",指的是什么?你又是怎样体会的?……

显然,11岁时的"我"与34年后的"我"价值观念不一样了。这种"不一样"正是学生应该读懂,教学中应当探究的重点。

二、以接受为主还是获取为主

学习方式的改变是新课程改革的重要内容之一,其本质意义就在于要将传统的学习方式转变为现代的学习方式。所谓传统的学习方式,其主流就是把学习建立在人的客体性、受动性和依赖性上,在一定程度上忽视了人的主体性、能动性和独立性。而现代学习方式恰恰把重点放在后者,强调的是对学生主体性、独立性的激发。尽管接受式和探究式作为基本的学习方式,永远都会有存在价值,但质的与时俱进的提升是不容忽视的问题。再说同样是"接受",也有着"被动接受"还是"主动接受","消极接受"还是"积极接受"的区别。

无论是接受式学习还是探究式学习,都应当建立在学生主动获取的基础之上。这种以获取为主的学习状态,应当具有四方面的特征:一是参与的主动性。学生自主参与学习实践活动,而且拥有主动、积极的状态,是"获取"的精神基础。二是渠道的独特性。因为"获取"出自学生在教学现场的个性化学习行为,就往往会有"独特性"的形态,是一种有创意的发现。三是过程的生成性。"获取"的过程不是定式的演绎,而是现场随机生成的,其意态多端、变化难测。四是实践的体验性。"获取"更多地来自学生积极的学习实践活动，并伴随着学习者丰富的心理体验。这也正是"获取"的优势所在，它是主动的生命体验，完全是学生发自心灵深处的成果，自然会理解特别深刻，感悟经久不消。

在语文教学的每一个环节里，教师都可以激发学生自己去获取，而避免简单的"给予"方式让学生被动接受。一位教师教《我是什么》的生字，就别具一格。她根据课文写"水"的特点，让学生去发现有哪些生字中都有"水宝宝"的影子。学生情趣盎然地找出了带"三点水"的生字"浮""溅""淹""池""灌"。她又要学生说说为什么这些生字都有"三点水"，由此带出了字义和新词的教学。接着，教师问："在生字中还有带'水宝宝'的吗？"学生又找出了"雨"字头的生字"雹"，并且说明了这"雨"字头，也是水宝宝。教师让学生继续找，终于又有学生找出了"水"字底的生字"暴"，并说出了理由……显然，这样的"获取"令学生学习兴趣大增，其效果是单向的被动接受无法比拟的。

三、以听讲为主还是自读为主

解读课文是阅读课堂的中心环节。那么，应当主要由谁来解读课文？应当是学生，而不是教师，或者说学生在教师的帮助指导下解读课文。可问题在于，现在常常是教师深度解读课文后精彩呈现，而学生主要是听讲。虽然教师也会提一些问题让学生回答，但这大多数是为了应和教师的解读，以避免唱独角戏的尴尬。"听"的信息传播效果是很差的，所谓耳过百遍不如手过一遍。要让学生提高解读能力，就应当放手让儿童去实践解读，自主解读，教师只做"引路的人"(朱熹语)。当然，儿童不如教师解读得流畅、有深度，有时甚至会出错，但这是出自儿童视角，反映儿童学习需求，让儿童的解读能力得到真正锻炼的实践活动。这也正是低碳课堂最需要的本色、本真。事实上，只要教师端正了教学意识，精心引领，学生的解读能力是可以得到有效培养的。请读一读下面这个案例：

一位教师在导读《乌鸦喝水》，请学生初读课文，一位小朋友把课文中的"喝着水了"错读成"喝得着水了"。当别的小朋友为他纠正时，另一位小朋友说："这样读意思是一样的。"教师在倾听的同时，抓住了这个意见分歧，并借此培养学生自主解读的能力，要小朋友来讨论："喝着水了"与"喝得着水了"意思真的完全一样吗？于是大家议论纷纷——

生：反正乌鸦是喝着水了，意思是一样的。

生：意思如果一样，为什么课文中不写"喝得着水了"？

生：我看意思不一样，"喝着水了"说得很明白，为什么要读成"喝得着水了"？说多了反而变得不太明白了。

生：意思就是不一样的，"喝着水了"是乌鸦已经在喝水了，"喝得着水了"只是说乌鸦可以喝着水，但不一定说乌鸦已经在喝水。

教师充分肯定了最后一位学生的意见，让大家再读读这两个不同的句子，体会意思是不一样的，课文中为什么要这样写。教师还语重心长地指出："别以为只差一个字意思就差不多，许多时候差了一个字，意思就不一样了，我们读书可要小心哪！"

四、以"外塑"为主还是"内化"为主

无论是以前还是当下，教学的最大误区是"重教轻学"，这种意识造成了"教"的过度。我们总是希望通过外部力量的打磨，把儿童改造成成人心目中有统一模式的"小大人"，于是把成长的关键视为主要靠"外塑"。其实不然，所有的生命成长主要都是以内部的天赋潜质确定的。一粒树籽非常的渺小，但它却包含着长成一棵参天大树的全部条件，只要在自然的环境里，没有遭遇意外的摧残，它都可以长成一棵茁壮的大树。儿童是人类亿万年进化的结晶，在他们的身上具有一生发展所需要的全部潜能，所有他们应当学习的对象物，他们都可以学得很好，但这里的关键是必须依靠他们自身的"内化"。正如心理学家罗杰斯所说，没有任何人能教会别人任何东西。"教会"从根本上说都是学生内化基础上的学会。学生的获得最终不是依靠

"教",而是依靠学习者自己主动地"学"。"教"的功能就是让学生在学习实践中学会学习。

当然,在学生自主内化读解时,难免会出现差错,这是正常的。教师在充分包容学生个性化读解的同时,也要适时地帮助学生认识到错误之处,在师生融洽的合作教学中逐步提高学生的读解能力。

如一位教师在教学《雪地里的小画家》时,课已接近尾声,他要小朋友们想想说说:还会有哪些小动物,也会来参加雪地上的画画,他们又会画出怎样的画呢?于是小朋友们兴高采烈地说开了:"企鹅来画画,会画出枫叶";"毛毛虫来画画,会画出圆圈";"海龟来画画,会画出一条沟沟";"猴子来画画,会画出人的脚印"……就启发想象,增添意趣而言,这个环节的设计颇有价值。教师在充分肯定小朋友们想象力丰富的同时,对他们所说的不合理之处,也作了必要的点拨。如让小朋友们再思考:毛毛虫、海龟会出现在雪地上吗?为什么不会出现在雪地上?它们不可能是"雪地上的小画家"。

当然,我们强调"内化",并不完全否定外部条件、环境影响的作用,尤其是教师对教学的引领。但所有这些的存在意义绝不是对"内化"的压缩和消解,而应该是为促进"内化"服务的。只有调动了学生的内因,激发了他们的生命潜能,教师才"教"到了点子上,教学也才会真正地贴近儿童的生命、回归自然,从而使课堂因生态和谐而低碳高效。

小语教学必须摆脱"高耗低效"的梦魇

我国第八次基础教育的课程改革，历经十多年的实践探索，既积累了丰富的经验，又令我们欣喜地看到了小学语文教学正在发生着一系列深刻而广泛的变化。这是不争的事实。但是，从现实情况看，深化小语课程改革，仍面临严峻问题的挑战。产生于课改的"课标"，即使是一卷纸面上的真经，在"摸着石头过河"的改革进程中，也难免会被"打湿"，有待不断完善。这是正常的。小语课改亟须系统总结、提高质量、突破难点，在《规划纲要》的实施中，发挥更大的作用。

尽管专家和教师都会对课改提出这样那样的意见，或臧或否、见仁见智，但大家都出于好意，绝不是对课改的全盘否定。笔者认为，大而论之，课改起码在以下五个方面，给小学语文教学带来了深刻的变革和巨大的进步：

第一，对语文教学"课程意识"的确立。语文是一门课程，说起来很简单，但长期以来，不少语文教师只知道上语文课，分不清"教课文"与"教语文"的关系。也就是说，总是只见课文，不见课程，很少关注语文课程的基本理念、性质、地位、目标与课程资源等，只见树木不见森林，自然就患上了教学的"近视症"，重"术"而轻"道"也就难免了。因此确立小学语文的"课程意识"，无疑对课改有着基础性、战略性和恒久性的意义。

第二，对语文课程"人文观念"的提升。语文教学长年来把加强思想政治教育放在十分重要的突出位置，一度把语文课上成了政治课。当然，语言是思想交际的工具，思想性应是语文教学的应有之义，但人们一般总是把"思想性"狭隘地理解为单一的"政治思想性"。显然，用"人文性"来代替

"政治思想性"会更确切一些。人文最早出现在《易经》中:"刚柔交错,天文也;文明以止,人文也。观乎天文以察时变,观乎人文以化成天下。"程颐对此注为:"天文,天之理也;人文,人之道也。"(《伊川易传·卷二》)语文教学不是简单的道德灌输和政治说教,而是关乎人的情感熏陶与精神家园之建设。显然,强调工具性与人文性相统一,对于克服语文教学政治化的历史积症是具有重要意义的。

第三,提出"改变语文教学学习方式"。小学语文教学一直以来似乎都奉行单向的、被动接受的教学(学习)方式,而"课标"中却明确提出"积极倡导自主、合作、探究的学习方式"。这是一场深刻的变革,体现了"学生是学习和发展的主体"这样的"学生观"。语文课程必须根据学生的身心发展和语文学习的特点来实施,教师要充分关注学生的个体差异和不同的学习需求,充分激发学生学习的主动性和积极性。对于这一点,尽管在当下的课堂实施中还不能尽如人意,但它正在发挥强大的作用,影响着不少教师的教学行为。这也是我们应当看到的。

第四,以"个性化解读"改革阅读教学,正在产生积极的效应。传统语文教学"主题先行"的现象十分严重,中心思想的统一答案,人物评价的相同口径,完全摒弃了学生个体生命的独特感受、理解、欣赏和评价。教师以自己的讲解分析来代替学生的阅读实践,虽然教师的讲解分析会比学生的讲解分析更深刻、更全面,但它不出于学生的思考、体验,不属于学生的学习成果。学生七折八扣地听了一些,但学生自己的解读能力得不到培养,理解和运用语言文字的水平自然也不会有效提高。

最后,作文的真情自由表达,开始得到呵护。在课改中,作文教学的进步是相当显著的。中国的小学作文教学一直在"八股文"的浓重阴影笼罩下,死板的命题写作,现成的套话组装,过度的模仿复制,使小学生习惯于为了考试得分而制造"伪作文"。青年作家韩寒认为,人们的撒谎是从小学生写作文开始的,这句话不无道理。今天"课标"所强调的"要求学生说真话、实话、心里话,不说假话、空话、套话",要"为学生的自主写作提供有利条件和广阔空间,减少对学生写作的束缚。鼓励自由表达和有创意的表达","提倡学生自主拟题,少写命题作文"等,正在得到落实,小学生自由表达、直抒童真正在蔚然成风。这就难怪有人把课改后出现的作文新风,称为"后作文时代"的开始。

……

我们在感受到深刻变化和巨大进步的同时,也不能不直面在前进中出现的诸多问题,其中最为关键的是语文教学"高耗低效"的问题,并没有根本性逆转。国内的许多媒体都在感叹"国人语文水平下降",原因虽然是多方面的,但小学语文教学也难辞其咎吧!《山西晚报》(2010年3月15日)有文章说,在很多中小学举行的语文考试中,"错别字辨识"一类的基础知识,得分率常常不足60%,有的孩子"的""地""得"和最基本的标点符号的用法都不会。"一篇500多字的周记中,就有40多个错别字。"这也许只是个别事例,但2009年由中央教科所、《中国教育报》联合推出的中国教育发展系列报告中的《中国义务教育质量检测报告》,应当是具有代表性和权威性的。检测的结果表明,在小学语文、数学、科学、思想品德与社会四门被测课程中,合格率最高的是数学,占78.3%,科学71%,思想品德与社会63%,而语文学科的合格率最低,仅为62.8%。(《中国教育报》,2009年12月4日)报告中还特别提到语文科还有近30%的学生处于基本合格水平,对一些基本知识和技能的掌握明显不足。为什么"课改"的那么多新理念、新意识、新策略,不能转化成语文的有效教学?这是一个令人沉思的问题,实在很有必要作一番深刻的检讨。论小学语文的师资条件,比之其他学科,名师、优秀教师只会多绝不会少;若论教研氛围,"语文教研"也似乎特别热烈;论备课、上课,语文教师更是特别卖力气,文本细读、深度开发,绝对没有少花功夫……如此高的投入,为什么产出却不如人意?笔者认为这只能归咎为小学语文课堂的教学模式有问题,即教师"教"的过度导致学生自主学习实践的严重缺失。反思小学语文教学的历史,其实一直存在着"教"的过度问题。在"左"的思潮统治小语教坛的漫长岁月里,语文课堂上的道德灌输和政治思想教育,自然只能由教师来执行,学生只是处在被动接受的地位。改革开放后拨乱反正,语文课堂注重了语言因素的学习,教师又处在了实施烦琐的情节分析的主角地位……显然,"课改"并没有在深刻反省、批判语文教学由教师主宰讲解分析,学生自主学习实践严重不足这一历史沉疴的基础上展开，而是着力吸纳国外的前卫教育理念与某些母语教学经验，其结果自然是大做"加法"，在过度讲析的思想基础上，又加上了资源开发、人文挖掘、尝试解读、学科沟通、文本细读……教师似乎觉得要讲的更多了。好在训练已趋淡化，基础知识、基本能力之类的东西，自然就要让位于体现新风与时尚，以至于出现了大多数语文示范课上，学生竟然可以只听不写的咄咄怪事。在落实"课标"的探索中，学生的个性化解读虽然在理论上得到了大家的认同，但做起来还是以教师的主观解读思路统领课文的内容分析，学生只是在被动提问时应和，以至有识者不得不提出语文课必须"与内容分析彻底告别"……确实，教师的过度解读，人文内涵的过度泛化，教学资源的过度开发，教学媒体的过度运用，形式翻新的过度追求……旧疾新病的变本加厉，造成了今日语文课堂的虚胖、浮肿、高碳、低效。正是"乱花渐欲迷人眼"的表面热闹，才消解了学生的自主学习和实践。所以，摄万象而归宗，小学语文课改的深化，关键在于确立学生"学语文"的课程教学模式，以彻底摆脱教师变相"讲语文"之种种困扰。其必要性和可行性似有以下五个基本方面：

一、捍卫课堂教学的核心价值：学生的学习和发展

是什么模糊了本来应当十分清晰的课堂教学核心价值？挑战来自形形色色的竞赛课、评优课、观摩课、示范课等公开教学的课堂。尽管公开教学作为一种教学研究形式，对语文课堂教学的优质发展有着重要作用，但不可讳言这些课堂隐含着价值多元化倾向。如为了靓丽和胜出，我们难免会太多地去关注出新的理念、出色的亮点、出彩的课件、出奇的资源开发和出众的教师才艺……却淡忘了学生真实的学习需求和真正的学习发展。更为严重的问题是，这些公开课堂通常是作为"示范教学"引领着大面积的日常课堂，其影响力之大不容小觑。人们竞相传颂仿效的结果，就会体现在日常的课堂实践层面：学生的学情不再受关注；学生自主学习的时空会消解在教师太多的分析开掘和精彩的表演上；必要的"训练"会嫌其沉闷而丢弃；课堂上少数学生热热闹闹扛场面，而不少学生默默"陪读"被熟视无睹；所有的学生实

践的环节，如识字、读书、书写等，总是会七折八扣地让位于教师的讲解主宰……一句话，唯美主义和形式主义遮蔽了课堂教学应"以生为本""以学为重"的至理。小学语文课堂严重存在的"失学症"，不仅导致了课堂教学的核心价值被异化，而且从根本上破坏了课堂的学习生态。什么才是有意义的学习？心理学家奥苏伯尔有一个颇为深刻的归纳：是学习者的人人参与、自我发起、自己动手和自我评价。否则，课堂就难以成为学生自主学习和主动发展的平台。

二、认识"儿童是天生的学习者"：小学生有能力自主学习

每一个儿童都是一个独立的生命。人类发展成为万物之灵的智性积累使每一个生命都具有天赋的学习能力，否则他如何去应对生存和发展？这种能力必然会融入人的基因，使每一个人都具有天生的成长机制。这正如一粒树种很渺小，却包含了成长为一棵参天大树的全部因素。儿童有三大特点体现了好学的天赋：一是"好问"，孩子总是有问不完的问题，这甚至令一些成年人不胜其烦。为什么"好问"？"好问"的实质是求知，儿童非常希望了解许多不太清楚的事。二是"好玩"，游戏几乎是孩子的全部生活。儿童的文化精神便是自由的游戏精神。孩子正是通过"玩"去认识自然、认识世界的。"玩"就是儿童的一种学习方式。三是"好奇"，在成人眼里一件平常的事物，儿童都会觉得好奇，要弄个清楚，明白个究竟。苏霍姆林斯基据此认为儿童是天生的研究探索者。所以，小学生是有能力自主学习的。

也许有人会质疑：既然儿童是天生的学习者，为什么又会有不少孩子学不好？这并不奇怪，除极少数有生理因素（智能发育不良）外，基本上是由不正确的教育造成的。学习本来是一件快乐的事，可过高的要求、过多的作业、过分严厉的训斥、过度费解的要求……都有可能伤害儿童稚嫩的学习积极性，厌学情绪油然而生，好学的天性遭到了压抑。正如大教育家卢梭所说："受错误教育的儿童，比不受教育的儿童，距离智慧更远。"

三、"语文可以无师自通":儿童更具有学习语言的天赋

为什么语文的学习可以无师自通?为什么实践表明语文是一门最方便自学的课程?科学研究表明,人生来就具有学习语言的天赋。儿童不仅具有语言的本能,还有着文法的本能,语言表意的本能。所以这就意味着语文基本上可以不依靠教,而是可以依靠学的。每个人自出生之日起,就浸润在母语的怀抱之中,自然也就有着与生存紧紧联系在一起的最佳的学习环境。而口头语言的自然习得,又为过渡到书面语言的学习,创造了极为坚实的基础和有利条件。另一方面,语文教材知识系统的安排是螺旋式渐进的。孩子读一篇新课文,98%以上是熟字、熟词和已经掌握的句式。课文内容又多是源于生活的图景,学生完全可能凭借个人相关的生活体验来感知理解。这就难怪有人说,如果有学生缺一个月的数学课,就会跟不上进度,听不懂课;但如果缺一个月的语文课,是不会有多少影响的,可以照学不误。所以,在教师的引领下,儿童完全有能力自主学习语文。今天的语文是"白话文",即明白如话的文章,教师过度的讲深讲透有必要吗?所以,启发学生自主学习,教师只作组织和引导的"学语文"课程教学模式,是值得探究的,是完全可行的。

四、"行是知之始":实践取向是学生"学语文"的正确途径

人的正确认识来源于实践,学生的知识之掌握,能力之形成,习惯之培养,人格之树立,也离不开实践。所以,建立学生在教师的引导下"学语文"的课程教学模式,就必须有"实践"的取向,即让学生动手来做,亲身体验和历练"学语文"的过程:在识字中学会识字,在解读中学会解读,在口语交际中学会口语交际,在习作中学会习作。"训练"在学语文的过程中有十分重要的意义。清朝的教育家颜元说得不错:"教之功有限,习之功无已。"习练无疑是语文学习实践的一种必不可少的形式,它并非注定就是机械的、应试的、脱离精神家园和生命状态的。训练所以存在这样那样的问

题，不是训练本身的错，而是组织训练的指导思想和方法不当。这正如教师的过度讲析，也不是错在"讲析"上，而是错在"过度"上。必要的"讲析"永远是不可缺少的。为此，学生"学语文"的课程教学模式的实践路线应当是"从学生中来—在学生中做—到学生中去"，即教师的预设、引导要从学生的实际出发，不可"目中无人"，脱离实际，并且要引导学生自己动手来做，提出问题、分析问题和解决问题。教师只是在一旁引领和点拨，而不是越俎代庖。最后又都必须内化为学生的智能和情感，沉淀为学生的发展。

五、"引而不发"：教师的重要作用在于组织引导

教师与课堂的关系非同一般，课堂要有教师来组织、引领，其重要性自不待言，但它却是为学生所设置的，一切都是为学生服务。所以，教师"组织"而不可"主宰"，引领而不是替代。古人云"师严然后道尊，道尊然后民知敬学"（《礼记》），虽有一定道理，但无疑也给教师戴上了"师道尊严"的光环，很难真正对学生平等相待。"师者，所以传道受业解惑也"，又多少把教师置于知识垄断者的特殊地位。于是，教师便一直处于课堂的中心，享有无形的话语霸权，而学生则习惯于被动和服从，从而使课堂积重难返，可谓根深蒂固。其实，教学的效益，终端不在教师自身，而是在学生一方。一切教师教学技艺的有效性，在于学生是否学会了学习。学习又永远是以学生的"内化"为唯一途径的实践活动，教学的本质不是教师的"全盘授予"，而是"相机诱导"。当下的小语教学，教师依然存在过度的"教"，包括讲析、解读、人文发挥、资源开掘、媒体运用，等等。课堂上一直在忙活的总是教师，这就不是"引而不发"而是又"引"又"发"，学生却因此失去了自主学习、实践的空间，又何谈语文素养的提高。因此，构建学生自主"学语文"的课程教学模式，关键在于教师教学意识的改变。

摆脱小语教学高耗低效的梦魇，必须从根本上改变语文课程的教学模式，构建以生为本学语文的课堂教学。我们要重新审视"以学论教、因学设教"的理念，探讨"先学后导、顺学而导"的策略，在"课改"的语境下开创小语教学在"中长期发展"中的新前景。

语文教学呼唤低碳课堂

提出低碳课堂的学习生态理念，绝不是牵强附会。它虽借鉴于当下"节能""减排""低碳"已成现代生活方式的这一现实，但自然的大生态与课堂的小生态必然会有着内在的密切联系，语文课堂的"高耗"现实，自然也有着"低碳"的必然要求。所谓"低碳"的生活或经济，在百度上的理解是返璞归真地去进行人与自然和谐相处的活动，这不仅是符合自然之道更健康、更安全、更持续长效的一种生存方式，同时也是一种低成本、低代价的生活方式。《人民教育》2008年第8期载有《期待"素课"》一文（朱华贤作），认为当下的课堂关键在于要"素"一点，所指即是"清淡、简洁、自然状态下，没有雕琢痕迹的课，真实而原始的本色课"。这就如绿色的生态食品，不是那种进行了所谓的深加工，加了许多的添加剂，有了时尚包装的罐头食品，也不是那种腌制、烘烤或油炸过的垃圾食品：消耗了大量的能源，"排放"出来的是由绿色食物变成的有害健康的废物。这种"素色课堂"的理念，从根本上说，与"低碳课堂"有着一脉相通之处。语文课堂要实现优质轻负，必然要从"节能减排"入手，让课堂复归于学生自主学习、实践演练的那种自然朴实的状态。看当下的语文课堂，从一个角度说，来自学习主体之外的"排放"确实太多，就主要方面而言，有以下几种。

其一，教师"得意忘言"的讲问分析之风太盛。教师在文本细读上下功夫，在精致设计上花力气，这本来是一件好事，但如果把备课之所得，全盘托出，牵着学生听他的解读课文的"系统汇报"，就从根本上消解了学生应当用来自主解读演练的时间和空间。教师如此一厢情愿地"排放"，学生只能是被动地配合应对，也就没有了自己的解读，如此必然会恶化学生的学习生态。

其二，教学资源的过度开掘。语文课文的内容从人文地理到鸟兽虫鱼，可谓无所不包，教学资源自然也就格外丰富。有"强烈的资源意识，去努力开发，积极利用"，是新课程改革的合理要求。但课堂教学毕竟是一项有明确目标任务，又有严格时空限制的活动，教学资源的开掘必须为学生的学习服务。若过度开掘，举凡作者生平、背景故事、历史事件……只要有一丝关联，便借助现代教育信息技术之便，一概呈现，便挤压了课堂教学的有限时间，而本来应当首先保证的学生学习实践活动反而招致出局。这不能不说是当下语文课堂"高耗"的一个重要原因。

其三，形式主义的花样翻新。课堂教学要讲技巧，要有创新，这无疑是十分正确的。但所有的技巧运用和创新探索，都应当真实、扎实地为学生的学习发展服务，万不可堕入形式主义的泥沼。然而在课堂（尤其在公开教学的课堂）上，我们会很多次地看到：别出心裁的"导入"，花费了很多口舌却不如开门见山有效；没有童心的游戏，大费周折，还不如让学生多读遍课文；徒有形式的小组讨论，讨论还没有展开就结束了；迁移了某名师的一招，结果成了东施效颦的弄巧成拙……这种单纯为了追求教学"出彩"的形式主义套路，占用了课堂教学的宝贵时空，给人留下不扎实、不朴实的印象。这样的"排放"，只能是师生生命资源的一种浪费。

其四，拓展阅读的"虚晃一枪"。在用好教材的前提下，通过拓展阅读来丰富课堂阅读量，推进课外阅读，是十分重要的阅读教学策略之一。为此，现今的课堂在结课处多有"拓展阅读"这一环节。有的是节选与课文相关的读物，通过课件或印发资料来当堂阅读，有的是推荐某一本与课文有些联系的课外读物，等等。但在实际教学过程中，这一环节并不见得落实到位。当堂阅读的往往处于下课在即或已经下课的当口，只能是"虚晃一枪"，推荐课外读物的也大多是形式一下，课外不再有后续活动。既然不能落实，又为何要有这一环节？可能只是为了体现一下重视拓展阅读的教学理念，求得课堂环节的完善。其实，拓展阅读顾名思义只是"拓展"，也就是必须在较好实现了学生对"本体"课文解读的基础上，再进行自然的延伸。在课堂上，最重要的还是学生对课文的自主学习和实践演练，若缺失了对课文本体的充分解读，"拓展"岂不成了无源之水、无本之木？如此用于"拓展"但并不真落实的能量消耗还不如投放到课文本体的阅读上。

……

总观语文课堂"高耗"现象很多，问题是，如此"高耗"又为何会造成"低效"？

在科技高速发展，文明不断进步的当今社会，人类的知识信息总量是成几何级增长的。迈入21世纪，在新课程改革的推进下，语文课堂信息的总量和流量，也会极大地得到提升。教师面对如此纷纭繁杂的信息快节奏，若缺失严格取舍、筛选的心智，就可能会出现一系列的不适。有关专家把这种不适的征兆，如无所适从或全盘输出，烦躁不安或情绪紧张等，称为"信息过剩综合征"。其实，教师面对教学信息的奔涌而来，必须坚守的是课堂教学的主流价值观，即一切为了有利于学生的自主学习和主动发展，以此去筛选和取舍信息，让信息的交流和输出，严格为学生自主的学习实践服务。实践表明，在课堂上教师若以全盘展示信息为高、为美、为佳、为快，就必然会造成信息的高排放，能源的高消耗，而最为重要的是学生自主学习活动则招致排挤，学生必要的实践演练蒙受消解，学习生态的破坏则成了必然结局。

现代语文课堂中学生被"满堂牵"的现象，与小学语文课堂在不同历史时期曾经出现过的一些倾向是大可以联系的：早年的语文教师教的是文言，教的方式又十分单一，自然会"满堂讲"，学生只有听的份儿；后来，课堂教学有了一些其他的方法，又开始学白话文了，因此，"满堂讲"变相成了"满堂灌"；20世纪50年代，随着谈话法兴起，提问渐成时尚，便又成了"满堂问"；80年代，语文教学好不容易从烦琐的情节分析误区里走出来，又一头扎入了适应应试要求的、机械式的"满堂练"；而当下注重了语文的人文情怀，又产生了"泛语文"的干扰，学生在教师深度解读被"满堂牵"的情势下，依然只能是亦步亦趋……总观不同时期的课堂形态虽各有不同，也不否认有了一定的改革和进步，但一个共同的症结似乎没有从根本上消除，这就是"教"的强势依旧。我们不难发现在那里"满堂"忙活的总是教师，结果是主宰课堂代替了主导课堂。按理说，课堂是学生自主学习、发展的场所，教师只是在一旁指导、引领，但实际上并非如此。在教师用讲问分析以推进自己对课文的解读过程中,学生只能是简单应答、被动配合,根本无法实现"阅读是学生的个性化行为,不应以教师的分析来代替学生的阅读实践"的那种状态。教师、学生的生命能源处于"高耗"状态,却于提高学生的语文素养无补。语文课堂基本上是"君子动口不动手",连作业时间都难以保证,又如何落实"课标"所要求的"正确把握语文教育的特点",这个特点便是"语文是实践性很强的课程,应着重培养学生的语文实践能力,而培养这种能力的主要途径也应是语文实践"。

  小学语文课堂严重存在的"失学"症,从根本上破坏了课堂的学习生态。语文课堂最根本、最"绿色",也最重要的便是学生自主的、有意义的学习。什么才是有意义的学习?心理学家奥苏伯尔有一段颇为深刻的归纳:(1)学习应当具有学习者个人参与的性质,就是必须整个人(包括躯体的、情绪的和心智的)都投入在学习活动之中,这就必须让学习者自己动手;(2)学习是自我发起的,学习中的发现、掌握和领会的感觉,主要来自学习者内部,别人(包括教师)都无法代替;(3)学习是渗透性的,会使学生的行为、态度乃至个性都发生变化;(4)学习是由学生自我评价的,他们应当最清楚是否满足了自己的学习要求,是否得到了自己想要的东西,是否弄明白了自己原先不太清楚的知识。显然,要实现这种学生自主的、有意义的学习,就必须对现行课堂的教学方式实现减肥、消肿、脱水、瘦身、"减排",消除来自学习者外部太多的干扰和占有,把更多的课堂教学时间和空间还给学生进行自主学习演练。其实,早在宋朝,朱熹就已经提出:"某此间讲说时少,践履时多,事事都用你自去理会,自去体察,自去涵养。书用你自去读,道理用你自去究索,某只是做得个引路底人,做得个证明底人,有疑难处同商量而已。"(《朱子语类辑略》)从朱熹的这段话里,我们不难体会到课堂教学的生态维护,是指导学生自己去学,这就关系到教师教学立场的选择。教师如果只是想着多告诉学生一些什么,或者想尽可能多展示一些自身的文化积淀或教学技巧,这固然可以理解,用心也不可谓不好,但结果只能事与愿违。因为问题在于教学的成功与否,落脚点不在于教师做得怎么样,而是学生最终学得怎么样。课堂上教师"给予"了学生什么,并不等于学生就一定"收到"了什么。如果我们的立场错了,那么教师展示的深度和高雅,儿童会觉得玄奥莫测而难以接受，这样教的内容越多，因学生厌倦而导致教学效果越差。高耗低效的结果也就不可避免了。

实现低碳课堂的关键在于构建"学大于教"的课堂模式，这就要求必须探索"以学代教"的新路子。要尽量减少教师对课堂教学时空的占有和对学生自主学习的干扰，隐身于"导学"之中，追求"大教无痕"的境界。那么，语文课堂可以实现以学生的自主学习、实践演练为主吗？答案应当是肯定的。

第一，以婴幼儿学习口语的经验来看，语言学习是可以在生活实践中自然实现的。

研究认为，婴幼儿在三周岁之前就基本上掌握了口头语言。其时，牙牙学语使这个年龄段的幼儿基本上可以和外界作口头交流。语言的规则那么复杂，而且词语众多，可婴幼儿根本没有口语教材，也不上口语课，当然更没有做什么口语作业，更没有送他们去过什么口语"校外班"……他们只是在日常生活中听别人说，为了表达自己的意思学着说，不知不觉就会说了。也就是说，他们的口语能力不是通过系统、正规的方式和途径有意"学得"的，而只是在反复的生活应用中无意"习得"的。为此，我们就很有必要去思考在人类的学习方式中这一"习得"的学习现象。所谓"习得"，本来就是语言获得（语言学习）的一种途径，就是在非教学状态下，在语言运用的自然场景中不知不觉地习染语言的现象。生活的现实告诉我们，儿童获得母语的主要方式就是习得。我们不难从儿童习得口语的典型状态里，去认识习得语言的一般特征：一是以真实的生活情境为依托；二是以实际的使用语言为对象；三是以儿童自身的感知体验为关键；四是以主体的对话交流为需求。显然，婴幼儿学习口头语言的这种经验，所表现的是语言学习中的一种普遍学习机制，它可以被广泛运用到书面语言的学习中来，这就说明语文教学是完全可以构建一种以学生的自主学习、实践演练为主线的、"低碳"的课堂模式。

第二，从"语文可以无师自通"一说看，语文学习是可以由学习者的个体实践来实现的。

为什么语文的学习可以无师自通？为什么实践表明语文是一门最方便自

学的课程？科学研究表明，人生来就具有学习语言的天赋。儿童不仅具有语言的本能，还有着文法的本能，语言表意的本能。所以有专家认为，这些就意味着语文基本上不依靠教，而是可以依靠学的。再说，每个人自出生之日始，就浸润在母语的怀抱之中，自然也就有着与生存紧紧联系在一起的最佳的学习环境。而口头语言的自然习得，又为过渡到书面语言的学习，创造了极为坚实的基础和有利的条件。著名学者冯其庸先生，儿时读到小学五年级就失学务农，于是从读《三国演义》开始了他的自学生活。他接着读金圣叹点评的《水浒传》，又读了自觉满口生香的《西厢记》，因为越读越爱读，以至于不少精彩的段落词句都能背诵。后来他又借读了《古诗源》《论语》《孟子》《古文观止》《东莱博议》《陶庵梦忆》……显然，一个才有小学五年级文化水平的人，在田里劳作之余，能读那么多书，靠的就是"自学"，就是"无师自通"。正是自学读书让他走上了一条语文人生之路，后来成为著名教授，著名红学家，中国艺术研究院副院长。（王丽，《名家谈语文学习》）语文学习可以不依赖于教，由学习者的自主实践来实现，于此可见一斑。

第三，从汉语文的特点和规律看，语文教学是完全可能走学生自主学习实践之路的。

中国语文教学的本体是汉语文。汉语是以汉字为基础的。汉字是世界上最古老的文字之一，在其他几种表意文字先后消亡之后，唯独汉字不仅一直在中国历史上扮演着重要角色，而且先后传入朝鲜、日本、越南等一些国家，被借去记录他们民族的语言。如今，汉语又是国际通用语言之一。汉字不同于多数国家所采用的拼音文字，而是一种表意文字，强调的是"意合性"，显示出一种以形示意的文化形态。每一个汉字兼具"三码"（形码、音码和义码）和"复脑"（既可形象思维，又有字理可供抽象分析）的特点。在学生借助汉字的象形认识了笔画、部首和一些独体字之后，就可以凭借结构组合的字理，获得独立的识字能力，为自主学习识字带来很多方便。这些独立性很强的汉字，又基本上都是单音节词，有一定的意义。它们犹如活泼的化学分子，在滚动碰撞中可以自由地组成词语、连句成篇。以此构成的汉语，也重在意合，其意蕴可以在上下文中体味，重在整体感知。这种特点在一定程度上，不仅决定着汉语文的教学规律，也深层次地反映出中华文化的特征和东方思维方式。所以，也就比较适合学生在实践演练中自行揣度，在多读多写中无师自通。正如著名语言学家王力先生所说："西洋语言是法治的，中国语言是人治的。"所谓"法治"，讲究的是规律和逻辑，需要通过"教"去认识和把握；所谓"人治"，讲究的就是直觉感悟，重要的是学习者在实践演练中去体会和感知。显然，正是这种"人治"的特点，使汉语文的教学可以更多地通过学生的自主实践和反复演练来进行。语文课堂的有效，主要不是依靠教师高耗的讲解分析，而完全可以让学生自在读写，以一种更接近自然状态的学习方式来实现。

其实，不只是语文课，所有的学习都必须由学习者自身的内化来实现。貌似"教会"其实从根本上说都是学生通过自己的内化学会的。否则教师同样教，为什么有些学生会了，有些学生就是不会呢？所以，从这个意义上讲，人的获得最终不是依靠教，而是依靠学习者自己主动地学。

把语文教学的时空，从教的"强势""高耗"占领下解放出来，奉还给孩子，化教为导，让学生充分享受学习的自主和自在，是有助于消除"雾霾"的。这便是语文低碳课堂应有的一种自然状态。

课堂：警惕"流行"的软暴力

从刊物上读到谭海明老师的文章《以平常心上平常课》，文章讲的是对自己上的一堂很不满意的课的反思。因为我正听了他的这堂课，自然倍有感触。谭老师的反思很能给人以启发，他作了两方面的归因：一是因为有人来听课，想出点彩就照搬了一位名师同一课的课堂实录，觉得这样靠得住。殊不知在第一个环节（"说到'射箭能手'，古代许多艺术作品里都写过，同学们知道有哪些吗？"），竟没有一个人举手，当然是因为孩子们一时说不出诸如"百步穿杨""后羿射日"或"李广射石"之类的故事。二是因为有人听课，就把自认为精彩的都放在第一教时里了，结果弄得第一教时不像第一教时，第二教时不像第二教时，"阶段性目标不明确"。其实平时上课还不一定会这样，只是因为看一些赛课的教学设计大多如此，也就照样做了。细细思量，这两方面的反思说明了一个共同的问题：为了想把课上得精彩一些，只想着从时尚的、可能是公认的教学程式中讨点现成，找点亮度，而淡化了基于教学践行的独立思考和自我实现。因此，谭老师的教学反思，换一个视角看，却是无可辩驳地印证了"流行"的威力。

我们正处在一个"风起云涌"的、快速发展的社会中，"风生于地，起于清萍之末"，不能不说是一道风景。在当今时代，流行是个生生不息的大舞台，"流行风"的存在也因此有其客观的合理性，你想不承认都难。按照"存在即合理"的逻辑，流行的东西，它的出现和趋盛，自然也有其一定的合理性。但流行的基本特点是原生期虽会有一定的创意，可一旦传开，便成了简单、大量的复制，变得机械而呆板。何况还不能认为所有的流行都一定是好的，否则赫尔岑也不会说出"如果流行都是好的，那么'流行性感冒'

呢"这样寓意深刻的话来。

另一方面，在我们的生活中，尤其是娱乐圈中，确实盛产流行，而且流行的泡沫总是在快速变幻，这本无可厚非。然而，当"流行风"开始侵袭课堂时，也许我们就应当多以睿智的目光作深度的探究，更要把冲动的激情转化为理性的沉思。因为课堂传递的是爱与责任，它需要科学的思索、艺术的驾驭和良知的奉献，距离流行与浮躁应当越远越好。

所有的流行都会有这样的特点：当它成为一种无形而强大的力量时，就会让一些受其影响的人难以按照自己的思想和需求去作出清醒、自由的选择，似乎不跟风会显得"落后""老土""不合潮流"，对别人、对自己都不好交代。这样，流行在无形中就成为一种温柔的暴力。时下，生活中的穿着、投资、购房、买车，乃至健身、娱乐……我们都不难发现不少人之所以参与，正是遭遇了流行这种软暴力并且屈从的结果。

正因为生活中的流行无处不在，我们的课堂也就会直面流行风的考验。按理说，课堂以教育科学的理念为引领，是"以生为本"的一种艺术创新活动，应当与流行无缘。问题在于，流行总是会以"带你跟上时代步伐"的名义，或者是"获取前沿信息"的诱惑，利用你害怕不被认可、不够前卫，甚至被排斥的心态，牵着你的鼻子走。似乎在"流行圈"里你就会有"安全感"，就被认同了。于是，流行在课堂教学中也就成了一种可能，使我们深受其害。

那么，在课堂教学中，我们如何任流行肆虐，它有哪些表现，我们应当如何提高警惕不受其侵害，便成了一个十分值得研究的话题。

一、缘于时尚的诱惑

求新、求变是人类本于天性的一种追求。唯其求新、求变，我们才会永远不满足于现状，让梦想照进现实；才会有不断的发展和创造，获得持续的前进和提升。正是出于这样的视角，许多人会有各种各样的仰慕时尚的心态和情感，这是正常的。这也是求新、求变的一种意识表现。但所有情感的洪流，都不能缺少了理智的闸门。对于求新、求变，同样也不能没有理性思考的引领。如果只是沉迷于时尚的诱惑，陷入了盲目"跟风"的泥潭，而缺失了睿智的辨别和抉择，就会在追逐时尚中完全地失去自我（自我的独立思考和推陈出新）。如此求新、求变便异化为愚蠢的复制，结果只能是既不新也不变。审视课堂中流行风的侵袭，很主要的一个原因，便是出于"求新"的那种对时尚的仰慕。请看《再见了，亲人》的一个教学片段：

师：大娘把多少慈母般的温暖给了志愿军战士，以至丢下自己的小孙孙于不顾。现在，我们怎舍得分别，因为——读！

生：我们的心永远跟你们在一起！

师：小金花和妈妈救出了侦察员老王，可妈妈却和敌人同归于尽了。当时小金花把仇恨记在心里没掉眼泪，可在送别志愿军的时候却落泪了，因为——读！

生：我们的心永远跟你们在一起！

师：为志愿军挖野菜而失去了腿的大嫂，今天挂着双拐为告别志愿军已送了几十里路，还不愿离去，因为——读！

生：我们的心永远跟你们在一起！

师：其实，又何止是大娘，还有千千万万位大爷；又何止是大嫂，还有千千万万位大哥；又何止是一位小金花，还有许许多多的小金花、小银花、金达莱花，都不愿意停住送别的脚步，因为——读！

生：我们的心永远跟你们在一起！

……

课堂上这种师生对读、此呼彼应的场面，我们似乎都很熟悉。最早这种煽情的呼应，出自一位著名的特级教师之手，以后人们竞相仿效、不胫而走，运用越来越广泛，越来越低效。教师对教材的梳理、复读、引申、拓展都一肩挑了，成为主角闪亮登场，而学生却只是为重复同一个短句作简单的呼应、机械的陪衬，在一边"跑龙套"。教师受时尚诱惑，背离了"生本"的课堂主流价值。

二、出于功利的驱动

课堂教学的价值何在？无疑应当说是学生的学习和发展，当然，教师在为学生服务之中也实现着自身的发展。然而当下的课堂，尤其是公开教学的课堂，却出现了价值观的多元化。在对外展示学校优质教育的课堂上，执教者承担着学校美誉度的涨落，必须把课教得特别好看；在参与"比武"的课堂上，执教者考虑更多的是如何战胜对手；在评选"优课""新秀"的课堂上，执教者在能否胜出夺魁的压力之下，会更多地去迎合潮流，指望获得评委的好感……所有这些多元价值的追求，都会使公开课臣服于功利的驱动而过度崇尚形式的美，自觉或不自觉地向"流行"靠拢，与"时尚"相亲。笔者曾为一堂大赛获奖课《最后一头战象》作书面评点。这是一篇需精读的长课文，应当说教师的文本细读很到位，课堂的细节处理也很有创意，但教师在学生初读课文一遍，梳理了课文结构之后，即精细地讲问了"披挂象鞍"这一部分。如果我们从"务本求实，尽在'读会'过程中"这一角度进行反思，要让学生自主"读会"，先得"读通"，这是阅读教学的"底线"。可对这篇长课文来说，要学生通过多种形式的统读，达到自行"读通"，并非易事，教师应给予精心的设计和指导。现在课文尚未读通就过早地进入了对课文逐个部分的深读分析，而且只讲其中的一部分，把一个完整的故事人为地肢解了，这样就显得"阶段性目标"很不清晰，背离了循序渐进的阅读普适规律，也淡化或消解了学生在教师指导下自己读通课文，从中发展阅读能力的过程。让全体学生能自主地读通课文，在阅读教学过程中具有基础性、战略性的地位，现在教师却以变相的、细碎的逐段讲问，取代了学生自主读书的过程。后来，我有机会见到执教老师，在谈起这件事时，她很无奈地表示：当时也想到了这样处理会导致阶段性目标的模糊，但看到参赛的课都是第一教时，也有不少教师对课文中的某一部分作讲问分析，考虑到评委能否看好我的这堂课，就决定精讲一节课文以示精彩了。

三、由于"从众"的心态

从众的心态，指在社会交往中，个体往往会做出与集体、与众人一致反应的心理倾向。这是一种既有积极意义，也有消极意义的心态。从众的心理一般产生在个体价值与社会价值发生冲突时，个体放弃了自我价值而选择群体价值，其实质是"去个性化"。在课堂上，教师跟风于"流行"，也有从众心态的驱动，有谋求与时代风尚相一致的内心需求。人们很容易认为，若能与那些时尚之人、时尚之风相一致，会使自己心安理得；若不一致，就难免困惑不安，怀疑自己是否"落伍"。于是，很多人便身不由己地加入了"赶时髦"的行列，这也从一个方面体现了"流行"是一种温柔的强迫。

听一位教师教《去年的树》，有这样一个场景：

师：这篇课文中有很多对话，有鸟儿和树的，和树根的，和大门的，和灯火的，当然还有和小女孩的，可在对话中，各个角色的话语前面，都没有表示神情的话语。像这一句："'立在这儿的那棵树，到什么地方去了呀？'鸟儿问树根。"鸟儿是怎样问树根的呢？没有形容和描写。你们觉得这样好吗？我们能不能补充上去？

生：这样不好，写得不生动。

生：我也认为这样写不够具体。

生：如果我们加上了形容和描写，会把它们的情感表达得更好。

……

师：好！那我们就来补充补充，先自己动笔，然后，挑你认为写得好的，与大家交流。

正在这时，有学生提出了异议："我觉得课文中没有写有它的道理。难道作者不会写吗？不是的，小鸟对树的感情就在对话中，我们能体会出来，为什么一定要写出来呢？"

……

在对话中给简单的提示语加形容词的做法，我们见过不少，也是挺时髦的，也许这对学生积累和使用词语有一定的训练价值，偶一为之，用得得体未尝不可，可一旦流行起来，竞相仿效，就很难保证得体。教师要让大家把每处对话都形容一番，这不能排除受"从众""跟风"的影响。这个小朋友说得好，情感就在话语中，也许这就是这篇文章的行文特色，我们可以充分体会，又何必处处都要写出来。

四、归于借鉴的失当

教学虽然是一种富有创造性的艺术，但不拒绝借鉴，尤其是向名师的课堂进行艺术借鉴。借鉴不是"依样画葫芦"，而是教师在范例中获得启示之后，结合本身、本地、本文，作有变化的迁移，这从本质上说也是一种创意。但是，如果在借鉴的过程中，只是机械地如法炮制，或不分青红皂白地泛化移植，以跟风的轻率态度去滥用借鉴，就会造成借鉴的失当。应该说，这也是当下课堂流行风的一个成因。

自从支玉恒老师在《第一场雪》的朗读指导中，要学生"能不能把风雪读得更大一些"开始，也就有了这方面很多的借鉴，从"能不能读得更快乐些"，到"能不能读得更坚强些"……这尚属合理启发的领域，问题在于已弥散到了更宽广的对象。教《日新月异的电视机》一课，我们听到的教师的要求是"能不能把电视机读得更大一些"，这可就为难了学生，电视机能读得大起来吗？对《风睡着了》一课中的"吼叫"一词，一位教师要学生"能不能读得更'吼叫'一点"。更有甚者，听一位教师教《詹天佑》一文，当学生读到带"恶劣"一词的句子时，教师竟要学生"读得再'恶劣'一些"，真是匪夷所思。

如果说，"流行"在娱乐圈里大行其道有其必然性的话，那么在课堂教学中我们实在不可臣服于"流行"的软暴力。因为课堂不是娱乐圈，而是学生传承民族文化薪火，实现生命健康发展的场所，它应当充满科学精神和人文情怀。而"流行"的最大特征却是简单的可复制性。复制带来了让人厌烦的模式化，而模式化正是生命力宣告枯竭的可怕表现。课堂教学应当对"流行"说不，坚决拒绝这种"软暴力"的侵袭。

第五辑 - 5

"互联网+"时代的教学变革

◎ 在信息时代的网络世界里,所有的专业部门,都会极大地改变其业态。语文的听说读写也发生了深刻的变化。

◎ "自媒体"带来了"自阅读""自写作",这不仅成为成人,也成为孩子的一种生活常态!

◎ 互联网使语文教学成为一个高度开放的系统。

◎ 面对"互联网+"时代的挑战,语文教育要研究诸多新问题:如何让学生拥有更多自主学习、主动学习的手段;教师如何引导学生有效地开发教学资源;课堂小平台如何对接天下大世界……

"互联网+"思维镜像中的语文教学变革

我们已经进入了一个互联网时代!

互联网+商贸、互联网+出版、互联网+通行、互联网+教育,或者互联网+某一其他的传统专业或行业,都会极大地改变其业态,呈现出一派全新的气象。互联网在未来的数字化时代显然还会一直发展前行。这种奇特的变革,表面上看是一种运行方式的变化,但从本质上说,却是一种全新的思维方式,是一种新的思维镜像,它改变了这个世界为人们所熟悉的传统景观。邱华国在《一位名校长对教育的破坏性设计》一文中,对"移动互联网思维"的问题作了一些思考,认为如"C2B"反向定制思维、"粉丝化"思维、"信息对称"思维、"品牌"思维、"大数据"思维、"开放化"思维、"极致"思维、"碎片化"思维、"移动化"思维等,都可以迁移到教学改革中来。(《教师博览》,2015年第8期)虽然这些思维的移植并不都完全适合教育的客观规律,有待变通和改造,但对于"互联网+"的思维原点的开掘却给人以很大的启发。

"互联网+"时代的思维方式,其共同的特征是发掘事物之间本然的深度联系和融通,以求在统整、融合中的创新发展。数字化为这种统整、融合构筑了最有效的平台。须知科学技术的发展历来总是朝两个方向推进的,一个是不断地分化,一个是不断地整合。以化学为例,细化分裂出现了有机化学、无机化学,而不断整合又衍生出了量子化学(与物理学融合)、生物化学(与生物学融合)。细化固然很重要,但不同程度的整合却往往可以使我们更接近"顺乎天而应乎人"(《周易·革卦》)这一无限精彩的真理世界。

由此总观"互联网+语文教学",也从根本上体现着当下语文教学变革的总体走向。中国语文教学历来倡导"以阅读为本位",似乎教语文就是教阅读,其他都不是问题。一本语文书基本上就是一本阅读课本。在语文未曾独立设科的几千年的漫长岁月里,读经明道是主体,阅读地位之重要是毋庸置疑的;即使在语文独立设科百年之后,也一样秉承以阅读为本位的传统。当然,阅读对于语文教学的重要性我们都不会怀疑,但"读"毕竟不是语文教学的"唯一"。特别是在"互联网+"这种思维镜像里,人们已经开始思考:作为语文教学组成的各部分,识字、阅读、写作、口语交际、学习实践活动等,都不应该各立门户、画地为牢、互不相干,而应当从人为的过分窄化、僵化的传统藩篱中突围,以"学生的生命成长"为取向作整合,向提升学生的"核心素养"的总目标靠拢,走总体把握、综合推进的新路。应当把学习语言文字的运用与培养儿童在终身发展和社会发展中的必备品格与关键能力结合起来,确立"互联网+"时代的语文教学变革新常态。

提出研究在"互联网+"思维镜像中的语文教学变革,不是主观臆想的产物,而是要对千姿百态的语文改课实践探索,作相互联系的、抽象的理性分析,并从中发现其共通的、富有时代性与前沿性的规律。之所以要梳理总结规律,是因为要用它去观察指导教学实践活动,以求得验证和深化。

那么,哪些语文教学实践在由"课改"到"改课"的有效探究中,共同揭示着"互联网+"时代语文教学变革的基本走向呢?

一、文本+文本的"群文阅读"

小学生课堂阅读总量太少严重影响着儿童阅读能力的提升,这一直成为小学语文教学的沉疴。为了解决这一难题,一代一代的名师都在为此作殚精竭虑的思考和探索。早期的全国著名特级教师斯霞、霍懋征等采取的方法是加快阅读教学进度,从而腾出四分之一的时间来做补充阅读,这不失为一种好方法。之后,又有教师采用"读一篇(课本教材)带一篇(课外补充文本)"的方法,走扩充阅读与对比阅读的"双赢"之路。近年来在"互联网+"思维的启迪下,出现了"文本+X文本"的"群文阅读"策略,即教师在一个单位时间内指导学生阅读相关联的一组文章(三四篇不等)。这种

"群文阅读"在本质上已经是一种带研究性的"参读"。阅读学认为，阅读的展开并非单纯直线式的顺序，而是一个互为参照的网络。任何一篇或一本读物都必须有几篇或几本参照读物才能为读者所完全读懂。（李佳成，《阅读辞典》）特级教师蒋军晶在创导群文阅读方面不遗余力，他认为这种阅读的课型既能加快学生的阅读速度，提高阅读能力，增加阅读量，又能够培养学生对读物的理解探究和感悟。教师在指导群文阅读时，要把这种功能有意地凸显出来。这就要求教师必须充分关注群文之间互补互参的结构化特点。这里的"+"不只是文本与文本简单的物理性积累，更应当有化学性聚合中的新变化和新生成。

二、课文 + 单元整体的"单元教学"

小学语文教材历来基本上都是按单元编课文的，一个单元有一个统领的主题，或按思想教育编主题，或按课文文体分主题，或依作家作品定主题，或照语文训练项目划主题，等等。所谓单元教学就是以语文单元化教材为依据，把一个单元教材作为一个教学单位，进行整体教学的一种方法。（朱绍禹，《语文教育辞典》）就单元教学而言，早在 20 世纪初的欧美教育中就已经产生了这一概念，较早明确提出"单元教学法"一词的是美国芝加哥大学教授莫里森。我国虽然在 20 世纪 30 年代就有提倡并尝试，但真正兴起却是在 70 年代末和 80 年代初，彼时无论在理论上，还是实践上，对单元教学法都有所突破，并形成了自己的特点。

问题在于，当下"互联网+"时代的"课文 + 单元整体"的"单元教学"实践，在理念和策略上已与传统的"单元教学法"不可同日而语。之前的"单元教学法"更多地体现于各篇课文在教学时均能联系单元的主题，如今的单元教学，按叶根娟老师的认识是更强调从单元整体入手，占领思维高度，对整体单元有一个客观思考和通盘把握，以单元主题为轴贯穿始终，删繁就简，主次分明，并辅以多样化的阅读配餐，致力于表达能力和综合性学习能力的生长，以提高语文教学整体效率。（《单元整体：走出"碎片化教学"的泥淖》）显然，以系统论为指导，教师对单元作整体教学规划，学生对单元教材作整体先学，然后对单元教材内容分清主次、删繁就简，作读写一体化整合推进，淡化传统的分课教学，正在形成一种全新的"互联网+"时代的新单元教学格局。

三、阅读+学习实践活动的"开放语文"

学习实践活动在"课标"中称"综合性学习"，具体体现为语文知识的综合运用、听说读写能力的综合发展、语文课程与其他课程的沟通、书本学习与生活实践的紧密结合。这就可以理解为其指向是"大语文"——生活的语文和开放的语文，从根本上体现了母语课程的本质特征。"综合性学习"要求必须联系生活中的实际问题开展学习活动，本身就体现了"互联网+"的时代精神和整体思维特征，也更具有提高学生核心素养的教育价值。所以，如何把阅读、写作和实践活动结合起来，为学生提供更多的体验机会，从而提高学习效率，也就更容易受到各地人们的关注。如浙江省教育厅《关于深化义务教育课程改革的指导意见》中就特别强调："落实综合实践活动课程。积极探索综合实践活动校本化实施的有效途径，建立学生参加社会活动的有效机制，确保课程计划内三四年级每学年不少于5天、五至九年级每学年不少于10天的社会活动的时间。"

"阅读+学习实践活动"，就是在有些课文阅读中结合教材内容开展相应的社会实践活动，如参观、访问、调查、游览、公益活动和劳动，等等。学生的文本阅读与学习实践活动相结合，不仅可以有效提高学生阅读、写作的能力，而且学生会在实践活动中获得真正的体验和感悟，有利于培养学生的动手能力、劳动观念、集体观念、责任意识和创新意识，以更好地满足"互联网+"时代对未来一代必备品格和关键能力的要求。

四、阅读+习作的"指向写作的阅读课"

"指向写作的阅读课"是著名特级教师管建刚积极创导的一种读写一体化的语文教学理念，受到中国小语界的普遍关注。可以认为，这是管建刚继他的"作文教学革命"之后的又一场"革命",充分体现了"互联网+"的时代特色和思维特征。在我国的语文教学发展史上,阅读和作文是有着严格分野的不同疆域。虽说我们有所谓"读写结合"的传统教学经验,但在教学实践中,二者却是难以结合的两张皮,因为严重缺失了可供结合的具体操作方略和联系途径。也正是在这个意义上,"指向写作的阅读课"相当明确地指明了读写结合的内在机制和实现"结合"的方向与通道。具体地说,也就是以写导读、以读促写、读写一体、整体推进。当然,在实践运作层面,它要受到各方面的检验,问题就会复杂得多。因此,要确立一个比较典型的"指向写作的阅读课"课堂样本,还存在一定距离,有待我们的共同努力。如阅读有其独立的知识与能力的培育体系,在"指向写作的阅读课"中如何防止阅读的扁平化、边缘化是应当关注的话题;另一方面,"指向写作的阅读课"不仅仅是指向写作技巧,这里更主要的应是在阅读中如何揣摩课文作者用词遣句、立意谋篇的功夫。特别是准确、生动、鲜明的运用语言文字的能力,恐怕是比写作技巧更为重要的方面。当然,所有的新生事物都有一个不断成长发展的过程,所以"不够成熟"不是问题,而它所体现的前卫理念,才是我们最应该珍惜的。

五、习作+自媒体影响的"自由表达"

北京一名六年级女孩作过的一份"小学生微信使用情况调查"表明:90%的小学高年级学生都使用微信,平均每一个同学有10到50个微信好友,10到20个微信群,名称有"EXO星际学院""英雄战歌会""三个偷弹贼""蔷薇妙女群""三个火车狗"……甚至还有"被老师骂了"和"问作业"群,等等。这说明我们已经进入了一个"自媒体"时代,即任何个人都可以拥有同他人联系、表达和交流的个人媒体。这是一种私人化、平民化、普及化、自主化的新闻传播工具,使每一个普通人经由数字科技强化与全球知识体系相连之后,可以相互表达交流。在自媒体中,最有代表性的博客、微博、微信、论坛等网络社区,不仅深刻改变了人们的观念、生存状态和自我认识,也从根本上改变了人们对写作、对交流、对分享的理解。正是在这个根本点上，推动了人们个性的、自由表达的、交际的写作观，这当然也为写话、习作教学，展开了一个新的全视野景观。

"习作+自媒体影响"的小学写作教学，把作文课历来让人望而生畏的"要我写"开始向"我要写"转化，让写作更多地有了自我表达的需求；同时，学生也开始逐渐习惯于写作就是表达自己的思想，想说什么就写什么；另一方面，也逐渐不再拘泥于作文的形式、字数，而向关注内容转化……所有这一切都能够让学生把作文视为要用另一种言语（特别高雅动听的），按照命题的严格规定性，遵循一定的章法、技巧，写出为成人社会所喜欢的、有一定字数的文章，逐渐转向于想说什么就写什么，有话即长、无话即短，一切为了表达和交流的需要。于是，写作就有可能真正成为思想的真情交流和自由表达。所以，习作与自媒体影响的相加，正在成为当下的写作教学改革的主体走向，无疑也是"互联网+"时代之光在写作教学中的有益投射。

六、全课型+微课型的"生活化语文"

中国语文教学历来以阅读为本位、以课文为中心，常按一篇课文从识字学词到初读课文，从读通课文到深解课文的程序组成全课型的教学全程。然而在语文教学更为关注语言文学、语言文化乃至语文生命时，它的内涵变得空前丰富起来。拓展性课程的设计，不只是有"全课程"（40分钟一节），也有了"微课程"，出现了"趋微"新样态，即在课堂中加入某种"微课程"，如"微演讲""微报道""微故事""微写作""趣味汉字""笑话中的语文""汉字听写大赛""比比查字典"等，只占时三五分钟，被安插在语文课堂的课始预热之中。每当预备铃响起，学生就很快投入在这类微课型的"准游戏"之中，由学生自主推进。如一位教师针对班上学生口头表达能力差的问题，设计了"微报道"：让学生按座次轮流，在每节语文课开始时，由一位学生在讲台前用三两分钟报告一则或国内国外，或家庭校园的"信息"。由于能细水长流、日积月累，其训练效益之显著常会超出预期。显然，这样的"微"不是"微不足道"，而是"从微知著"。这种在全课型中插加"微课"的做法同样体现了"互联网+"的思维特点。

海涅曾经说过:"每一个时代都有它的课题,解决了它就把人类向前再推进了一步。""互联网+"的时代,已体现了信息革命的强大威力,深刻改变着人们的思想观念和思维方式。语文教学的改革创新自然也无法摆脱它的影响。这也就是我们必须以新的思维方式来审察和把握语文从"课改"到"改课"发生的深刻嬗变的理由所在。

阅读课堂新常态:"1+X"

联合国教科文组织在1970年第16届大会上确立了"阅读社会"这一新概念,它与中华传统的"书香社会"有异曲同工之妙,都在于表示阅读应当成为每个人日常生活中不可缺失的重要部分。也许正因为阅读如此重要,在中国语文教学中也就有了"以阅读为本位"的课程传统。教语文似乎就是教阅读,一本语文书,基本上就是供阅读教学用的课文。说话、写作等,都只是顺便捎带,似乎可有可无。这种现象,反映了我国语文课程的基本特征,基本上以阅读一统天下。虽然我们也认为语文教学的能力培养关乎"听""说""读""写",而基础知识自然离不开"字""词""句""篇",于是这八个字就一直被称为是语文教学的"八字宪法",但在实施层面上,并不一视同仁。当然,在语文的基本能力中,"读"无疑是重要的,这就难怪不少人都奉行"阅读是写作的基础"这一道理。这些似乎都无可非议。但"读"毕竟不是语文课程的"唯一",特别是在当今课改大潮的冲刷下,人们对传统阅读教学有了诸多反思:什么是阅读?阅读的心智活动机理又是怎样的?阅读教学只是对课文内容作按部就班的讲问吗?阅读教学又如何体现"学习语言文字的运用"?又如何落实"语文是一门综合性、实践性课程"?……

显然,这些思考和探索具有重要的课改意义和时代价值,自然也就会反映在一些全国性的重大语文教学研究活动中。如"全国青年教师阅读教学观摩活动"是一个已历时20多年的传统品牌项目,有着十分广泛的影响力,但是在2014年时,已不称"阅读教学观摩活动",而将观摩课分为"阅读系列课"和"表达系列课"。这一改变,按组织方的说法是为了突破"以阅读教学为中心"的传统瓶颈，克服对教科书的过分依赖，努力摆脱教学内容单一、教学形式趋同的境地，以实现学生的语文素养的成长与发展。这种变化，体现了阅读教学正在从过分窄化、僵化的传统藩篱中突围，向提升学生的"核心素养"的总目标靠拢，走综合化的新路。而且，这种态势正在成为阅读课堂的一种"新常态"。显然，出现这样的发展景观绝非偶然，自有其课程改革向纵深推进的必然逻辑关系。

第一，从阅读的本体意义来看。阅读质量与效益能否提升，关键在于能否从浅层次的"线性阅读"向高效率的"网状阅读"推进。如果只是从某一角度出发，按阅读材料某一方面的知识序列和逻辑顺序，沿着单一的思路去理解，叫作"线性阅读"。如果能充分发挥读者的主动性，能将读物内容旁及同一层面上的相关认知，并找到它们之间的某种内在联系，从而对阅读材料有一个新的建构，这样的阅读活动，就不是按读物的结构线性地向前推进，而是呈现一种全方位联系的网状展开，我们就可以称之为"网状阅读"。"线性阅读"是一种机械地局限在课文内容之内的阅读，是旧阅读教学中学生聆听教师对课文逐句逐段作讲解的那种"课文内容分析式阅读"，还需要不时提醒要"与课文内容分析式说再见"。现在在"网状阅读"中，学生对课文内容已不再是简单地输入，而是在汲取信息、习练语言的同时，不断地联系比较，并输出自己的知识、经验和情感。这正如弗西斯·格瑞莱在《培养阅读技巧》一书的序言中所认为的："阅读是读者积极活动的过程。读者带入这一过程的东西，往往比他从读物中所找到的东西还重要。"所以，高效的阅读必然是一种开放的、综合的心智活动，那种画地为牢、囿于文本的机械阅读，会遭遇时代的挑战也就不奇怪了。

第二，从阅读的课程状态来看。阅读教学只是语文课程中的一个内容，不是语文的全部；而语文课程也只是众多课程中的一门课程。更新课程观念是一种世界趋势。国际上普遍认为，以个人发展和终身学习为主体的"核心素养"模型，应该取代以学科知识结构为核心的传统课程标准体系。2014年3月由教育部印发的《关于全面深化课程改革　落实立德树人根本任务的意见》，已将"核心素养"置于深化课程改革的重要地位。所谓"核心素养"，指的是学生应具备适应终身发展和社会发展需要的必备品格和关键能力，突出强调个人修养、社会关爱、家国情怀，更加注重自主发展、合作参与和创新实践。从"知识核心时代'走向'核心素养时代"，必然要辐射到学科的课程改革和课程教学中去。"语文课程丰富的人文内涵对学生精神世界的影响是广泛而深刻的，学生对语文材料的感受和理解又往往是多元的。"（"课标"）这样的课程状态，必然要求阅读教学从过度依赖课本、教学内容狭窄、教学形式单一的束缚中走出来，向"综合性""实践性"课程的方向奋力前行，以发展学生的"核心素养"，更好地彰显课程的自身价值。

第三，从阅读的时代发展来看。传统的阅读与当代或未来的阅读，正在经历一场剧烈的嬗变，即阅读活动越来越指向把不同空间的文字信息（如纸质文本、电子文本等），用超链接的方法组成一种"超文本"的阅读。这就要求今天的阅读教学，必须突破那种画地为牢，从课文到课文的死板模式，而能够最佳地体现语文课程"是一门综合性、实践性课程"的精神。

当然，2014年的"全国青年教师教学观摩活动"将展示的课型分为"阅读系列课"和"表达系列课"并不一定是一种完善的命名，但它确实较好地反映了当今阅读课堂的一种新常态。所谓"系列"，《现代汉语词典》的解释是"相关联的成组成套的事物"。"阅读系列课"当然指以阅读为主线的各类综合性的变式课型。如果说"阅读"是一个单一的"种概念"，那么"阅读系列"就是包容宽泛的一个"类概念"了，是"阅读+X"，也就是"1+X"。这里的"1"是"阅读"，"X"指的便是与阅读活动相关的各种认知实践活动，可以是"阅读+阅读"，也可以是"阅读+口语交际""阅读+习作表达""阅读+社会实践"，等等。"X"应当是任何一种与阅读材料相关，而且是有内在联系的生命活动。这里，还应当特别关注的是"+"，这种"+"不是简单的复选，而是必要的互补，和谐的融合，关键的增量，建构的合力，是"1+1>2"的"+"。下面不妨结合案例作些分类阐述。

一、阅读+群文串读

教师指导学生阅读一篇课文，不能仅仅满足于从课文到课文的狭隘视野，可以读一篇带一篇（或片段）的方式，为解读课文提供参照式串读。这样做，不仅有助于扩大学生的阅读量，而且使阅读活动因为有了对照读物的参与，从而可以激活学生的阅读思维，深化学生对课文的理解，提升学生的核心素养。这种串读不一定局限于"读一篇带一篇（或片段）"，还可以根据需要适度扩展为"读一篇带多篇（或片段）"，后者也可以称为"群文带读"。

群文串读多见的是异文的群读，但也可以有同文（不同语体或不同文体）的群读。如一位教师在教学《女娲补天》时，对人教版课文、湘教版课文（略有不同）和《淮南子·览冥训》的古文原版开展参照阅读。教学流程的设计脉络清晰，依次为：识字学词、了解故事大意；比较同为现代汉语写的人教版文本和湘教版文本的不同；再学由古汉语写的原文本，与课文相对照，在教师帮助下初步读通古文；最后独立讲述故事。群文阅读中既可以有异文群读，也可以有同文群读，这样无疑丰富了群读课型。在本案中，让学生比较三则寓言之间的不同点，就从深层次打开了以对照、比较和相互验证为手段的同题材不同语体的文本群读，提高了以对照的方式诵读古诗文的能力，推动了他们自主建构阅读的水平。相比之下，如果只是机械性地局限于单篇课文的阅读范围，就无法激活学生一连串的阅读思维活动了。

二、阅读+口语交际

虽然说，"口语交际能力是现代社会公民必备能力"（"课标"），"语"（口语）和"文"在语文课程中应当同样重要，但在实践层面却并非如此，口语交际专项训练意识和运作策略系统，都缺失了应有的位置，严重存在着重"文"轻"语"的现象。当然，这不是要我们去条分缕析地向学生讲解口语交际的重要意义或方法要领，问题在于，教学活动中严重缺失了本来应该有的口语交际的情境，使许多本来是可行的课堂口语训练，因教师缺失了这方面的意向而招致淡出，这是很不应该的。

神话原本是远古时代人们的一种口头传说，在口耳相传中逐步形成并得到不断丰满。在神话（民间故事）类体裁的教学中，适度结合口语交际的训练,应当是一种不错的选择,但很少见到教师在这些课文的阅读教学中去主动创设口语交际的教学情境。反之,著名特级教师周益民就不是如此,他在导读《夸父逐日》一文时,让文本复归于口耳相传的神话故事讲说原生态。他不是先让学生读课文,而是先让大家倾听教师讲《夸父逐日》的故事,然后让学生尝试讲故事。他先要求大家自己讲给自己听,觉得讲顺口了,再来讲给大家听,请大家评议。怎样才能把故事讲得更好?正在大家急有所求之际,才让大家自己读课文。然后把学生所讲的故事对照课文,讨论如何才能讲得具体生动。在大家的热烈探讨中,教师帮助归结出了诀窍:先"理清大结构",再"说清小细节",争取讲得更好……这是比较典型的"阅读+口语交际"课型,实现了以口语交际深化阅读理解,又以阅读提升口语交际能力的"1+1>2"。

三、阅读+词句训练

阅读教学不只是理解读物内容,拓展认知领域。作为语文课程的一个组成部分,它更有学语习文的责任担当。而在学语习文中,遣词成句的训练,必然是重要基础。如果语言是一栋高楼,词句便是搭建的砖石。所以阅读与词句训练的关系至为密切,因阅读而忘记了词句训练,这样的阅读充其量只能是一种"生活阅读",而完全失去了语文课程的阅读本性。这是十分不可取的。

那么阅读+词句训练应当如何做到水乳交融呢?这就有赖于教师在学生阅读过程中的相机诱导,因势生成。特级教师赵昭导读朱自清的《匆匆》一文,当学生赏读文中"于是——洗手的时候,日子从水盆里过去……"这一组排比时,及时叩问"这时的'我'会有怎样的感觉?"于是板书出现了"××的时候,日子从××中过去,我感到××是匆匆的"。教师让学生按照这样的句式,思考还可以表达哪些相似的情境,并随机板书形成了如下的图示:

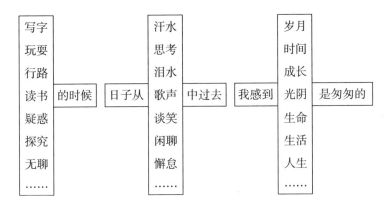

教师故意错乱书写,最后让学生用线条连接相组合。这样在一组组的句子整合中,包含了词语的合理搭配,并感受了时光之匆匆,培养了学生珍惜光阴的思想情感。同时,对课文中警句的品读,因为有了词句训练的放大效应,从而有了更为深切的感悟。

四、阅读+习作表达

在语文课程的学习机理中,"读"与"写"是相辅相成的一个整体活动。阅读是吸收,写作是输出,就相当于人体生命中的"吸"与"呼"所构成的循环运动。"吸"乃"呼"所依,"呼"是"吸"所致。由此理解"读"与"写"也是同理。我们不能只看到"阅读是写作的基础",也应当明白"写作是阅读的动力"。两者若分而治之,则事倍而功半;若综合推进,则事半而功倍。正是从这样的角度看问题,阅读+习作表达方能更好地体现语文课程的性质是"学习语言文字的运用"。

听一位教师导读《卖火柴的小女孩》,在学生初读课文之后,屏幕上出现一组画面:第一个画面是大年夜在街道上卖火柴的小女孩;第二个画面是没人买火柴,蜷缩在街头的小女孩,似乎在对自己说什么;后三个画面是小女孩的三次幻想。教师让学生对照课文的意思,为每个画面写上几句话作描写说明。这是阅读中的第一次写作,重点在落实两种心理活动描写。交流后,教师点拨:第一个画面用的是"旁观分析"的心理描写法;第二个画面用的是"内心独白"的心理描写法。在这篇课文里,著名童话大师安徒生还重点运用了另一种心理活动描写方法，这就是后三个画面的"表现幻想"的心理描写法……同时引导学生深读课文中出现的三次幻想。最后，让学生想象小姑娘还可能出现怎样的幻想，自己尝试来补写一次……

如此，把"读""写"一体化推进，不仅是阅读为写作开路，使写作学有范例；而且又是以写作深化阅读，使理解更具情怀。如此相得益彰，我们又何乐而不为！

五、阅读＋社会实践

在人教版的通编教材中，有"语文园地"等栏目来引导学生开展综合性学习活动，以体现"语文知识的综合运用、听说读写能力的综合发展、语文课程与其他课程的沟通、书本学习与生活实践的紧密结合"。确实，语文的天地很广阔，学生的语文学习必须与生活、与社会的实践活动密切联系，才能学得更好。如何将课堂阅读与学生的社会实践（包括家庭生活）相融合，就成了语文改课的重要内容。《猴子种果树》是一篇知识童话，围绕农谚"梨五杏四""杏四桃三""桃三樱二""樱桃好吃树难栽"等编成了"猴子种果树"的故事。听一位著名特级教师导读这一课很受启发。他巧妙地引导学生以自读为主，学得颇为主动、灵动、生动，并让学生补写了一节："猴哥正在伤心，一只小麻雀'喳喳'地对猴子说：猴哥猴哥，你不要伤心了＿＿＿＿＿＿＿＿＿＿＿。"课末，教师又设计了一个难度更高的话语框架，让学生回去和爸爸妈妈一起编："小猴子正在伤心，一只狐狸来了，说：'林子大了，什么鸟都有，这些都不是好鸟，都是骗你的。'猴子一想，说：＿＿＿＿＿＿＿＿＿＿＿＿。"

这是一道比较难做的作业题，答案是极富不确定性的，但是体现了阅读教学是完全可以和社会生活实践相结合的。让学生带回家去，与爸爸妈妈一起讨论，具有一定的"社会实践"性质，可以说是一项很有意义的"亲子共做"。

……

"阅读＋X"的形式很多，当然不只是这样五种。"X"本身就意味着一种无限量。如果说世界有多大，语文学习的天地就有多大，那么，阅读也必然会是语文天地里的一个高度开放的系统。从阅读课文到课文阅读，虽然是基本所在，但绝不能因此就限于一隅。从"文本阅读"到"超文本阅读"，不仅是阅读本身的应有之义，更是对阅读教学的改革，指向的是人的核心素养发展的时代要求。

儿童习作在网络"自写作"时代的履新

《现代快报》（2014年7月7日）载有这样一则新闻：南京雨花台公安分局铁心桥派出所接到一名少年的报警，要求警察叔叔抓他的爸爸，原因是他爸爸偷看了他的微信和QQ聊天记录，并删除了他的一些好友。后经民警的开导劝说，报警的小张又恳请民警不要再批评他爸爸，并表示会与爸爸多沟通。在这里引用这则新闻，笔者用意不在从教育的视角来讨论互联网时代如何面对未成年人与成年人之间产生的那些令人啼笑皆非的新问题，只是想研究一下当今信息社会大环境，给小学习作教学带来了怎样的挑战与机遇。

在信息时代的网络世界里，短信、微信、微博、QQ……乃至电子杂志、手机作品等，构成了极具个性化的写作传播的庞大空间。在文学领域也突破了精英文学或国家文学的话语霸权，开启了市场化的个人文学时代。这种现象，文学批评家们称之为"自文学时代"。当然，并不是所有的网络写作都可以称为"文学"，但无疑这同样是一种书面的文字写作。于是，可否这样认为：写作在今天已从传统少数文人的书斋，走进了几乎是每个人（从儿童到成人）的生活世界。写作已不再神秘化，人人都成了屏幕写作的主体。据此，我们完全可以认为一个网络"自写作"的时代已经到来了。上面的那则新闻，也正是从一个侧面反映了"自写作"活动，不仅成为成人，也成为孩子的一种生活常态和生存状态。这对于当下小学习作教学的改革和发展来说，不能不是我们认识新问题、创设新境界的一个基点。

这种网络"自写作"时代所具有的特点，给习作教学带来了许多可贵的启示：

第一，写作已不再神秘化，而实现了真正的生活化。学生讨厌或害怕作文，一个十分重要的原因是传统作文的神秘化。它是要用另一种言语，按照老师命题的严格规定性，遵循一定的章法，运用一定的技巧，写出老师喜欢的一篇文章。所有这些，都使写作远离了学生的真实生活，违拗了他们的真实心声（我手写我口）。而网上的"自写作活动"，使写作真正成了一种现实生活的需要，有啥说啥，想啥写啥，可以话出文在，一挥而就。这在一定程度上使学生真正回归了写作的原点，感受到写作并不神秘，完全是一种现实生活必需的行为，因而也就远远没有想象中那么难了。

第二，真切地感受到了习作的自由化。这会大有利于逐渐培养学生说真话、抒真情的习惯。以前，我们十分不满于学生作文中说假话、空话、大话、套话。其实，这也不是孩子真正喜欢的，它只是不正确的写作教学逼迫下养成的坏习惯。而网上写作，正可以使学生无所顾忌地作自由表达与真情交流，变"要我写"为"我要写"。这对于当前习作教学的改革，无疑提供了一个良好的生态环境。

第三，充分展示了写作的开放性。网络写作虽然有一定的私密性，如上述新闻中小张报警，就是因为觉得爸爸不该偷看他的微信和 QQ 聊天记录，不该删除他的一些好友，这是对他私密的不尊重。但它更可贵的特性是开放性。因为你尽管也可以为自己的某些日志加密，不愿意为不相干的人所了解，但你进了网络也就等于参与了他人的交流，进入了不同范围的公共领域，其开放性原本就是网络写作的本质特征。应当看到，互动交流是生命的社会生存之需要，它不只是写作的目的之一，更是提升写作能力的重要手段。交流，开阔了作者的视界，更可以推进作者的思考、学习、借鉴别人的认识，有益于凸显写作的精神价值与社会价值。

当然，还有不得不说的一点是，网络写作虽然绝大多数是碎片化的，有的只是片言只语，却完全具备了书面表达的各种基本元素，可以积小成大，洪由纤起，这对于运用和驾驭言语的能力，特别是书面表达的准确、鲜明和生动，都是一种很有效的锻炼。而网络写作的经常化特点，又会极大地使这种锻炼处于一种"拳不离手，曲不离口"的日常化状态，这对提高学生的习作表达水平无疑是十分有益的。

然而，网络写作虽与儿童习作有着密切的联系，但毕竟不可等同。对于

"习作"这一门小学教学课程来说,有其独立存在的理念、性质、目标、要求、内容和教学程序系统,和网络写作不是一回事。我们关注它们之间相联通的一面,目的是为了使习作教学能充分借鉴和运用网络写作的一些特点和作用,改革与优化习作教学,以顺应信息时代的趋势,推动小学习作教学的发展进程。因此,儿童习作在网络世界"自写作"时代的履新,必须有以下五个方面的"需要",方能促其有效对接,无阻联通。

一、需要有助推的引导

对于小学的"写作"课程,"课标"要求学生"能具体明确、文从字顺地表达自己的见闻、体验和想法。能根据需要运用常见的表达方式写作,发展书面语言运用能力"。因此,习作应"贴近学生实际,让学生易于动笔,乐于表达,应引导学生关注现实,热爱生活,积极向上表达真情实感"。这显然不是松散、自由的网络写作能够胜任的,它需要有明确的教学目标、系统的教学内容、严谨的教学程序和科学的教学方法方能实现。另一方面,"课标"也提出要"积极合理利用信息技术与网络的优势"。可见,网络写作已受到关注,但它对于习作来说,只是一个"积极合理"的"利用"关系。如何利用得好,就有赖于教师的引导,而这种引导的目的,只有一个,那就是要有利于习作教学的推进。

特级教师张祖庆在和班上学生的网络交流中,一次心血来潮,不经意间给班上的周周写了一篇短文:《飞向生命的庆典——祝周周生日快乐》,称赞她最近一个阶段的进步。不料,一石激起千层浪,孩子们和家长读到这份特别的生日礼物,纷纷跟帖,祝福周周。意想不到的热浪,一拨高过一拨,这令张祖庆老师深受感动,便有意识地加以引导,以此为契机,开展了"网络庆生"活动。每当班里一个孩子的生日到来,教师和学生便纷纷给"寿星"写诗、写信或作文表示庆贺。在网上过了生日的同学,往往会更积极地投入到以后为其他同学过生日的活动中去。于是,诗越写越激情,信越写越热烈,文也越写越感人。这成了孩子们最用心去完成,最乐意去动笔的习作。显然,这样的引导才极大地提升了孩子们对网络写作的兴趣和质量。

二、需要有展开的平台

网络写作与学生习作的沟通，关键还在于要开拓一个特别的空间，作为展开沟通过程的平台。这是因为网络写作的特点是随意的、松散的、不可控的；而习作是一门课程，是有特定的指导思想、目的要求、系统步骤的有计划的教学行动。自然状态的网络写作，虽然对小学生习作水平的提高也会有所帮助，但那是隐性的、自发的、缺少效率的。如果我们要将网络的"自写作"与习作教学相融合，就不那么简单了，"任其自然"就不会达到融合、促进的目的。为此，创建一个合适的平台，实现网络写作与儿童习作相汇流，便成了关键的一环。当然，网络写作的形式很多，如短信、微博、QQ乃至手机作品、电子杂志……可谓琳琅满目，而且大有层出不穷之势。这种种写作形式，都是书面的表达和交流，对提高学生的习作能力都会有所帮助，但毕竟是随意的、松散的。要实现网络写作对习作教学的促进，更需要有一个相对集中、主旨明确、便于组织引领的独特空间。张祖庆老师是通过组建班级博客"梦起飞的地方"这样一个平台来实现的。其实，他班里原来有博客的同学不多，只不过是三五个学生的个体自发行为，但当教师几次把他们的博文有意地直接投在课堂的大屏幕上，并进行赏读、评点后，大家的兴趣被激发出来了。另一方面，又将一些同学的博文《屋顶上的南瓜猫》《惊魂亚马逊》等以"连载"或"个人专刊"的方式，转载在班级的《作文周报》（纸质媒体）上。如此的双向流动，使同学们的兴趣大增。教师又及时把学生的博客地址全部链接在班级主页上，开展"博友互访"，组联"家长粉丝团"，等等。张老师自己又以"37号粉丝"来隐身（班级里36个人），在班级博客中神秘地穿梭、留言、煽风点火。学生虽然一直不知道这"37号粉丝"是谁（家长还是老师，或班外来客），但参与博客写作的热情却被煽动得越来越高涨。

绍兴市鲁迅小学的孙老师（语文老师、班主任），也是通过构建班级博客"宝贝园"搭的平台，所不同的是她实现了网络写作、班级管理和儿童习作的三联通。她自称是"宝贝老师"，一个个同学则是各有其名的"小宝贝"。这样的平台，不仅实现了网络写作与习作的联动，更是网络写作、习作、班级的现实生活与思想教育的三联动，如《爱心寄四川灾区》《流行性感冒来袭》《为了孩子——怀念鲁迅》《话说刘翔退赛》《一本可怕的日记》等，都反映了学生对班级中大家关心的问题或新近发生的事件的思考和讨论。

三、需要有群体的互动

促进网络写作与儿童习作的融合，我们的着眼点是对学生习作兴趣的激发、对习作运用机会的扩展和对习作能力的提升。这些着眼点的落实反过来自然又丰富了网络写作的内容，极大地提升了学生网络活动的正能量。要达到这样的预期，关键还在于群体的互动频率和质量的提高。这首先是因为通过互动可以逐步实现全员的参与，扩大网络写作与学生习作联动的受益面；同时，互动可以使讨论的问题或话题不断向纵深推进，从中提高参与者的思维能力和表达能力；另一方面，同学们热烈的参与互动，又必然会"众人拾柴火焰高"，使"班级博客"这个平台越办越红火，越加得到大家的关心和喜爱。

在孙老师班的"宝贝园"班级博客上，"巨峰小宝贝"发布了一篇面对现实，有感而发的博文《刘翔是因伤退赛，凭什么骂他》（摘要）："昨天中午开始，从各大网站的帖吧里看到无数辱骂刘翔的帖子，他们把那个四年前流着热泪证明黄种人也能拿110米栏冠军的中国英雄，说成是'只知道骗钱的懦夫''胆小鬼'。我心痛了，比看到刘翔无缘比赛还心痛。……我深信刘翔已经坚持到底地做了他所能做的，刘翔以一贯的拼搏精神坚持到最后，即使没跑成他也尽力了……刘翔，不管怎么样我都支持你！"

博文引起了强烈的反响，大家热烈互动起来——

"最后还不是回来了？没跑成呀！"

"为什么他那么脆弱？就算他不能跑，可是也不能退出比赛呀，如果他当时没有退出比赛，把这段跑道走完，也不会有人说他是骗钱的人，只会说他是英雄！！"

"人家刘翔也想参加比赛啊！"

"支持刘翔，加油！"

"支持刘翔！刘翔依然是我心中的飞人！加油！加油！"

……

显然，这一发生在社会生活中的真实话题，引发了大家的关注和思考，大家表达了不同的见解，不论对错，表达的都是真切的想法。这肯定会让孩子体会到写作的原点就是说出心里话。虽然这样的互动，有的只是很简单的片言只语，但它同样是一种表达，一种对语言文字的运用。

四、需要有真实的生活

生活是习作的源泉，而网络写作十分有助于让学生去面对现实的生活，养成对身边发生的事件去进行观察、思考和表达的习惯。我在孙老师班的"宝贝园"班级博客中读到这样一段关于《流感来袭》的博文互动——

宝贝老师（摘要）：这次流感来势汹汹，班里好多孩子都病倒了，上周五还只有两个，今天早上一下请假了五个，到了傍晚增加到了八个……孩子们的症状无一例外都是发烧，而且体温都挺高，挂两三天盐水还不见好。晚上给所有请假的孩子打了电话……真担心明天又有新的病号产生。走了那么多人，上课就没那么有味道了，总感觉零零散散的……希望明天生病的都健康起来，早点来上学，上学的不要再倒下了，大家都要快乐健康！……

锦涛小宝贝：孙老师我的病有好转了！

宝贝老师：那真的太好了，希望明天能看到你来校！当然，前提是完全病愈。

敏之妈妈（摘要）：孙老师，我是余敏之妈妈，余敏之这几天勤洗手，勤洗澡，尽量不去人多热闹的地方……让她下课后多到教室外呼吸，活动活动，保佑她能躲过这该死的流感……孙老师，你每天写博客，与学生进行交流，走进了学生的心灵深处，让孩子有一种被爱的感觉，而不是被管着……你对学生的影响很大……你对学生太好了……

游客小宝贝：我还没生病，但是我要多喝开水，多锻炼，预防流感！

宝贝老师：是啊，我们班是"重灾区"了，多喝开水，锻炼身体是预防感冒的好办法。

小不点宝贝：孙老师，我也生病发烧了，哎，还是抵挡不住可恶的流感呀，不知周一能不能来上课。妈妈说我得多锻炼，增强体质。

宝贝老师：如果发烧了，那就在家好好休息吧！身体要紧，落下的课以后再补。

鬼崽喵喵：孙老师，鬼崽喵喵就是我孙非可，忘了告诉你了，呵呵呵……要记得哦！我生病了，谢谢孙老师的关心！我会在家做好作业，不让你失望。

宝贝老师：别顾着上网，好好休息，有精力再写写作业。

……

这一种体贴入微的关心呵护，这一份浓郁绵长的师生之情……这正是儿童习作的极佳素材。如果没有网上的这番自由传递和灵动沟通，无疑就会失去许多珍贵的生活体验。正是因为有了网络的便捷，才使真实生活与学生习作密切地联系了起来。写作真正成了一种生活的表达和交流的自然需要。

五、需要有习作水平的提升

为了让现代的信息技术在习作教学中发挥更大的作用，我们不能仅仅满足于一般的网络写作活动，而更应当致力于借助现代信息技术来实现习作教学的整体优化。对此，"课标"中对于如何"积极合理利用信息技术和网络优势"也提出了五个方面的明确要求，即"丰富写作形式"，"激发写作兴趣"，"增加学生创作性表达"，促进"交流"，和"互相评改"。

要实现凭借网络提升儿童的习作水平，关键是充分利用"班级博客"调动孩子的写作兴趣。行之有效的方法有：

——开展"博客点评"活动。同学们写了博文，是给别人看的，自然希望听到各种反馈。开展"博客点评活动"不仅可以提倡及时读同学的博文，相互关心，而且还可以促发学生的读后感想，并鼓励其把这种真切的感受及时反映在博客上。这对于激活思维、即兴表达、推进互动都有重要作用，无疑会十分有助于推升各自的写作能力。

——开设"美文赏读"专栏。老师或学生在自己的阅读生活中都会不经意间发现一些美文（同学的作品或书报上读到的作品等），都可以推介到"美文赏读"的专栏上来，从而在分享赏读中提高写作能力。

——举办"写作讨论会"。同学们在写作中碰到的难题，可以在班级博客中提出来，请求老师、同学的帮助，或组织一个专题讨论会，大家各抒己见，自然会其乐融融。

——修改自己的习作，是提高习作水平的重要一环，不妨在"班级博客"上"晒晒自改"。把原作和修改展示出来，会使大家获益匪浅。

——给博文评奖是同学们最感兴趣的。评奖可以票选，如能在"选票"上带上几句"评奖辞"，说说获奖的理由，那就更有情趣了。

……

现在，将网络写作融入"习作指导课"，已引起了一些语文教师的关注。在2014年12月12日—13日举行的"全国首届新体系写作青年教师教学观摩研讨会"上展示的十堂习作课，就有一堂是《微写作，边写边享》的博客写作课，并且获得了一等奖。显然，将网络写作与小学习作教学有机地联系起来，从而从根本上提高写作质量，不仅是课程开发的需要，也是时代进步的必然。

重构以"读写一体"为本位的语文教学体系

"课标"中说"语文课程是一门学习语言文字运用的综合性、实践性课程"。"语言文字运用",涉及听、说、读、写。如果说对听说的口头语言的学习实践在学前期早已开始,那么孩子在上学之后,重点无疑会落在书面语言的读、写上。这就难怪叶圣陶先生在《国文随谈》中会毫不含糊地指出:"学习国文,事项只有两种,阅读和写作。"在《国文教学的两个基本观念》中,他又强调:"国文教学自有它独当其任的任,那就是阅读与写作的训练。"

把读、写看成是两回事,而且偏重于阅读,在中国语文教学中,有着一定的历史渊源。由于儒家教育思想历来注重人文教化,崇奉经典,力遵道统,自然会把读经诵文与明道悟理、修身养心结合起来,"读"理所当然地被置于重要地位,这种传统便一直得以延续。在现代语文教育的研究中,最具影响力的"三老"(吕叔湘、张志公、叶圣陶)的语文教育思想同样奉行的是以阅读为本位的"实用吸收"型体系。教材以文选形式的阅读材料为主体,教学目的自然也就突出了以阅读能力的培养为主线,教学方法当然也很难摆脱以教师的单边讲析为主导了。这样相沿成了我国语文教学的主流。至于写作的要素当然也有一些,但基本上不成体系。为此,常令教师有"作文没有教材又如何教学"之叹。

当然,奉行以阅读为本位的语文教学体系,着重的是阅读在认识社会、感受人生、吸纳信息、陶冶情操等多方面的功能,也并不完全否定写作教学的存在价值。问题是在两者关系的处理上,往往更为重视阅读,把阅读看作是教学的"根",写作的"基础"。如叶老就说过:"……阅读是吸收,写作是倾吐,倾吐能否合于法度,显然与吸收有密切的关系。""单说写作程度如何是没有根的,要有根,就得追问那比较难捉摸的阅读程度。"(《国文教学的两个基本观念》)他在《阅读是写作的基础》一文中,说得更直接:"实际上写作基于阅读,老师教得好,学生读得好,才写得好。"

"读得好"与"写得好"之间,当然有一定的联系,但没有必然性。所以不能就因此轻视了写作教学的独立价值。读得很多的人不大会写作,在社会上绝不是个例;在小学生中喜欢课外阅读,也读了不少,但作文错字连篇、病句累牍的孩子,也并不鲜见。

其实,在人们衡量一个人的语文水平时,往往对写作能力的关注更甚于阅读能力。因为从某种角度上说,写作更能体现个人综合运用语言文字的水平。为此,也就有了更注重探索以写作为本位的尝试,如北京景山学校以作文为中心的语文教学改革研究。他们提出这一课题的理论基础是:读是为了写,读是手段,写才是目的,归根到底要落实到写上。景山学校的实验,引起了国内外的一些关注,他们编写的语文课本,在20世纪80年代就有三万国内学生采用(参见《小学教学改革与实验》,1986年第3期)。著名特级教师丁有宽,集作文分步训练、素描训练、分格训练和先放后收等教学模式之精神,创设"读写结合五步训练"的教学模式,编写出了整套小学语文教材,也在一定程度上体现了尝试以写作为本位的语文教学体系的构建。著名教育专家潘新和教授,更是从人的生命表现的高度,提出了以言语生命自我实现为目的,以表现为本位的"发展创造"型理论范式。(《语文:表现与存在》)他认为生命发展的终极目标在于成为一个"自我实现"的人,使自己的潜能、个性和价值得到充分体现。而人的发展和自我实现,不会只是被动地"吸收",更重要的必然是积极地"自我表现",所以语文教学"以写为本",从某种意义上说,也就是"以人为本","以人的发展为本"。这就把写作的意义提升到了人的个体生命在于实现自我表现的高度来认识。

一、从"生命活动"高度由"读写结合"皈依"读写一体"

从语文活动和运用的角度看,"读"和"写"好像是两件事,其实有着极其密切的内在联系,于是传统上就有了"读写结合"的认识。西汉的辞赋学家扬雄,就曾从写的角度提出,"能读千赋,则善为之矣!"说的是读得多才写得好。唐朝的韩愈有言:"读书以为学,缵言以为文,非以夸多而斗靡也。盖学所以为道,文所以为理耳。"(《送陈秀才彤序》)宋人欧阳修也有言"作诗须多诵古今人诗。不独诗尔,其他文字皆然"(《欧阳修全集·笔试》),阐述的也是"读书破万卷,下笔如有神"之意。元代的程端礼十分称颂果斋先生的话,把读书与著文,生动地比喻为"销铜"与"铸器":"读书如销铜,聚铜入炉,大鞴扇之,不销不止,极用费力。作文如铸器,铜既销矣,随模铸器,一次即成,只要识模,全不费力。所谓劳于读书,逸于作文者此也。"(《程氏家塾读书分年日程》卷二)1924年黎锦熙提出"作文与读法教学联络"的思想,应该是使用"读写结合"这一概念的开始,明确地提出"读写结合"则始于1927年老解放区实行的"读写结合"作文训练序列,强调读什么,写什么。此后,"读写结合"不胫而走,成为语文教学中的共识。

强调"读写结合",说到底还是把"读""写"看成是两回事,只不过是这两者可以结合,而且应该结合。问题在于从生命的存在状态和自我实现的需求看,读写本质上是一回事。生命的存在和发展必然要求能积极地去认识所处的外部环境和对内心的映照,"读"当然就成了一种重要手段。而认识世界的本质是为了生命的自我实现,这就需要表达与交流。于是,"读"与"写"就成了生命赖以存在的"吸"与"呼",共同构成了生命活动的一个信息吐纳的循环回路。所以,读写本来就是"一体"的,是生命的存在与表现的一个"共同体"。所谓"共同体",《现代汉语词典》的解释是在共同条件下结成的集体。读与写正是"在共同条件下"结成的互为依存、不可分割的整体。这个共同条件就是生命存在于以文字、图像为介质的交流表现活动中。"读"是读人家的"写",可以更好地学习写;"写"是为了自己或别人的"读",要更方便于读,有效于读。读与写融为一体,才形成了相辅相成、相依相生的生命表现、交流状态。其实,许多事物的原生态都是"一体"的,有时把它们人为地分解开来,只是为了研究或操作的一时需要。所以,不断地分化,又不断地整合,正是所有研究活动赖以不断推进的共同点。因此,语文教学体系的构建,以"读"为本位,或以"写"为本位,都会有失偏颇,严重影响语文教学的整体效益。时至今日,语文教学的高耗低效,教师在课堂上的过度单边讲析，以致学生语文实践、运用的严重缺失，不能不说与长期来"以阅读为本位"、重读轻写的语文教学体系不无关系吧。

二、以"读写一体"为本位的语文教学新体系之构想

以"读写一体"为本位重构语文教学体系有其可行性。"课标"提出"注重语文素养的整体提高"，着眼的正是学生的"语文素养"是具有"整体性"的一种生命状态，"读写一体"无疑可以促使其"整体提高"。在"课标"的第一部分"课程性质"中又明确定位"语文课程是一门学习语言文字运用的综合性、实践性课程"，凸显的是学习语言文字的"运用"。语言文字的"运用"显然不仅是"读"，"写"更有"运用"价值，而科学的实现通道，则在于"读写一体"形成合力。以"读写一体"为本位的语文教学体系之重构，笔者以为不妨从以下几方面入手。

1. 着重于读中有写、写中有读，溯源"读写一体"的语文生命

语文教学体系以何为本，不只是一个操作问题，更重要的是一种理念，一种思想，一种追求。也就是说，首要的是解决这一问题的观念层面，且会远远难于技术层面。一定要把语文的存在从生命状态的高度来认识，才能真切地体会到"读写一体"本来就是一种自然之态。事实上，生命的所有活动都具有循环往复的特点，体现出生命活力的生生不息。如呼吸的"吸"与"呼"，消化的"纳"与"泄"，心脏的"舒"与"收"，神经的"张"与"驰"等，在往复的回路中实现着一种均衡。人的言语活动，连接着认识与思索，表达与交流，更多地体现在"读"与"写"的活动中，这无疑是一种人之所以为人，可以高居"万物之灵"宝座的重要生命功能。"读"与"写"从某种角度上说，正如人的呼吸、消化和血液循环一样，也体现出在信息处理方面的一种循环回路，实现着生命的均衡发展之需求。把"读"与"写""整合一体"，无疑可以极大地发挥两者的互补互促效应，顺应生命的自然存在与表现意态；如果刻意要"以读为本位"，或"以写为本位"，就必然会破坏了读与写这一信息回路的自然均衡，影响学生语文素养的整体提高。因此，重构读写一体的语文教学体系，前提是必须从语文生命的源头去认识"读中

有写、写中有读""本于一体"的语文教学理念。

2. 着眼于以读应写、以写应读，探索"读写一体"的教材编写

重构"读写一体"为本位的语文教学体系，一个根本性问题是相应的教材建设。我国传统的大面积使用的语文课本都是以阅读为本位的，要编写一套以"读写一体"为本位的语文课本，无疑是一项开创性的大事业，需要积极探索、敢于尝试的精神。应当说，现行人教版通用的"课标"实验教材，在一定程度上体现了读写结合的精神。如第八册第一组的编写，单元主题是欣赏祖国的大好河山，体会作者对山山水水的热爱之情，并感受作者是怎样用优美文句表达情意的。这里既体现了阅读要求，也兼顾点出了写作目标。单元"语文园地"中的"口语交际"《走，我们去春游》和"习作"写校园或别处的景物，则是阅读向写作的延伸和实践运用……这样的教材体系，虽然体现了读写之间的沟通和有机结合，但总体上仍然是以阅读为本位的编排，与以"读写一体"为本位的要求，还是有些距离的。这里关键在于整体和整册的要求均以阅读为基础，落实到单元教学目标，虽有了读写之间的一些内在联系，但明显地偏重于阅读，写作则似乎只是顺手捎带。特别是根据教学目标选编的课文载体则全部是阅读。如上述第八册第一组的主要内容便是三首古诗词（《独坐敬亭山》《望洞庭》《忆江南》）和课文《桂林山水》《记金华的双龙洞》《七月的天山》等游记文章的阅读。显然，这样的安排，不仅谈不上读写的均衡互补、融为一体，而且写作训练明显不成系列，更谈不上具体落实到每篇课文之中，这就难怪教师使用这样的教材，也只能是读归读、写归写，泾渭分明、互不相干地"教教材"。写作落不到实处，在一定程度上必然影响到语文课程重在"学习语言文字的运用"这一基本课程要求的落实与到位。

3. 着力于寓读于写、寓写于读，探索"读写一体"的课堂尝试

以"读写一体"为本位的语文教学体系的营造，离不开广大教师在课堂实践层面上的探索和创新。在这方面并不缺乏成功的案例。如著名特级教师于永正和他的高足名师戴建荣，在浙江大学"千课万人"全国小语界学导课堂教学研讨观摩活动（2011年11月）上合作执教《珍珠鸟》一课。这是一篇略读课文，两位名师作了"读写一体"的尝试：戴建荣导读第一教时，完

成初读课文、识字学词、理清层次和感受蕴意。第二教时则由于永正执导，引领学生顺流而下，从珍珠鸟的视角来反写感受——《我的主人冯骥才》。也许对于写作教学中的扩写、缩写、改写、仿写、续写等我们并不陌生，现在，让学生将课文由冯骥才（作者）写"珍珠鸟"（写作对象，也是文章题目）变为由"珍珠鸟"（作者即学生）写"我的主人冯骥才"（写作对象，也是题目），这无疑是一种"反写"的训练形式。毛主席的词作《咏梅》是对大诗人陆游的《咏梅》反其意而用之，赋予梅花全新的积极品格，是一种立意上的"反写"；而要学生从"珍珠鸟"的角度，写对冯骥才的感受，则是一种角色转换上的"反写"。正是在这样的反写中，深化了"读"的感受，又生成了新的"读物"（作品），如此"读写一体"的循回往复，历经的正是对生命存在与表现的一种深度满足。当然，这只是因文而异所进行的一个小小尝试，但"一沙一世界"，从中我们不难窥见以"读写一体"为本位的语文教学新体系的前景。

4. 着意于读时促写、写时促读，丰富"读写一体"的运作形态

把"读"与"写"视为同源于生命交流活动这一根本，我们就不难发现它们之间那种固有的对应关系。从生命的角度看，阅读是"纳"，写作是"吐"，一吐一纳即如生命的呼吸；从信息论的角度看，读是外部信息的输入，写便是内部信息的输出；从语文学习角度看，"读"是读别人的"写"，而"写"很多是为了让别人"读"……读与写之间这种本质的对应联系，我们甚至可以深入到每一个细小的读写环节中去，可用如下图示表述：

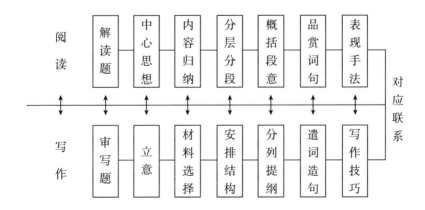

正是这种源于生命存在的统一性，决定了读写之间必然会有密切的关系，而读写之间的对应又会极大地丰富"以读写一体为本位"的语文教学运作形态，这就为我们提供了可供探索创造的开阔空间。如各种不同形式的扩写、缩写、续写、补写、改写、仿写、反写……可作读中之写；各种不同功能的写人、写物、写景、写事、写情的写片段……可作以写助读；各种不拘形式的随记、设问、批注、反思、心得……可作随堂札记；等等。这样一来，读写之间完全可以有零距离的水乳交融，以实现在生命语文活动中的读写均衡。

当然，重建以读写一体为本位的语文教学新体系是一个浩大而复杂的工程，不是一篇短文能完全说清楚的。拙作虽然只是一孔之见，却是多年的期盼，希望语文教学能早日走出"高耗低效"的历史误区。为了还语文课程能让学生真正学习语言文字运用之本真，以读写一体为本位，应该是一个不错的选择，作者也因此敢在这里抛砖引玉了。

第六辑-6

在统整中实现课堂超越

◎ 语文是一门综合性很强的课程,这决定了它依性生存的艰难:稍不留意容易淡化了语文本色,若过分"自闭"则僵化了语文学习、运用的天地。

◎ 语文课程改革呼唤"统整":在语文本色上统整,在统整中实现超越!

◎ 语文的"扁平化"使它全向地渗入生活,深度地溶入生命。

◎ 语文课堂不仅要有"文本",更要凸显"生本"。为了凸显"生本",我们既要立足"文本",还要超越"文本",形成"超文本"的课堂结构。

◎ 课堂小天地,语文大世界!

整合：语文在体制内外的碰撞与交集

中国的经济转型，正在从创"奇迹"转入到"新常态"时代，实现着发展的再平衡。具体地说，就是那些旧的增长模式正在离去，而新的经济形态正在崛起，成长更趋于稳定、健康。世界需要重新定义中国经济。

从根本上说，所有的改革都具有相同的特征，中国教育自然也不例外。经历第八次课程教材改革之后，我们又正在实施《规划纲要》。从"课改"到"改课"，课堂教学在摒弃了诸多已不适合时代要求的陈规痼疾的同时，新常态应运而生。所谓"常态"，乃是事物本质特点和规律的外显。改革的攻坚克难，从理论到实践在承传之中，必然会开拓新的视界、产生新的观点、确立新的目标和形成新的策略，于是对教育的特点和规律，也就有了相应的认识改变，课堂常态当然也会有诸多"新"的呈现。

探究一下语文课堂许多新常态的出现，其原因是复杂的。主流当然是源于体制内改革的引领和规范（如教育法规的制定，各门"课标"的颁布，各科教材的国家审定等），但也不能缺失了体制外的冲击和创新。何谓"体制"？《辞海》的解释是国家机关、企事业单位在机构设置、领导隶属关系和管理权限划分等方面的体系、制度、方法、形式等的总称。由此可见，体制内是一块，体制外还有很大一块，它们之间的关系，若从某一侧面作不很完善的比说，便是"政府行为"与"民间行为"的关系，"国有企业"与"民营企业"的关系，或者可以说是"庙堂"与"江湖"的关系。政府行为如"庙堂"之气，而民间行为则如"江湖"之风，两者既"对立"又"统一"：正确的政府行为是民间意愿的归纳和升华，而民间意愿又是政府行为的基础和补充。"庙堂"与"江湖"，相依相存，声息相通。对此，范仲淹的感慨颇为发人深思："居庙堂之高，则忧其民；处江湖之远，则忧其君。是进亦忧，退亦忧。然则何时而乐耶？其必曰'先天下之忧而忧，后天下之乐而乐'乎。"(《岳阳楼记》)由此不难理解，语文在体制内外的碰撞和交集，正是语文教育改革得以不断推向纵深的一种辩证统一关系。因为确切地说，体制内制定"定式"是以集中和升华体制外的民间智慧为基础的，同时又反过来为最广大的人民群众服务。而且这种"定式"更是在不断及时地吸取来自体制外的创见而求得不断发展完善的。所以，它应当十分需要来自"江湖"（民间）的挑战和创举。虽然形式上"内外有别"，但本质上"目标相同"，为了中国母语教育事业的繁荣发展而互补互促、共进共荣，这又何尝不是"先天下之忧而忧，后天下之乐而乐"！

语文教育在体制内外的碰撞和交集，是一个十分合理、共商改革的对话过程，由此带来的课堂新常态，我们不仅不能简单地一概排斥，而且还要认真审视、虚心悦纳，并勇于在实践中尝试、探索，择善而从，并有所发展。如此方能使"课改"的成果更多地落实在"改课"上。

当然，课堂新常态的表现有很多，其中特别值得我们关注的似有以下这些方面。

一、课堂模式的新常态：由"讲问"为主线转向以"学导"为主线

语文课堂的基本模式，不知沿袭了多少年，总是以教师的"讲问"为主线，即由教师主观解读课文，实行的是"一讲到底"。在学习了苏联的"谈话法"之后，开始逐渐有了简单提问，让学生回答，以避免一讲到底的单调。但这种"讲问"，从本质上说还是教师单边讲解分析的一统天下，学生的答问只是一种形式。因为这些提问的共同特点是问域小，答案简单，往往没有多少开启心智的思维含量。走进新课改，"学生为本""学习为重""师导为助"正在成为课堂的新常态。这种根本性的转变关键在于教师必须把以往的单边分析讲解转化为一种可以让学生学习探究的实践活动。在学生演练受挫时，教师再辅以有的放矢的引导。如一位特级教师在教学《喜爱音乐的白鲸》一课时，就基本上不进行讲问，而是设计了两个学习活动，让学生自

求得之。一是对课文的主要内容"人们是怎么抢救白鲸的"要学生自己来列表完成,实现了将课文的"连续性文本"通过学生的自学、讨论转换为"非连续性文本"(表格)。二是补充了一个文外的虚拟题:国家为了表彰在这次抢救白鲸行动中的特别有功人员,要颁发一枚高级别奖章,你觉得应该奖给谁?是猎人?是村民?是飞行员?还是船员?并且要说出理由来。这就把学生的"读"与"思"推向了深处,并且让他们有机会表达自己的"独特感受、体验和理解",尽显"学导"为主线的课堂之精彩。

二、教学指向的新常态:由重课文内容分析指向"学习语文运用"

在"讲问"为主线的课堂里,更值得我们反思的是教师的教学指向基本上是课文思想内容和与之相关的故事情节的分析。虽然几年前已经有专家大声疾呼,要"与课文内容分析式说再见",但也许是习惯使然,不少教师似乎总是难以割舍,背离了语文教学要让学生充分感知语言的运用,并培养听说读写基本能力这一要义,严重影响了语文课堂教学质量的提高,一直陷入在高耗低效的泥潭里而难以自拔。当然,学生有疑处,教师作精要的启发分析以促其理解是必要的,但这与系统地作故事情节分析是两回事。经过这几年课堂教学的攻坚克难,应当说在这方面也出现了一些可喜的新常态。如优秀青年教师张幼琴执导《活化石》一课,她以尝试做自然博物馆小讲解员,让孩子经历了熟读、讲说的习练,又通过给活化石做展品标签的活动,让学生体验到了"读"与"写"的结合过程……从而实现了以提高学生的语文能力为重点,并寓知识理解于其中的有机融合,跳出了"课文内容分析式"的"老常态"。

三、教材意识的新常态:执行教材的同时也挑战教材

有些教材是国家审定并要求通用的,体现了一定的国家意志,自然应当认真执行。但教材问题毕竟牵涉的方面太多,要达到完美无缺,也确实很

难。可以这样说，不管是谁编的教材，什么时代编的教材，都难免会有这样那样的问题，教材只有编得更好，没有最好。正因为这样，我们对教材应持的态度是在认真实施的同时，也应当有所质疑、有所挑战。这不仅很正常，而且也很必要。因为只有如此，教材才能编得更好。如有人认为爱迪生用智慧救母亲的故事是虚假的，因为那时候还没有发明阑尾炎手术；《鞋匠的儿子》一文的插图，是不是借用了一张"9·11"后反恐的图……其实对教材的质疑，早在2009年7月就有一些教师组织过一场针对小学语文教材的大讨论，并将讨论的内容编成了《小学语文教材七人谈》予以出版。总之，教师们对教材问题的许多意见，虽然不一定都正确，但关注教材、研究教材、批评教材肯定是有益的。我们应当有这种意识。

教学《珍珠鸟》一课，学生对课文末尾的那个中心句"信赖，往往创造出美好的境界"提出了反诘："既然作者（冯骥才）这样信赖珍珠鸟，为什么不把关在笼子里的一对老珍珠鸟和小珍珠鸟一起放出去，恢复它们的自由呢？把珍珠鸟关在笼子里，这还叫信赖吗？"这是来自学生对教材的质疑，说的可不是一点没有道理啊！

四、文本选择的新常态：由使用常规文本到发现、启用更多的优质文本

应当说选入教材的一般都会是文质兼美的作品。但教材外的优秀作品总是会更多，更层出不穷，在教材之外，肯定还会有许多好作品。当优秀教师发现了之后，理所当然会把它推介给孩子，作为自选教材与学生分享。这是一种极好的"新常态"，它使我们的教材得以不断地"新陈代谢"，而永葆青春活力。

优秀绘本介入教材，今天正在成为不少语文教师的关注点。绘本是"非连续性文本"，对培养儿童的想象力、思考力和表达力具有特别的作用。著名特级教师窦桂梅的一堂《大脚丫跳芭蕾舞》，令全场3700多位教师倾倒。窦老师从封面读起，始终牢牢抓住"你发现了什么"，让学生明白了"发现就是观察""发现就是理解""发现就是想象""发现就是思考"，而文本的非

连续性、跳跃性,由孩子们来无拘无束地演绎,淋漓尽致地展现了童心的灿烂,印证了"儿童是天生的学习者"这一论断。

特级教师何夏寿接连开发的民间文学系列、童话教学系列、戏曲教学系列是对小学语文课中文学要素的张扬,也引起了很多人的关注。不仅如此,在今天的语文课堂上,我们还不难发现一些新的身影:作家、诗人的跨界参与。如儿童诗人雪野,我已经听了他的好几堂课。他执教的《小小蚂蚁》很有特色。他以三幅图片激发孩子漫想主人公蚂蚁的生活状态,在师生对话中不断向诗意推进,及时从与孩子的对话中发现美的语言,最后自然地组成了一首师生合作的童诗。为了扩展比较,还合理地串连了儿童诗人圣野、雪野、杨焕三首以"蚂蚁"为主角的诗作。这可真是寓比较欣赏、读写互动、师生合作为一体的一堂别开生面的好课。

在汉字文化教学价值的启示下,我们还可喜地发现一种识字教学新课型正在浮出水面,如黄亢美老师的《"人"字家族》、林佩菱老师的《巧识卩部系统字》等,都十分精彩。因为课型是新的,教材内容当然必须是自己编的,为我们打开了识字教学的一个新视界:原来集中识字还可以这样教。

五、教学方式上的新常态:学生的先学、质疑、讨论、读解正在成为热点

教学方式的改变是"改课"最具标志性的景观,集中表现在对学生"学"的关切上。如"先学",先让学生学起来,他们才有可能"有疑",才有机会"质疑",从而改变学生只在那里"学答"(回答教师的问题),而从来不去"学问"的怪现象。学生"质疑"了,小组合作讨论才有必要。

语文阅读教学的一个核心环节是"解读课文"。以前我们都习惯于由教师来解读课文,让学生听着。在这样的阅读课堂上,其实学习根本就没有发生在学生身上。对一样的课文,不同的学生会有不同的理解和思考,怎样分析解读课文应该是学生自己的事,要由学生自己来做。虽然,学生的解读不会像教师的解读那样系统、深刻、生动,这没有关系。由学生自己来做,他才有了心智的开启,才能慢慢地学会解读,逐渐培养起解读的能力。如果一

直都依赖于听教师的解读，他们就得不到真正的锻炼。能力是"听"不会的。这也正是语文教学效率不高，一直遭人非议的根本所在。

教学张志和的《渔歌子》这首词，有学生质疑：为什么天下雨了，诗人还不肯回去？于是一个"先学"中发现的疑问，让学习过程真真切切地发生在学生身上。教师先让大家在小组里读读想想：诗人下雨了还不回去有哪些原因呢？然后再全班来讨论交流。有的说："我从'桃花流水鳜鱼肥'这句中明白桃花盛开的春天是鳜鱼最肥美的时候，诗人想多钓几条鱼。"有的说："诗人不光是为了钓鱼，他被这里的美景吸引了，你看西塞山、白鹭、桃花……因此他才'不须归'的。"这时，教师刨根问底："另外两句，跟'不须归'有联系吗？"于是一位学生有了新发现，说："春天多下毛毛雨，风也不是很大，'斜风细雨'还是可以坚持的，不是暴风骤雨。"在相互启发下，又一位同学有了新发现："我从'青箬笠，绿蓑衣'中读出诗人已经做好准备，雨具都穿戴好了，所以他一开始就决定即使下雨了，还是'不须归'。"于是，既然四句话都与"不须归"有关系，是不是诗人来钓鱼，不光是为了钓鱼呢？于是学生体会到了诗人为这里的景色所吸引，他过的是隐居生活，肯定不是以钓鱼谋生的人。教师说："这个问题讨论得很好，四句话句句都与'不须归'有密切关系。诗人正是因为不想当官才来这里隐居的。如果我们能连起来说，那就是对这首词的系统解读了。现在，请大家自己说给自己听，说上几遍，说顺口了，然后再到讲台上来说……"看来，学生的解读能力是完全可以这样培养出来的。

六、学程安排的新常态：由传统的大流程到"微元素"的有机整合

阅读教学课堂历来以课文为中心，根据一般的认知规律，划分为初读课文、识字学词、读通课文、理清层次、深读理解、练习运用等一些大的流程，循序推进而一成不变。然而在语文教学更为关注语言文学、语言文化乃至语文生命时，它的内涵变得空前丰富起来。学程安排也在当下的"微时代"中变得微型化，出现了"趋微"新常态，什么"微视频""微讲说""微

阅读""微习作""微解读""微合作"等，都会被有机地整合在课堂里。显然，这样的"微"，不是"微不足道"的"弱小"，而是有着积小为大的功效；这样的"微"也不是不值一提的"微乎其微"，而是因其短小而灵动，因其简约而方便沟通。请看著名特级教师张祖庆的一堂课：在"微辩论"中开展"微写作"。他从观看"微电影"《更好的世界》片段入手，引发了同学间不一样的思考，让"理解和支持父亲的做法"这一伙去 VS "坚决反对父亲的做法"这一伙。在双方争论得不可开交之际，教师又及时在听课的家长中做了"微采访"，于是，辩论更趋向深入。在此基础上，教师又组织学生"微写作"，最后在互动中梳理出多元的声音，让学生带到课外去深入思考，继续讨论、表达见解。

七、在拓展阅读量上的新常态：尝试多形式的群文阅读

如何增加小学生课堂阅读的体量，是小语界一直关注的问题。群文阅读无疑是增加课堂阅读量的好方法。

群文阅读从根本上说，就是将不同文本（两个以上）组织在一个单位教学时间里的一种比较阅读。量大是它的"形"，而在比较阅读中的思维碰撞、激活则是它的"神"。"形神兼备"应当是群文阅读的根本所在，而重"形"轻"神"，乃至有"形"无"神"，则是群文阅读易患的大弊。正因为群文阅读是一种交叉阅读、比较阅读，"群文"的选择搭配便成了决定其质量与效益的关键所在。因为文本在搭配时有十分明确的教学目标，方能真正实现群文阅读的"形神兼备"。这里的"神"也就是指特别能够激活学生阅读比较思维的那个"点"。可选的"点"当然不是只有一个，教师可以按教学需要灵活确定，但它与文本的选择搭配有着密切的内在关系。如果我们在组织群文时没有用足心思，随便搞个"拉郎配"，那么就会严重影响到群文阅读的质量，比较阅读不能深入展开，"形""神"也就无法兼备了。

组合阅读材料于一炉，达到某种认识的拓进和互鉴，方式是十分多样的。著名特级教师孙双金执导的《李白与月亮》采用的是另一种形式——以月亮为意象，把多篇李白写月亮的诗组合起来欣赏。这无疑可以使学生更深

层地理解李白的独特性灵和他的作品的审美境界。这是单篇古诗的教学无法达到的效果。

八、在写作教学上的新常态：重视写作是思想的自由表达和交流

我国的语文教学一直强调以阅读为本位，这虽有一定道理，但事实上得到的结果是学生的写作能力滞后，不善于表达和交流。因此，有教师倡导"指向写作的阅读教学"，有的则认为"写"比"读"更难，语文教学的结果还得看学生会不会写。

从现状分析，认为要加强写作教学是有道理的，它不仅关系到学生学习语言文字的运用能力是否落实，而且还涉及思维的发展、人格的养成、表达和交流能力的提升。写作与其他课程明显不同之处是别的课程指向的都是知识客体，可是写作指向的是作者主体，即主体的思想和情感。在今天的写作课堂上越来越呈现出这样的发展趋势：一是降低写成"文章"的要求，在低年级叫"写话"，中高年级叫"习作"，强调了小学生的写作是练习性的。二是淡化章法技巧，把写作的基点定为"表达"和"交流"，有啥说啥，想啥写啥。三是这种表达和交流是真实的，不说假话、空话、违心的话。四是读写一体化，读是吸纳，写是倾吐，一吸一呼地循环，生命才得以健康地存在。五是网络"自写作"时代对小学生写作的积极影响，已构成了极具个性化的写作传播的庞大空间。这使得写作不再神秘化，而具有了真正生活化的表达与交流。这使小朋友明白，写作就是要写自己想说的话，想表达的思想，这是最主要的，至于写多少，用什么形式写都不是问题。这种网络"自写作"与课堂写作的相互融通和借鉴，正在成为改革写作教学的正能量。

"水光潋滟晴方好，山色空蒙雨亦奇。"随着教育改革的不断向前推进，课堂教学必然会出现诸多的新常态。尽管这些新常态还在实践的检验之中，也还会有所发展，但出现本身就说明了这正是课改在攻坚克难中的革故鼎新之举。我们要认真研究新常态、欢迎新常态、发展新常态，使"改课"得以在"课改"的东风中劈波斩浪，扬帆远航。

语文课堂的"超文本"结构

在语文课堂上,教材(即文本)对教与学的制约是不容否定的客观存在。因为它是一种特殊读物,是"基于一定的教育方针和学生的发展阶段,经过选择的、编排好的适用于教学的语文用书,是简化了的系统反映语文学科内容的教学用书"。(朱绍禹,《语文教育辞典》)"课本课本,一课之本"的说法,自有它的道理。但是阅读毕竟是一种内潜性很强的思维活动,学生接受课文绝不是一个被动的"印入"过程。在阅读中,学生从课文中汲取信息、习练语言,又在不断输出自己既有的知识、经验和情感。这正如弗西斯·格瑞莱在《培养阅读技巧》一书的序言中所认为的:"阅读是读者积极活动的过程。读者带入这一过程的东西,往往比他从读物中所找到的东西还重要。"所以,我们既要立足文本(教材),又要适度超越文本,如此才能实现"课标"所要求的"拓宽语文学习和运用的领域,注重跨学科的学习和现代科技手段的运用,使学生在不同内容和方法的相互交叉、渗透和整合中开阔视野,提高学习效率,初步养成现代社会所需要的语文素养"。

"超文本"的本义是"把不同空间的文字信息用超链接的方法组成的非线性的网状文本"。(《现代汉语词典》)这里借用来,所指的是对文本的超越,即超越文本明确规定的信息而作的各种创新性拓展。应当看到,"课文只是一个例子"(叶圣陶语),例子本身就是可以拓展的。在课改不断深化的今天,语文课堂旨在引导学生对学习的不同内容和方法作"相互交叉、渗透和整合",方能"开阔视野,提高学习效率",从而逐步培育语文素养。其实,课文的"线性文本"在阅读过程中往往会逐步转化成"网状文本"。所以,这就不难理解为什么"立足文本"而又适度"超越文本"正在成为今天语文课堂结构的一种"新常态"。

然而,"超文本"该"超"在哪里,又如何"超"?要做到"超"有所"值",提升阅读价值,才有"超"的必要。听一位教师教《杨氏之子》一课,欲作拓展运用,便有了"超"的冲动,发问:"如果是梅氏之女,孔君平会指着插在瓶中的梅花怎么问呢?(生答:'此是君家花?')梅氏之女又会怎么说?(生答:'未闻孔雀是夫子家禽。')"这样的"超"实在是貌合神离。因为梅花素以高洁清香、傲霜斗雪的品格为人们所称颂,把梅花说成"此是君家花",自然是赞赏之辞,是主人完全可以接受的,而将杨梅说成"此是君家果",多少有点拿杨氏之子的姓氏开玩笑之不尊重,两者不能相提并论,梅氏之女何必反唇相讥呢?

那么"超文本"阅读可以有哪些方式,又如何在课堂中实施,以培养学生的阅读能力,拓展阅读视野呢?我们不妨借鉴一些优课中的成功案例,去揣摩个中三昧。

一、资源开发式超文本

一篇语文课文,必然会牵涉到很多的相关资料。有些资料从表面上来看与某一词语的理解关系十分密切,很容易被阅读者察觉,也不难解决;但有些资料与文本的关系比较隐秘,不易被发觉,需要在阅读的过程中体会到它的重要性,并为开发这一资源作必要铺垫。在此处超越文本也就成了一种重要的阅读策略。

教学《一夜的工作》,当学生读到总理逝世前体重不到 30 公斤时,一位小朋友发出了轻轻的笑声,这让教师很生气。课后调查,原来这位小朋友觉得一个又高又大的人怎么会体重不到 30 公斤?"我"一个孩子,还有 35 公斤呢,就忍不住笑了。这就是孩子!之后这位教师在别处再上这一课时,就补充了一份重要资料,让大家感受周总理是怎样抱病坚持工作,走完他的生命历程的:

1972 年,周总理被确诊患了癌症。

1975 年,周总理的病情开始恶化,但他继续顽强地工作着。

这年6月7日，周总理会见菲律宾总统马科斯。

8月26日，周总理在医院会见柬埔寨首相西哈努克亲王，这时他的体重已不到30公斤。

……

当学生读完这一文外补充资料后，教师让大家思考：为什么一个大人体重竟会不到30公斤，这发生在周总理身上是什么原因呢？显然，这样的"超文本"是因学设教，补上的正是学生最欠缺也最需要了解的内容，可以使学生对周总理抱病工作，日夜为国操劳的精神，达到了感同身受。

二、拓展对照式超文本

为了更好地帮助学生读懂课文，感受其丰富的内涵，教师需要超越教材文本，另选一篇课本之外或课本之内的文本，以求相互比照或呼应，求得更好的阅读效果。如优秀青年教师罗才军将陆游的《示儿》和杜甫的《闻官军收河南河北》一起读，就收到了拓展对照的超文本效果。《示儿》的"悲"和《闻官军收河南河北》的"喜"，以反衬的手段，强化了学生自主解读的情感体验，使学生更深地领悟了诗中采用的意象叠加的手法，深入感受到了不同时期两位诗人共同的强烈爱国热情，从而更深地领略到了诗人把个人命运与国家命运联系在一起的高尚情怀。这显然是单篇与分别阅读不可能达到的效果。这样处理教材不仅提高了教学效率，而且更强化了情感熏陶的效果，充分体现出"超文本"的优势所在。

三、群文阅读式超文本

超文本阅读不仅可以读一篇带一篇，而且还可以读一篇带上两三篇。这通常也叫"群文阅读"。

一位青年名师在教学《小白兔和小灰兔》一课时，选了《拔萝卜》《小兔请客》两篇童话组织群文阅读。读后让学生进行比较思考：这三个故事有什么相同或相近的地方？学生说："三个故事都有兔子"，"三个故事都是童话故事"。于是，教师顺势推进：为什么说它们都是童话故事？有哪些相似的地方？在小朋友七嘴八舌的议论中，教师引导出它们都有三个"好"的共同特点。一是都有一个好听的故事，特别是小朋友喜欢的故事，那里的猫呀、兔呀、花呀、草呀都会说话；二是多数都有一颗善良的好心；三是还能告诉我们许多有用的好知识。这时一个小朋友举手说："课文中的小白兔有好心，自己种菜。小灰兔没有好心，不爱劳动，老向老山羊要白菜。"于是，教师借机推动小朋友边读书、边思考：小灰兔没有好心吗？再读读课文，仔细想想。一会儿，许多小朋友举手说："小灰兔也有一颗好心，老山羊来送菜，他说谢谢，多有礼貌"；"小灰兔也是爱劳动的，他帮着搬白菜"；"小灰兔没有向老山羊要菜籽自己种白菜，是他不知道白菜可以自己种"……就这样，小灰兔不是坏孩子的结论，便得到了全班同学的认可。

四、文化主题式超文本

教师确定某一个文化主题，并围绕这一主题选诗文（全首或片段）组成的一堂或数堂阅读课，也是一种超文本的阅读教学。它与群文式的超文本阅读的不同之处是围绕某一个文化主题选文，而不是某一篇课文；选文的范围更广、更多，可以选片段。

一位著名特级教师设计并教学《李白与酒》，便是一种文化主题式的超文本阅读。他选了李白写的多首关于饮酒的诗（包括片段），如："花间一壶酒，独酌无相亲。举杯邀明月，对影成三人。"（《月下独酌》节选）"人生得意须尽欢，莫使金樽空对月。天生我材必有用，千金散尽还复来。"（《将进酒》节选）"青天有月来几时？我今停杯一问之。人攀明月不可得，月行却与人相随。"（《把酒问月》）教师先让学生在课前借助工具书和网络理解诗意，上课时即从交流对李白的了解导入：李白有诗仙、酒仙、谪仙的雅号，他一生有许多首诗写到了酒。然后让学生反复朗诵这些诗或片段，在交流理解时教师作重点指导。最后集中研讨李白为什么偏爱写饮酒，把大家的讨论归结为：李白豪放、浪漫、失意、孤寂，他一生政治上不得意，怀才不遇，因而以无限深情寄意于饮酒，宣泄豪情；他在人世间，遭白眼、受委屈，便视醉为理想净土、精神家园。显然，这样的文化主题式的多文本链接，不仅可以拓展阅读视野，而且又有了很多文化内容的承载，大大有利于学生阅读能力和语文素养的提升。但对孩子来说，文化主题应以适合儿童为上乘，如"李白与酒"，就不如"李白与月亮""李白与长江"。因为对嗜酒的复杂性的认识与醉酒的体验，都不是儿童可以拥有的。

五、社会实践式超文本

"课标"在"目标"部分就强调要"能主动进行探究性学习，激发想象力和创造潜能，在实践中学习和运用语文"。学习语文之所以特别强调实践，是因为语文学科在本质上是一门综合性、实践性的课程。语文重在"学习祖国语言文字的运用"，而"运用"这种实践活动又只有在实践的环节里才能有最佳的运用环境。教师在阅读文本的过程中，适度引导学生参与相关的社会实践，不仅能提升对文本的理解，而且可以获得更为宝贵的实践运用语文的机会，十分有益于学生语文素养的整体提升。在水乡绍兴有一位教师执教《赵州桥》一课时，先引导学生读好课文，将介绍赵州桥的要点一一板书出来，如"桥的位置""桥身尺度""用料""桥的外观""桥的特点""桥的相关传说"，等等。读完了，就要学生回家后在家的附近找一座桥观察调查，根据课文的要点，写一篇短文。这是借助于社会实践活动来实现的超文本阅读。在绍兴这个著名的水乡，可以说处处傍河，自然也就处处有桥，这样的语文阅读与社会实践活动相结合，确实是不错的选择。

六、全面综合式超文本

鉴于语文课程所具有的综合性特点，一篇课文几乎可以连通整个大千世界，教师如果设计、把握得好，全方位地对文本作合理科学的超越，更好地实现文本的教育价值，是完全有可能的。

听一位优秀教师导读《夸父追日》，就有种全面综合式的味道。他从六个方面引导学生超文本阅读，展现出颇不一样的课堂。

一是让文本复归于口耳相传的神话故事原生态。神话原本是远古时代人们的一种口头传说。为此，要学生先用心倾听教师讲"夸父追日"的神话故事，然后让学生自己来讲，先讲给自己听，讲顺口了就站起来讲给大家听，并请每个同学参与评判。这是在听说层面对文本的超越。

二是明白讲故事的奥妙。先"理清大结构"，再"说清小细节"，争取讲得更好。这是在学法层面对文本的超越。

三是在文白对照中再超文本。即引出《山海经》中"夸父逐日"的原文，将文言与白话相对照，读通"夸父逐日"的小古文。这是在言文沟通中对文本的超越。

四是以"夸父逐日"为起点，让学生说说其他已经学过的或读到过的神话，如盘古开天地、后羿射日、嫦娥奔月、精卫填海、女娲补天等，这些神话故事都有哪些相似之处？（远古时代人对大自然的探索。）这是在神话的由例及类中实现对文本的超越。

五是引出主问题，讨论：夸父为什么要逐日？于是同学们又有了七嘴八舌的议论，最后归纳出：夸父为了追求光明，为了追求温暖，为了留住时间……这是在理性探索层面对文本的超越。

六是学到这里，夸父是一个怎样的形象？这又激起了同学们的遐想。教师适时地出示了古籍中几幅夸父的不同形象。这是在图文相生层面上对文本的超越。

这样的一堂课，在六个主要环节上，可以说都体现了超越文本的阅读意识。

传统的语文课堂，其基本结构是基于教师的课文内容分析的。在课堂的大部分时间里，教师、学生都忙着对课文一读就明白的情节，做着没完没了的问答式的分析"游戏"，以至于有专家提出要"与课文内容分析式说再见"。若从这个角度比较，"超文本结构"也可以认为是要从僵化的文本内容分析式结构中跳出来，拓展阅读视野，联系思想、联系实际去发现文本深层的丰富内涵，获取创造性的阅读成果，达到既深入文本而又能超越文本，来一场"入乎其内"到"出乎其外"的快乐阅读之旅。

语文教学：坚守本色与适度"混搭"

"语文教学要返璞归真"，"语文课堂应有浓浓的语文味"……这些声音热切呼唤着语文本色的回归，这显然是基于当下语文教学"乱花迷眼"的现状。新中国成立以来，语文教学曾经出现过种种偏失，如"把语文课上成了政治课"，"把语文课上成了故事课"，"把语文课上成了常识课"，这些都很值得反思。语文教学的这种异化，似乎并没有在其他课程中出现。这就使我们不能不认为，语文教学的本色容易淡出，这应该与语文课程的性质有关。

确实，语文是一门综合性很强的课程，它与思想结缘，与政治靠近，与文学相关，与生活共存，与科学有亲，似乎是一位人见人爱的"大众情人"。语文的这种综合性特点，决定了它依性生存的艰难，稍不留意便容易淡化了语文本色。但若过分"自闭"，忽视了综合性，又会窄化语文学习和运用的领域，影响学生在不同内容和方法的相互交叉、渗透和整合中开阔视野，提高学习效率，获得现代社会所需要的语文实践能力。这样的话，一个优质开放而有活力的语文课程也将难以形成。

语文教学的这种综合性，要求我们既要坚持语文本色，又要适度"混搭"，或者说要在充分体现语文本色的前提下有机"混搭"。

"混搭"一词源于时装界，本意指把风格、质地、色彩差异很大的衣服搭配在一起穿。当下"混搭"正风行于各个领域，如家装行业、平面设计领域等。究其原因，"混搭"体现的正是一种综合的艺术境界，丰富多彩的审美追求。"天地有大美而不言"，自然界总是包容了各种色彩、形态，在"混搭"中呈现出和谐之美。这显然是一种普世的美学法则。

语文课堂在坚守本色的前提下提倡适度"混搭"十分必要。这是因为：

——所有的课程设置都有源于生活的根本属性。作为生命成长轨迹的生活本来就具有高度的综合性，它的存在形态绝不是"提纯"的、单质的，而是一种多因素、多形态、多向度、"混搭"的统一体。因此，源于生活的课程内容，也必然会存在程度不同的综合性。这种综合性并不影响学科的个性和独立性。

　　——语文是思想交际的重要工具，决定了它比之其他学科有更强的生活性和综合性。"课标"明确指出要"努力建设开放而有活力的语文课程"，强调"课程资源的开发和利用"，注重"跨学科的学习"，"加强语文课程与其他课程以及生活的联系"等，都充分说明了语文课程所具有的高度综合性的特点。

　　——语文教学改革的重要指向之一，是要努力做好从教材体系向教学体系的转化，"要用教材教"而不是僵化地"教教材"，不要把教材内容等同于教学内容，不要以"教课文"来完全代替"教语文"。所有这些，都在强调语文教学的综合性是不该被忽视的一个基本方向。适度"混搭"正可以更好地体现语文的综合性特点，也应当是语文本色的应有之义。

　　——学生的学习需求也要求语文课堂能更加贴近他们的生活，更加丰富多彩、生机灵动、有滋有味。显然，适度"混搭"也正是实现这一诉求的必行策略。

　　必须强调的是，"混搭"是一种学问，一门艺术。第一，"混搭"不是"乱搭"，在一堂语文课中，根据教学内容的不同，什么可以"搭"、什么不可以"搭"是大有讲究的。"乱搭"就往往忘记了课堂要以生为本、以学为主这一灵魂，只是以"搭"为唯一追求，"拉来黄牛当马骑"，结果只能是流失了教学效果。第二，"混搭"也不是"均搭"，对"搭"的各项内容等量齐观，不分主次轻重。须知，在几种色彩组合时必服从于一种主色调。同理，语文课堂的"混搭"，也必须在坚守"学语习文"，"提高学生理解和运用祖国语言文字"的能力这一主旨的前提之下。第三，"混搭"更不是"滥搭"，以为只要"搭"进去就好，甚至以为"搭"得越多，教学就越"精彩"，课堂就越能显得博学多识，仪态万千，学生就会受益匪浅。须知教师对语文课堂"乱花渐欲迷人眼"的感叹，在很大的一个方面，不是因为"搭"，而是因为"滥搭"造成的。

坚守语文本色与提倡适度"混搭",不仅并不矛盾,而且是对立的统一。这种辩证统一可以在主体分明中兼收相得益彰之效。语文课堂中需要有很多的对立统一,诸如师与生、教与学、讲与练、读与写、放与收等,作为一名智慧教师必须明白如何使语文教学从"一分为二"对立斗争的思维束缚中走出来,实现"一分为三",即将矛盾对立之"二"复归于统一的那个"三"。

那么怎样"混搭"才算是体现了语文本色?我们不妨从一些教学实例中一品究竟。

一、认识背景的"混搭"

语文课文大多是反映不同时代、不同地域、不同文化环境的名家名篇选文,要引导学生真正读懂这些文章,必须具有相关的信息纳入,铺垫其认识背景,才可能使学生达到自主解读的要求。因此,教师就必须将这些相关的信息,相对完整地混搭在阅读之中。如一位教师执教《为中华崛起而读书》,课文中有"租界地"一词,按词语解释的一般通例,由学生或教师字面疏通一下就可以了,但这位教师并不这样处理,在学生交流了对"租界地"的字面解释之后,他又以课件展示了旧时租界的相关图片,介绍了一些中国人民在租界里受欺压的历史事件,引导学生体悟课文中"繁华""无处说理""闯""妇女的遭遇"等一系列词语。教师最后发问:"如果我告诉你,100年前的中国,像这样的租界地有许多,你想说什么?"……显然,在这篇课文中,教师混搭了关于"租界"的不少资料,绝不是多此一举。因为"租界"的概念距离今天的儿童确实很遥远,了解"租界"的丧权辱国、暗无天日对于解读本文具有十分重要的意义。为帮助学生解读课文,在认识背景上进行必要的"混搭",可以使课堂上充盈着语文味,而并非只是表面上热闹。

二、开拓阅读深度的"混搭"

教师对学生进行课文阅读的指导，要在文本细读上下功夫，即将对课文内容的理解与所表达的言语形式的品尝紧密结合起来，不致"得意而忘言"，方能达到富有语文味的阅读深度。这无疑是一个重要方面。但对有些课文的解读，教师还可以"混搭"一篇（或片段）能够相得益彰的相关读物，或作扩展，或相延续，或作对比，或相映衬……实践证明，这样的混搭往往可以帮助学生深化理解课文，扩展阅读视野，激发阅读兴趣。如在导读完《卖火柴的小女孩》之后，一位教师紧接着来了一个别出心裁的引申沟通——让大家听写9岁儿童刘倩倩写的那首著名诗歌《你别问，这是为什么》："妈妈给我两块蛋糕，我悄悄地留下了一块。你别问，这是为什么。爸爸给我穿上棉衣，我一定不把它弄破。你别问，这是为什么。……"原来刘倩倩这样做都是为了要帮助卖火柴的小女孩。这一混搭，不仅有助于学生更好地深化理解课文内容，提高听写水平，培养学生掌握和运用语言文字的能力，而且可以激发学生对课文的个性感悟，开拓课外阅读视野。当然，进行这类旨在拓展阅读深度的混搭，要注意拓展读物与课文的密切相关性和适度的阅读量，力避为拓展而拓展和可能带来的喧宾夺主的弊端。

三、烘托课文要旨的"混搭"

教学《桂花雨》一课，一位教师在学生读了课文之后，出示一组已读过的古诗——李白的《静夜思》、王维的《九月九日忆山东兄弟》、贺知章的《回乡偶书》和王安石的《泊船瓜洲》，让学生以满怀的《桂花雨》里的乡情，在时光之河里漫溯，将不同时代古人的思乡之情，汇聚成浓浓的古今相融的乡情心曲。这里混搭的一组古诗，发挥了极好的学习效应，是有益于烘托课文要旨的混搭。在阅读教学中，学生对课文主旨的把握有着十分重要的意义。清人刘熙载说得好："凡作一篇文，其用意俱要可以一言蔽之。扩之则为千万言，约之则为一言，所谓主脑者是也。……主脑既得，则制动以静，治繁以简，一线到底，万变不离其宗，如兵非将不御，射非鹄不志也。"

(《艺概·经义概》)确实,无论写作还是阅读,能否准确地抓住"主脑"(即主旨),对于驾驭全文至关重要。在阅读中学生准确地理解内涵、生发感悟,则全在于对"可以一言蔽之,""扩之则为千万言,约之则为一言"的"主脑"的把握。在教学中,教师为了深化学生对课文"主脑"的认识,往往需要在这个节骨眼上舍得花点功夫,而适度引入相关资料,正可以深化学生的理解,触动他们的情怀。

四、发展相关智能的"混搭"

语文教学奉行以生为本,以学为体,旨在发展学生的智能,提升其语文修养,建设精神家园。这一切,教师只能在引导学生理解和运用语言文字的实践活动中方能达成。鉴于此,教师在语文课堂上就少不了为学生在读解课文的同时去实施应用言语的各种训练设计,以课文为范创设相应的训练机制。这种以发展学生智能、提升语文素养为目的的训练机制,是另一种必不可少的混搭。

著名特级教师张祖庆在教学《穷人》时,有这样一个"混搭"的片段:

师:我们来认识一个人(出示:莫言头像),他是谁?
生:他是莫言,2012年获得诺贝尔文学奖的中国作家。
师:看过莫言的书吗?
生:我看过《红高粱》。
师:好看吗?
生:好看。
师:莫言的代表作还有什么?
生:我好像听说过,莫言有一本书叫《酒国》。
生:还有一本叫什么《丰乳肥臀》。(众笑)
师:大家不要笑,这本书很精彩。再看一个人(出示:张艺谋头像),认识他吗?
生:张艺谋。我知道他是导演,好像《印象西湖》是他导演的。

师：是的，他拍了一系列很不错的电影和印象系列。张艺谋、莫言之间有什么关系，谁知道？

生：张艺谋导演的电影《红高粱》是根据莫言小说《红高粱》改编的。

师：说得太对了！同学们，莫言的小说《红高粱》当初并不是很出名，张艺谋把它改编成电影，莫言的小说也一下子出名了。刚才这个同学说得很好（出示：改编），改编让一件艺术品变成另外一件艺术品。无论是莫言的《红高粱》，还是张艺谋的《红高粱》，都是我们的精神财富。

师：同学们，现在大家再看一个人（出示：雨果头像）。他是法国大文豪雨果。大家对他有所了解吗？

生：我知道他的代表作有《笑面人》《悲惨世界》《巴黎圣母院》。

师：哎哟，你太了不起了！是的，雨果擅长写底层劳动人民。这又是谁？（出示：托尔斯泰头像）

生：他是托尔斯泰。

师：这两人有什么联系？（众多生举手）

生：我知道我们今天要上的《穷人》就是托尔斯泰根据雨果的一首诗改编的。

师：是的，法国大文豪雨果写了一首叙事诗《可怜的人们》，托尔斯泰读到了这首诗，深受感动，于是把诗改编成了小说，题为《穷人》。小说发表后，引起了很多人的共鸣，大家都被深深感动了。今天这堂课，我们就来研究两个问题：托尔斯泰为什么要把这首诗改写成小说？他是怎么把这首诗改写得那么精彩的？……

从莫言的作品与张艺谋的影片之间的关系切入，出示雨果与托尔斯泰的头像，在理清叙事诗《可怜的人们》与《穷人》间的关系后，以"托尔斯泰为什么要把这首诗改写成小说？他是怎么把这首诗改写得那么精彩的？"为导语，自然地引入课文的学习。这样的"混搭"，十分必要，会有利于学生了解作品的来龙去脉，把握阅读的主攻方向，在与作品、作者、编者的对话中，聚焦于发现、探究作品在"如何表达"方面的奥妙。

显然，教师的这一整套"组合拳"的设计，混搭在课文的阅读之中，是一种相当智慧而又颇能激发学生兴趣和创意的变式训练。这样的混搭，不仅为学生提供了一个语文应用的平台，而且改变了学生对原先"阅读途径"的依赖，成了一次新的探索之路。

五、沟通学科联系的"混搭"

语文作为思想交际的重要工具，必然会同时又是学好其他学科的重要基础，强调语文教学与其他学科之间的联系应当是语文课程的一种天然禀赋。这种沟通的过程若操作恰当，不仅为解读课文所必需，而且可能使学习过程变得机巧灵动、充满魅力。

《手术台就是阵地》这篇课文，写的是白求恩同志在1939年齐会战斗中冒着敌人的炮火，在手术台旁坚持工作三天三夜抢救八路军伤员的动人故事。一位教师在教学这一课时，要小朋友再读读课文最后一小节："齐会战斗进行了三天三夜，胜利结束了。白求恩大夫在手术台旁，连续工作了六十九个小时。"然后设计了两道数学题：

（1）白求恩大夫在手术台旁连续工作三昼夜69个小时，他每昼夜工作多少小时？

（2）白求恩大夫在这三天三夜里可能休息了多少小时？你认为他在休息时间里应当做什么？他可能做了什么？

怎么在语文课堂上竟混搭了数学计算？这可并不是不靠谱，计算的结果竟使同学们大为感动。在交流时，有的说："白求恩大夫每昼夜在手术台旁工作23个小时，他休息的时间才1小时，这应该包括了吃饭、睡觉、上厕所等必不可少的时间。他真的太累了！"有的说："我觉得这休息的1小时，他也不会安心的。对刚做完手术的伤员，他会特别留意反应怎么样；对刚抬进来等着手术的伤员，他更会去观察和照应……"还有的说："这三天三夜还是敌机不断在上空吼叫，炮弹不断在周围爆炸，随时都有牺牲的可能。""他还要对付来劝他离开的首长和同志们。白求恩虽然是外国人，但他确实是一名了不起的八路军英雄……"

六、因时因地制宜的"混搭"

语文课堂的以生为本、以学为主,必然要求教师的引领须因时因地制宜,注重课程资源的开发与利用。"课标"明确指出:"自然风光、文物古迹、风俗民情、国内外的重要事件、学生的家庭生活,以及日常生活话题等也都可以成为语文课程的资源",教师"要有强烈的资源意识,去努力开发,积极利用"。为此,因时因地组织合适的课程资源,就是一种合理的混搭,而不是"迷眼"的"乱花"。

一位名师来绍兴执教《自己的花是让别人看的》,对课文中的一句"如入山阴道上,应接不暇"竟大做起文章来:与学生热烈地讨论了山阴道就在绍兴,你知道它在哪里吗?这句话又是谁说的?接着他又展示了明代袁宏道写的一首诗《山阴道》:"钱塘艳若花,山阴芊如草。六朝以上人,不闻西湖好。平生王献之,酷爱山阴道。彼此俱清奇,输他得名早。"在师生朗诵浅释之后,教师告诉大家这句话是王献之说的,他是王羲之的第七个儿子,著名书法家,曾说:"从山阴道上行,山川自相映发,使人应接不暇。"这话就记载在《世说新语》这本古籍中。袁宏道的这首诗告诉我们:三国、晋时期山阴(就是绍兴)的风光比杭州还美丽。"那么山阴道又在哪里?一般认为就是绍兴城出偏门到兰亭那一段路。你们去过吗?真应该去走一走。你们绍兴人可真幸福!"……一个词语引出了一首诗,一段佳话,这全是为绍兴的孩子量身定做的混搭。这在绍兴显得那么贴切,要是在别处,可能就显得有点累赘。这就是因时因地制宜混搭的价值所在。

虽然并不是所有的生活都是语文,但真正的语文必定在生活之中。生活是混搭的,语文也不应该拒绝适度的混搭。单一、机械的读写,虽然也可以使学生获得一些语文之技,却会丢失了语文的人文之道,消解了语文课堂该有的活力和灵气。这从于永正老师教学古诗《草》指导背诵的那个经典片段中可一见端倪。这是一个小语界耳熟能详的经典案例,于老师让学生虚拟表演回家如何将古诗《草》背给"哥哥""奶奶"听,而于老师则扮演"哥哥""奶奶",借用在背诵过程中"哥哥""奶奶"的误解、质疑、背听、打岔的对话,使背诵表演不仅风趣横生,而且简直就是在原本枯燥的背诵中混搭了一则"小品"……这一混搭,使原先枯燥、乏味的背诵不仅变得有情有味、可口可乐,而且背诵不再是单纯的记忆,已经融理解、口语交际等于一体。由此可见,有机的混搭使因为生活化而亲和随俗的母语个性与浓郁的语文味,在语文教学中酿为一种液态的风情、流动的芬芳。

综合性学习：跳出语文学语文

语文综合性学习作为一种新的学习方式，超越了传统意义的学科的单一性和可能产生的狭隘性局限，在大语文思想的指导下，以实现语文知识的综合运用、听说读写等能力的整体发展为价值取向，而具有了鲜明的个性特征。它以发展学生的语文素养为目的，以引导学生在自主活动中获取直接经验和相关信息为内容，以综合的实践活动为载体，以学生的自我探究、自我操作体验为基本形式。它立足于语文学科，但面向的却是整体生活，并因此引领学生走进生命世界，产生心灵的共鸣和精神的动力。所以，综合性学习给学习者带来的不只是知识和能力，更是生命整体的健康发展。

语文是一门高度开放的学科，综合学习应当是语文学科的应有之义。然而，作为一种新的学习方式，我们要正确地认识它、科学地把握它，却并非易事。我们既需要理论研究的导向，还要有突破传统习惯和思维定势的勇气，更需要教学实践上的探索。用蔡澄清老师的话说，它"不是一枝高高独立于水面上的箭荷，而是一叶贴附于清流的睡莲"。

一、把握综合性，寻求生活的语文

综合性学习，顾名思义，它的根本性质是综合性。世界是一个多元的统一体，自然、社会、生命中的许多问题都密切关联，言语生命活动总是千丝万缕地渗透其中。所以，我们无法将语文从生活中完全剥离出来，单独地条分缕析，以提升学生的语文素养和语文能力。教师要让学生在生活或其他领域中，关注跨领域的学习，拓展语文学习的范围，通过广泛的实践，有效地提高语文综合运用能力。

综合性学习的"综合"从本质上体现了大语文的教学思想。所谓"大语文",广义地说是指一个民族的语言整体,这个整体包括了一切语言现象。这里的"大语文"是狭义的,是学生课内的语文学习、课外的语文活动和社会的语文生活三者之间的融通,是对课堂、课本中学得的语文知识、能力的延伸和拓展。显然,只有这种综合的"大语文"教学思想,才能体现出综合性学习以自主探索为核心,以实践活动为载体,以创新发展为目的,以过程评价为尺度的基本思路;也只有这种综合的"大语文"教学思想,才能让学生跳出语文学语文,置身于开放、动态、多元的语文学习环境之中。

当然,对于语文综合性学习不仅要把握好"综合",更要把握好"语文",它的出发点和归宿都是为了提高学习者的语文素养,而不是其他。不容忽视的问题是,当前的语文综合性学习游走于"综合"而淡出了"语文",把语文的综合性学习蜕变为社会调查、环境研究、科技活动、化学实验、卡通制作,甚或吹拉弹唱,全然没有了语文味,忽略了综合性学习到底为谁而学、为谁而立的根本问题。

二、体现实践性,回归生本的教学

语文综合性学习本质上是语文在生活中的应用,因此,语文综合性学习的显著特点是实践性。从信息学的角度看,一个人的言语生命张力和思维活力,必须在跟外界不断交流信息的实践过程中获得发展。若要形成这样一种开放交流的系统,学习主体就需要有与外界联系的许多"插口"和"接点",方能充分地接纳与释放信息。综合性学习为语文的实践应用打开了各种通道,使这样的"插口"和"接点"增加了许多,这不仅极大地强化了学习者的思维发散性和变通性,而且使言语的反应机制和统筹机制也更趋于灵敏。

但是,语文综合性学习的实践,与其他类型的实践有着重要的区别,这是必须把握好的一个根本问题。一般的实践活动,总是以认识和改造客观世界为主要目标,而语文综合性学习的实践却是以发展实践主体(自我)为主要目的,更为注重生本的实践,明确地指向学生的自身发展。这种实践活动往往在内容上具有模拟性（可以根据学习主体的认知水平另作设计），在形式上具有简约性（易做易学，不选择太复杂的问题），在方法上具有探究性（允许有挫折，可尝试，可反复探索），在结果上具有验证性（不一定属于新发现、新创造）。如人教版三年级上册第70页的综合性学习，通过读题，我们不难认识到：对实践的目标定位只是"用多种方式了解传统文化"，这个目标比较简单，容易做到，完全符合三年级学生的认知水平和活动能力。一方面，把这个综合性学习安排在第五组（中华传统文化）第一课（《孔子拜师》）之后，利用了课文的引领作用。另一方面，课题还充分显示了实践的具体内容和方法，如合作学习（自由组成小组）、协调组织（先商量一下）、制订计划（准备怎样开展活动）、独立操作（分头活动、用多种方式了解），等等。

当然，这是对三年级学生的实践要求。综观一至六年级综合性学习体系的实践要求，我们不难发现这样的内在序列：由认知性实践向解决问题性实践过渡，由模拟性实践向现实性实践过渡，由单一型实践向复合型实践过渡，由校内实践向社会性实践过渡，由被动型实践向主动型实践过渡，由重复型实践向创造型实践过渡。

三、突出情境性，建构生动的过程

语文综合性学习不囿于课本的既定范畴，以策划主题活动为主，这就必须围绕着某个问题情境去构筑一个大于课堂、大于课文的学习情境。综合性学习的这种问题情境和学习情境，使情境性成为语文综合性学习的又一个重要特征。

面对由综合性学习的问题情境构筑的学习情境，学习者的学习往往会有众多的阅读材料可资参照，有浩瀚的网络世界提供信息，有丰富的课外活动配合展开，有广阔的社会生活可供体验。在这样的学习情境里，不仅有个人的学语习文、观察感悟，也有同伴之间的合作互助和师长的参与指导。这样的学习情境已完全不同于传统意义上学科的直线式编排和单一化操作，而必然会有一个生动的过程建构。正是这样的情境性消解了学科教学可能产生的狭隘和僵化，使综合性学习有了一种全新的意义和存在的价值。

在这里，我们尤其要关注"生动的过程建构"，这是构成情境的细节，也是丰满情境的血肉。这种基于课本而又超越课本的生动过程，不仅可以打开学生的视野，拓展学生思路，扩大阅读范畴，丰富信息资源，而且可以帮助学生构建起一个个新的思考空间和话语系统。而原先老一套的知识和概念、惯用词语和表达方式已不足以应对，必须去接触足以激发好奇心的客观事物和充满新鲜感的交流方式。这个过程对学生来说无疑是十分生动的。教学实践证明，只有教师真正信任学生，放手让学生自主、自由地实践，他们才会对综合性学习表现出浓厚的兴趣和高涨的热情，这样的过程因自始至终充满了生命力而显得生动无比。

四、落实操作性，提高生成的效率

一种先进的教学理念或全新的教学方式必须通过操作的转换，才能落实到实施的层面，体现真正的效率和价值。组织好语文综合性学习活动的关键在于制定可操作性强的教学设计，即建立语文综合性学习的基本教学模式。教学模式是在一定的教学理念指导下建立起来的比较典型的、稳定的基本教学程序或阶段性的简约构架。尽管语文综合性学习的活动根据不同的年级、内容、要求、环境，可以有千姿百态的设计，但探求其本质特征，归纳出几种基本模式，使广大教师在教学中有参照，对于提高综合性学习活动的教学效率是极有帮助的。分析现行人教版教材中的综合性学习，得其要者列举如下数类基本模式：

搜集积累型。这种模式的基本步骤是"明确搜集对象—提出搜集要求—指导搜集方法—积累、交流"。如人教版五年级下册第49页的综合性学习，搜集对象是"生活中的精妙语言"，搜集要求是"善于发现"，"积累并运用有艺术性、有魅力的语言"，积累、交流的方式是"选择自己感兴趣的加以搜集，并积累下来"，"想想它们在语言上有哪些特点"，"和同学交流"，"试着写一写"，"试着演一演"等。

观察调查型。"确定对象—提出要点—指导行动—组织交流"是这种模式的主要操作步骤。如人教版四年级下册第103页的综合性学习，确定观察调查的对象是"田园"，提出观察调查的要点具体细分为农村的学生和城里的学生分别可以观察调查什么，在如何行动方面也针对农村的学生和城里的学生作了不同的指导，最后通过适当的交流，既有助于扩大观察调查的成果，又有助于对本项综合性学习活动作出积极评价。

主题探究型。这种模式的主要步骤是"确定主题—搜集材料—分头行动—交流汇报"。如人教版三年级下册第21页的综合性学习，主题是"家乡的环境"，搜集的内容是"空气和水是不是受到了污染""花草树木增多了还是减少了""人们为保护环境做了些什么"，分头行动的要求是"自由结合，组成小组，共同商定一个活动计划"。

阅读拓展型。这种模式的基本步骤是"选择读物—提出要求—指导行动—交流成果"。如人教版五年级上册第5页的综合性学习，虽然主题是综合性很强的"感受读书的快乐"，但基本上属于阅读拓展型一类。如"找一本喜欢的书阅读"是选择读物的环节，"搜集名人读书的故事或读书名言""访问周围爱读书的人"等都是具体要求，"读书时做摘抄或填写阅读记录卡"则是对读书的行动指导，最后可以通过交流成果来丰富阅读收获。

实践操作型。这种模式一般的步骤是"确定内容—提出要求—进行操作"。如人教版三年级下册第82页的"综合性学习"提示："你了解到父母疼爱你的哪些事情，再想想应该怎样回报父母的爱。比如，帮妈妈做些家务事；给爸爸做个生日贺卡，并写上几句祝福的话；排练爱爸爸妈妈的小节目。想一想还能再做些什么。"这里无论是"做些家务事""做个生日贺卡""排练爱爸爸妈妈的小节目"或"还能再做些什么"，都是以学生的实践操作为主的活动。

研究报告型。这是难度比较高的一类综合性学习活动，其主要步骤为"确定主题—提出要求—指导方法和步骤—撰写报告—组织交流"。如人教版五年级下册第六组课文，全是"综合性学习"，其中就有"利用获得的信息，写简单的研究报告"的内容。这项综合性学习要学生在三个话题中自由选择一个作为主题。在这里，教材详细提示了开展此项综合性学习活动的方法和步骤。如，"通过阅读书籍报刊、上网浏览、调查访问等途径获取资料"，

"从搜集到的材料中，找出对解决问题特别有用的部分多读几遍，逐渐形成自己的观点"，"认真阅读下面的两篇研究报告，讨论一下可以怎样写研究报告，然后分头撰写，并和同学进行交流"，等等。

当然，探究"综合性学习"的模式是多变的、不断创新的，列举一些基本模式，正是为了更好地激发变式思路，强化创造的欲望。

五、坚持引导性，营造生态的教学

语文综合性学习强调学生的自主探究和实践，反对教师的变相灌输和包办代替。那么，教师还要不要坚持指导，又如何实现学生主体和教师指导的和谐统一，营造真正绿色的生态教学环境呢？

也许我们已经习惯了教师"闻道在先""术业专攻"的特殊地位，而学生必然是仰望等待、接受喂养的姿态。这正如郭思乐教授所言："我们的整个教育理念和体制，较普遍地缺少从学习者出发，从人的生命的自然的限度，它的性质、活动规律去思考和设计，有的只是外来任务，成人的承担计划，而儿童是这些外来任务的最后的被动承担者。"在教学活动中，学生才是真正的学习主体，"教"为"学"存在，又为"学"服务。语文综合性学习活动，旨在发挥生活世界对学习者的发展价值，这主要取决于学习者的心理经验与活生生的现实世界的关系。教师既是学习者与现实世界对话的忠实倾听者，又是整个活动责无旁贷的组织者和引导者。因此，教师要加强对语文综合性学习的指导，但指导理念和方式比之其他语文课堂教学应当有所区别。这主要体现在以下几个方面：

降低"给予度"。语文综合性学习以学生的自主实践为主，它强调的是"学生本位"和"运用本位"。教师要鼓励学生自己去分析问题和解决问题，尽量降低"给予度"，做到在学生遇到疑难陷入困惑时，不越俎代庖，而是循循善诱。"引而不发，跃如也。"

提高"参与性"。在语文综合性学习中，教师需要放低姿态，以一个平等的参与者的身份加入学生的综合实践活动，在参与过程中更好地发挥引领作用。最好的教育是学生在不以为是在接受教育的情况下不知不觉地接受了教育，这种"无为而治"的教育才是"润物细无声"的最佳滋养。当然，教师也确实应当以更积极的姿态走进生活，"教育者首先受教育"，从而真正参与到综合性学习活动中去。

注重"个性化"。既然语文综合性学习不以系统地传授语文知识为重点，而是让学生在面向生活的自主实践探索中将知识与经验、理论与实践、学习与活动有机地结合起来，从中学会发现问题、分析问题和解决问题，那么，我们要认识到这是一种极富个性的学习方式。为此，教师在引导过程中就要充分关注学习目标的多层次、学习方法的多样式、学习状态的多侧面和学习评价的多元化。

加大"协作力"。语文综合性学习"提倡跨领域学习，与其他课程相结合"，要"充分利用学校、家庭和社区等教育资源，开展综合性学习活动，拓宽学生的学习空间，增加学生语文实践的机会"，这就要求教师在指导活动的过程中必须十分重视各种教学资源的开发，加大"协作力"，推进协同教学。如与其他教师的合作，与学生的合作，与家长的合作，与社区的合作，与专家的合作，等等。

应当说，语文综合性学习是最能激发学生生命活力的活动，它应该是鲜活的、充盈的，能使学习者的心灵浸润在一片葱绿之中。学生就应当在这样的学习环境里生活：求知、求慧、求趣、求美！

第七辑 - 7

核心素养：给学生带得走的能力

◎ 核心素养是对学生基础素质和关键能力的提炼和发展。

◎ 核心素养更多地指不可复制的知识，难以传授的知识——自信、沟通、质疑、选择、分享、愉悦……这才应该是学校教学的大趋势。

◎ 语文素养的提升在于助推语文存在与表现的生命成长，在于发现对生活经验的珍藏，在于面向知识世界时于无用之中求大用……

◎ 中华优秀传统文化如何与一线教育实践相融合，质量时代的语文课堂如何靓丽转身，语文课改如何更全面落地……都关乎在母语教育中人的核心素养的提升！

语文深度课改的靶向须瞄准"核心素养"

2014年4月,教育部在《关于全面深化课程改革 落实立德树人根本任务的意见》中指出:提高国民素质,建立人力资源强国的战略行动是适应教育内涵发展,基本实现教育现代化的必然要求。教育部还组织研究,提出了各学段学生发展的核心素养体系,明确了学生应具备的适应终身发展和社会发展需要的必备品格与关键能力。

世界是人类生命的共同体,"全球化"不仅仅是经济领域的事,也关乎教育。为此,提出"核心素养"也是国际教育发展和课程改革的共同走向。许多国家、地区与国际组织,已先后在建构与完善以个人的时代发展和终身学习为主体的核心素养模型。教育要培养的人,不仅要有坚实的学科基础,更重要的还在于具备在未来社会中生存和发展的能力。正是从这个意义上,核心素养的问题应该理解为是面向未来的国民教育的DNA。

就语文课程而言,我们从21世纪初始开展第八次课程教材改革,到执行《规划纲要》,已有十多个年头,正在向"课改"的深处推进。提升"核心素养"自然就成为语文深度课改的"靶向"。

面对"核心素养"的重要话题,似乎有一些问题引起了不少教师的困惑。择大处说,似有以下一些方面:

第一,什么是"核心素养"?不就是我们一直实行的"素质教育"吗?

"素质"原指人天生的生理和心理品质,"素质教育"所指向的则有所扩大,包括人经过教育培养获得的思想、文化、技能等素养和体力、智力的发展。(顾明远,《教育大辞典》)可见,广义的素质教育是包含了"素养"的培育的。又如《现代汉语词典》对"素养"的解释便是指"平日的修养";

"素质"一词的第二义项指"素养"。现在的关键所在不是一般的素养，而是"核心素养"。我们的关注点在于"核心"。作为人的素养的培育，是一个内涵丰富的系统，它以提高人的素质为根本宗旨，须在教育的各个环节中，全面实施德育、智育、体育、美育，在生理的、心理的各方面都得到健康发展，既有扎实的学科知识基础，又有创新精神和实践能力。在那么多方面都要好，都要"达标"，这当然是好事，也是必须的，但从适应未来社会对其成员的要求着眼，在这些众多的目标中有没有最关键的目标，是大家都必须达到的？这是所谓"核心"的一个含义，即是共同的，必不可少的，而不是只适用于特定情境、特定学科或特定人群的特殊素养，而是适用于所有人、一切情境的普遍性素养。这也就是为什么核心素养会成为当前国际社会教育发展共同思考的紧迫问题。

早在十年前，200多所大学和公司共同作过一项研究：21世纪最重要的技能是什么？答案有创造力、合作力、交流沟通能力、批判性思维、感知能力等，但最后发现更为重要的是适应力，适应各种不确定因素的能力，这才是最需要培养孩子具备的能力。世界各国及相关国际组织对"核心素养"的诠释可能用语不一样，但实质是一致的，即都在回答"培养什么样的人才能让他顺利地在21世纪生存、生活与发展"的问题。仅有知识是不够的。在中国教育学会第28次学术年会上，曾就"核心素养与适合的教育"问题展开了探讨。北京师范大学国际与比较教育研究院副院长滕培出了一道数学题：A城与B城之间有300公里，开车时速50公里，几小时可到达？从数学的角度说，需6小时。但其实6小时到不了，因为我们面临的是真实复杂的实际情境，这里有天气条件、道路状况、时段关系、车子状况等，可见没有任何一个问题的解决可以由单一学科知识在真空环境下完成。这当然不是说学科知识不重要，但过分看重往往会近于僵化，这就难以灵活地去解决有很多不确定性的实际问题。这就是说，未来社会越来越不可能单凭用计算机可以替代的简单记忆功能，它更需要的是人的核心素养。说具体点，核心素养也就是个体在知识经济、信息化时代，面对复杂的、不确定性的现实生活情境时，能运用所学的知识、观念、思想、方法，解决真实问题所表现出来的必备品格和关键能力。正是在这样的视界里，我们完全可以认为"核心素养"当然是素质教育的应有之义，其区别在于强调了在整体素养系统中的"核心"部分，也就是其中最具有共同性的素养。

第二，"核心素养"既然成了当下的课程目标，那么它与已有的"三维目标"又有什么关系？

随着社会的不断进步，教育改革也在不断深化之中，因此，我们对课程目标的认识和确定也不可能一成不变。记得"文革"前后，我们对课程目标常用的概括叫"双基目标"，强调"双基落实"。所谓的"双基"就是指"基础知识"和"基本能力"。尽管新中国成立以来中国的教育屡屡受到"左"的干扰和破坏，但在纠正的时候，总会去重认和维护"双基"目标的落实。进入21世纪，我国第八次课程教材改革的推进，取得的重大成果之一便是义务教育阶段各学科的"课标"的正式颁布，对课程目标的认识和确定，也由"双基目标"发展到"三维目标"。这无疑是一个重大的进步。"双基"对人的现代发展之不全面性，显而易见。为此，语文"课程目标从知识与能力、过程与方法、情感态度与价值观三个方面设计"。这是课程目标的三个维度，当然不是三个目标。"三者相互渗透，融为一体。目标的设计着眼于语文素养的整体提高。"为什么一个课程目标要有三个维度？这是因为"三维目标"是"整体"的"语文素养"，指向的是全面的素养。一个人全面的语文素养是一个系统，它所包含的方面很多。正如"课标"所认为的："语文课程致力于培养学生的语言文字运用能力，提升学生的综合素养，为学好其他课程打下基础；为学生形成正确的世界观、人生观、价值观，形成良好个性和健全人格打下基础；为学生的全面发展和终身发展打下基础。"这里的"三个基础"，其实也就是人的生命之发展的全部内涵了。所以，语文的"整体素养"与我们现在所提出的"核心素养"并不矛盾，因为所强调的正是全面、整体素养中的"核心"所在。这就如在画有十环的"靶面"上，更明确地提出将"靶心"作为教育的"靶向"，从而使课程改革的指向更清晰，也更有效。"核心"就是"靶向"，即语文教育深度课改的"靶向"。"核心"除强调了应具有共同性的素养之外（如前述），在这里还有另一个含义，便是指最关键的、最重要的素养。

第三，强调了"核心素养"，还要不要坚守语文的本体教学？

"核心素养"虽然是语文课程目标中最关键之所在,但它既不会绝对改变语文课程的性质("语文课程是一门学习语言文字运用的综合性、实践性课程"),也不会否定语文教育的根本特点("工具性与人文性的结合,丰富的人文内涵对学生精神世界的影响是广泛而深刻的","应着重培养学生的语文实践能力","多读多写,日积月累,在大量的语文实践中体会、把握运用语文的规律")。所以,从这样的角度看,"强调了核心素养又如何坚守语文的本体教学"是一个伪命题。因为这本来就是一回事。就语文课程而论,语文本体是课程得以存在的基础。"本"的原意是指草木的茎干或根。所以在字形上从"木",而下面的一横,即指本所在之处。《国语·晋语一》中"伐木不自其本,必复生"中的"本",即是此意。以后由"本"又广泛引申为事物的根源或根基,如"君子务本,本立而道生"(《论语·述而》)中的"本"即是这个意思。明确了"本"的含义,"体"也就不难理解是指事物的存在自身了。如此看来,语文本体教学也就是语文课程独具的特性及其使命的根本的教学,即语文的基础知识(字、词、句、篇)和基础能力(听、说、读、写)的教学,让语文课充满浓浓的语文味。所以,学习语言文字的运用,是语文课程的根本所在。但如果人们以为只要抓住了语文的本体,"核心素养"必在其中,也未必尽然。我们不妨来分析一个教学案例:

一位特级教师教《海上日出》这篇课文时,一个学生问:"一刹那间这深红的圆东西发出夺目的亮光——什么叫'夺目'?"教师请同学们回答,一个小女孩站起来说:"夺目,就是把眼睛突出来了。"话音刚落,便引发哄堂大笑。教师等安静后却说:"你想的方向不错——能不能换个更好的说法?"本来小女孩满脸通红,低着头,听了教师的话,她又抬起头说:"就是光线太强,刺人的眼睛。"听了这个回答,全场响起了热烈的掌声……

从语文本体教学的角度讲,小女孩开头对"夺目"一词的解释是不正确的,教师也可以叫其他的同学来作出正确的解答,这样,不仅使语文基础知识的教学落到了实处,而且也节省了课堂教学时间。可教师没有这样做,还鼓励小女孩自己来找到正确答案。于是先肯定了小女孩的思考方向不错,再鼓励她再接再厉,换个更好的说法。小学生的回答常常词不达意,他们实际上明白这个意思,但不知道怎么表达,这时,距离正确答案已经不远了,在这个节骨眼上，若教师轻易否定，虽然从知识落实层面上，很容易请人帮助纠正过来，但从"核心素养"培育的层面上看，却有可能挫伤这位小姑娘的自信和继续探究的精神。显然，这两种不一样的做法，后者比前者更正确。所以，在如何坚守语文本体教学的过程中，确实还有一个"核心素养"的培育问题。而且真正的核心素养的培育，正是要渗透到语文本体教学的细处中去落实，实现两者的和谐融通。这根本不存在矛盾和抵触。

面向未来社会的挑战，语文教学的课程改革必须继续加劲向深处推进，核心素养的培育无疑是一个新的靶向，我们必须为此而奋力前行。

语文课堂改革的五大发展新走向

党的十八届五中全会通过的《中共中央关于制定国民经济和社会发展第十三个五年规划的建议》提出创新、协调、绿色、开放、共享五大发展理念，构成了一个完整的新的发展体系。它把我国的发展理念提升到了一个新的水平，关系着发展全局的一场深刻变革。为此，2016年召开的全国教育工作会议郑重提出把"提高质量"作为基础教育的战略主题，其关键便在于全面落实创新、协调、绿色、开放、共享五大新发展理念，以实现我国教育更高质量、更有效率、更加公平、更可持续的发展。

在"十三五"期间，我国教育改革向以提高质量为中心的深处推进，靶向是提升学生的核心素养，这是学生在面向未来社会实现终身发展和社会发展的必备品格和关键能力。实现这一目标的落脚点是课程改革，而课程改革的决胜环节在课堂。这是因为课程改革的理念、内容、过程和效益，最终都必须通过课堂教学来承载、实行，并落实于人的成长和发展。"课堂"与"教室"是两个联系紧密但又截然不同的概念。确切地说，"教室"只是一个建筑空间，而"课堂"却是生命共同体同成长共发展的一个神奇圣坛，诸多大脑在这里产生了各种矛盾与冲突，引爆出多样奇妙的联想，闪烁着多少智慧的火花……于是，教育质量在这里落实，办学效益在这里体现，未来人才从这里起步，名校名师在这里铸就，课堂是动态的，生成的，发展的。"十三五"的经济和社会的发展新方向引领着教育的发展新格局，它必然昭示着课堂教学改革发展的新理念。因此，从"十三五"元年开始，如何建立当下课堂教学创新、协调、绿色、开放、共享五大发展新体系，无疑是目前探索如何真正把提升儿童核心素养落实到课堂必须予以认真研究、实践的重大命题。

一、课堂需要"创新发展"

把创新纳入课堂教学深度改革的理念体系，并排在五大发展理念之首，这本身就是一个重大创新。过去我们对于课堂教学的建设，更多追求的是全面、协调和效率。然而今天，我们的课堂面对的是未来社会的挑战，如果我们不能以创新的意识去培养创新的人才，又如何在未来的国力竞争中立于不败之地？语文教学核心素养培育的落实，"创新"是它的第一动力。课改的不断深化，带来了教育的诸多新常态：教育发展提速，课堂结构升级，必然带来发展动力转换，发展方式改变。"以生为本""以学为重"正在不断颠覆传统课堂片面强调教师掌控一切、学生被动接受的局面，课堂的时代转型欲获得成功必然要呼唤课堂教学的创新发展。这不只是理念要创新，课堂教学的资源开拓、教材选配必须同步创新。更不容忽视的是，在实践层面上至关重要的课堂结构、教学策略、导学方式等，也必须有相应的改变，方能使创新发展真正落到"创新人才培养"的实处。

特级教师季科平组织实施的"《窗边的小豆豆》家校共读交流会"，比较充分地显示了语文课堂全方位创新的特色，颇值得关注。《窗边的小豆豆》是一本小朋友爱读的书，淘气的小豆豆被迫退学后，来到小林校长主持的"巴学园"上学。在那里，小豆豆无拘无束地发展了阳光般灿烂的天性，成了一个充满希望的孩子。课前，季老师已把这本书推荐给孩子和家长，展开了"亲子共读"的活动。同时又把孩子的课外阅读、家庭的"亲子共读"引入到课堂作为阅读的交流指导课。在课堂上，不仅有学生，还有部分家长和听课老师参与，大家一起快乐地聊读书感受。孩子自然会更关注小豆豆在巴学园里那阳光灿烂的童年，家长更关注的是豆妈的那份耐心，听课老师则更着意于小林校长的学生观、教育观。大家一起回忆内容，链接内外，都有自己的收获。教师引导大家重点聚焦之后，让学生当堂写了"好书推荐语"，让家长写了"心愿卡"，并继续推进学生的课外阅读和家庭的"亲子共读"。显然这是一堂很有创新特色的语文阅读指导课，把家校联动、亲子共读引进课堂，深度改变了传统课堂狭隘、单调、僵化的局面，学生、家长、执导老师和听课老师都成了充满活力的课程资源。

二、课堂需要"协调发展"

"协调"在发展中具有特殊的意义，是课堂教学得以持续、健康发展的内在要求。课堂教学是一个师生共时空、同发展的综合体。课堂教学有许多矛盾存在，如师与生的矛盾、教与学的矛盾、人与物的矛盾、讲与练的矛盾、思与行的矛盾、预设与生成的矛盾、课内与课外的矛盾，等等。这是因为课堂教学关乎着学生的生命成长，也涉及教师的专业发展。有诸多的矛盾并存不是坏事，正是课堂教学存在价值的本质呈现。如何解决这些矛盾？我们不能采取简单化的存此去彼，甚至也不能过分厚此薄彼，而是要亦此亦彼，在"对立"中看到其中的"统一"，在"共生"中求得融通的"互惠"。这种课堂哲学的灵动视角，应当成为当下课堂教学改革中的公共理性。其中得以融合的关键便是"协调"。《现代汉语词典》对"协调"的解释是"配合得很好"，可见存在于课堂教学中的种种矛盾，不是两者之中选其一，而是要讲矛盾双方的"配合艺术"，求得平衡点，从而达到课堂的"协调发展"。

《特别的作业》说的是于老师布置了一项作业，到大自然中去找春天，并把找到的春天带到教室里来。于是同学们带来了紫丁香的花瓣、杨花、柳枝、青草、画下的画……"为什么课题叫'特别的作业'？它指的是谁的作业？"教师提出了这样一个主问题，让小朋友去读、思、议。不料，同学们争论十分激烈，有的认为当然是小丽的作业，她不摘花，用画来代替，体现了她对大自然的爱护；有的说指小龙的作业，他带来了一只装在纸盒子里的蜜蜂，准备展示后放回大自然……不料，这个问题也引起了听课老师的争论。教师在众说纷纭的当口，找到了一个争论的原点：于老师布置的"特别的作业"（课题）是什么？学生齐答"找春天"。现在我们不妨仔细读读课文，深入思考一下，同学们的作业有不是"春天"的吗？对呀，既然找来的都是"春天"，就都是"特别的作业"，为什么只能是其中的一个呢？小丽的作业固然完成得很特别，小龙的作业也与众不同，但其他的作业难道就不特别吗？何况课文中于老师还说"你们的作业都完成得很好，大家都找到了春天"。由此看来，语文课堂的协调发展，关键在于牢牢抓住语文课程之本，即语言和思维，对课文的语言存在作深入的合乎逻辑的思考，这不仅是抓住了语文之本，也抓住了协调发展之本。

三、课堂需要"绿色发展"

如果说自然界或社会是个"大生态环境"，那么课堂就是一个"小生态环境"。有人说课堂是由三个"四十几"构成的"圣坛"，即四十几个个体（师生）、四十几分钟（一节课时）、四十几平方的空间面积，但这三个四十几构成的特殊环境，却关系到国家强弱、民族兴衰。因为那是未来人才的成长之地，称其为"圣坛"，自有它的意蕴。课堂的绿色发展乃是教育可持续发展的必要条件，也是人们对国家未来的美好期待。所以，我们不能以为强调课堂的绿色发展理念，就只是要加强生态教育，美化课堂环境。当然，这也是应有之义，但不能仅止于此。绿色发展的实质应是落实立德树人的根本要求，应突出育人为本，尊重生命的成长和发展，真正让教学回归本质，让儿童站在正中央。教学以生为本，就必须关注学生的真实需求，充分尊重他们的话语权，让他们在自主、真实表达见解的过程中，提升认知度和思考力。这样适合学生生命发展需要的课堂才真正是"绿色"的。

当然，在学生的主体感悟中，出现了一些错误，有违语文的"价值取向"，教师应当是非分明地给予"价值引导"，不应是简单的"价值灌输"，而应当是民主平等、以理服人的"价值探究"。

学生感悟的主体性和自由性，必然会产生一些不太正确的思想，有的甚至是严重的是非不分，这对小学生来说，是一种正常的学习生态，再说，学生说出来了，总比捂起来要好。因为说出来可以得到老师同学的帮助，而这种辨析过程也正是难能可贵的教学机遇。教学《孙悟空三打白骨精》一课，教师要学生说说对于文中的唐僧、孙悟空、猪八戒、白骨精等，大家喜欢谁。许多同学当然喜欢孙悟空，但竟然有一位同学说喜欢白骨精，因为她很勇敢，打败了再打。这时，另一位同学也来帮腔："我还觉得白骨精很孝顺，吃唐僧肉了，还不忘把老母亲接来。"如此混淆是非，当然需要教师旗帜鲜明的价值引导。然而，如果教师只是简单地灌输，指出这样是黑白颠倒——妖精害人，怎么可以赞美她呢！——并不能解决问题，因为它只是价值灌输。教师没有这样说，而是让大家进一步讨论："白骨精的这种勇敢带来的结果是什么？如果她愈勇敢，结果愈加怎么样？"教师这样与学生作价值探究，才真正提高了学生的辨析、认识能力，也真正体现了课堂该有的"绿色发展"。

四、课堂需要"开放发展"

开放是大国崛起和民族繁荣发展的必由之路，也是教育发展、课堂教学品位提升的必要前提。改革开放是我国的一项基本国策，实践证明所有的发展都离不开这一根本点。现代课堂教学的开放有两个方面，一是要承传中华传统教育的诸多精华，不应妄自菲薄，要让华夏文化的血脉，在现世继续显示其强大的生命力，对此要有充分的文化自信；另一方面则要拓宽国际视野，统筹利用好国际国内两类教育资源，把全球优质的、前沿的课堂教学理念、策略、模式、方法引进来，为我所用。在课堂教育的理念研究和实践探索双层面，引入先进理念，提高课堂教学质量和育人水平。当然，在开放发展的大格局里，有时会让我们觉得无所适从。这里的关键在于要充分尊重学生的成长规律和课堂教学的基本规律，去有选择地吸收，有创新地运用，寻求统一性与多样性之间的最佳结合点，让课堂教学获得健康发展。

一位教师在执教《伯牙绝弦》一课时，深读课文以后这样组织教学：

师：你赞成伯牙的行为吗？请用一两句话写出你赞成或不赞成的理由。

生：伯牙失去知音，还会有新的知音，何必绝弦。

生：伯牙从此不再弹琴，以此来谢知音就行了，干吗非要把琴摔破呢？要知道那是一张好琴，很值钱的。

生：他不弹琴了，以后靠什么生活？伯牙这样做是不是太任性了？

师：请同学们再仔细研究一下课文，假如你就是伯牙，一直以来都没有人能听懂你的琴声，你的内心充满了无限的寂寞和孤独，可是这时候出现了一个钟子期……

生：我认为，伯牙的琴艺妙绝天下，许许多多的人都以听到他的琴声为享受，他们都能感受到伯牙琴声的美妙，但是伯牙倾注在琴声里的志向，倾注在琴声里的情怀，却谁也不知道。伯牙好不容易遇到了子期，他想：这世上能通过琴声读懂我的心的，只有子期啊！

生：善哉善哉，终有人能懂我心，懂我志向，懂我胸怀，懂我者，钟子期也。这样，我能不摔琴谢知音吗？

生：是呀，伯牙就是伯牙，就是和常人不一样，如果钟子期死了，他又另找了几个知音，还是继续给宫廷弹琴混饭吃，如普通人一样，他早就被人们遗忘了，还会有"高山流水"的美谈流传至今吗？

正因为课堂有了开放发展的意识，教师敢让学生自主自由地发表不同见解，才暴露了一个艺术审美问题。伯牙破琴绝弦到底该不该，实际上就是一个如何看待实用价值和审美价值的问题。从实用价值看，伯牙破琴绝弦确实是不值得的，友谊虽深，但何必这样处理呢？但从审美价值看，深厚的情谊高于一切，既然没有了"知音"，我还弹什么琴！这确实与常人不一样，所以"高山流水谢知音"的美谈得以代代相传，不知感动了多少人。这一教学片段虽然没有从审美价值的理性高度来言说，但从学生的讨论中足可以看出小学生也能理解这个道理。这正是课堂开放发展才能给学生带来的对核心素养潜移默化的影响力。

五、课堂需要"共享发展"

"共享"既是课堂发展的基本目的，也是课堂教学发展过程的必然展现。它既是中国特色社会主义的本质要求，也是课堂要为每一个学生提供适合的教学之任务担当。我们可以这样认为："共享"已是现代课堂"以生为本"的出发点、过程和归宿，是教育发展的公平、民主、均衡的主要象征。课堂应当"让每一朵花儿都开放,每一只鸟儿都歌唱",让每一位学生在这里都可以自由、自主地拥有更多的获得感。

课堂教学的共享发展,实质上体现了课堂教学必须有高位的学生参与度和话语权,实现真正的"民主""对话"与"合作""共享"。这也只有在学生拥有了充分的学习自主性、主动性和积极性的基础上方能实现。这样的课堂无疑是当代最具有生命活力的课堂。

教学《地震中的父与子》一课,课文记叙了1989年发生在美国洛杉矶大地震中的一件事:一位年轻的父亲安置好受伤的妻子后,冲向他7岁儿子的学校,坚持不懈地对倒塌的房屋进行挖掘,一个人经历了38个小时的奋斗,终于救出了自己的儿子和其他13位同学。教师的讲析解读,自然把主题集中在"亲情无价""父爱伟大"上,但学生不是这样想的,一位学生问:"难道其他13位小朋友的父亲都没有父爱,只有一个父亲有父爱?""课文中的警察是无情的,救火队长也是无情的,他们为什么劝父亲不要再挖了?""课文中说'人们摇头叹息着走开了',这些人也是无情的吗?"……教师觉得孩子们说的有道理,便说:"好,那就让我们再仔细读读课文,找找原因。"不一会儿,大家发现了促使父亲坚持挖下去的应该是课文中的这一处:"然而这位父亲心中只有一个念头:'儿子在等着我'!"有的说:"前面还有一句,他猛地想起自己常对儿子说的一句话:'不论发生什么,我总会跟你在一起!'"还有的认为:儿子所以坚信能被救出,是因为他没有忘记父亲说过,不论发生什么,总会和他在一起!……教师说:"大家说得对,这种父子亲情正集中表现在他们的相互承诺上——'永远在一起'!"谁说学生只能听教师的,教师也可以听学生的。师生共学,教学相长,才是共享的课堂。

课堂教学的"创新发展""协调发展""绿色发展""开放发展"与"共享发展"是构成21世纪面向未来的以提升学生核心素养为靶向的语文课堂的本质特征。五个发展是不可分割的整体理念,也体现了我们在"改革课堂教学"方面要解决的突出问题、瓶颈问题和短板问题的关键所在。课堂教学新发展的靶向,瞄准的正是学生面向未来世界挑战和社会生存需求的核心素养、必备品格和关键能力。根据《中国学生发展核心素养(征求意见稿)》,

学生发展核心素养可综合表现为六大素养：人文底蕴、科学精神、学会学习、健康生活、责任担当、实践创新。显然，我们强调的语文课堂教学的五大发展，会更符合语文作为母语教育的人文特征，究其根本是关乎学生的发展，精神家园的建设。所以，"创新""协调""绿色""开放""共享"的课堂新发展理念具有长期的意义，也是改课的方法论指导，是今后一个时期的课堂教学发展的思路、方向、着力点的集中体现。

时代在前进，课改在深入，语文课堂育人的神圣使命，任重而道远！

关注课型，感知"改课"的风向标

2014年，全国青年教师阅读教学观摩活动尝试克服对教科书的过分依赖与"以阅读教学为中心"的过度束缚，以"阅读系列课"和"表达系列课"的新提法对赛课作了分类。这自然地引起了小语界的普遍关注：为什么搞了那么多年的阅读教学观摩不再继续？"阅读系列课"和"表达系列课"的具体含义是什么？这是一种课型的变化发展吗？它是不是体现了"改课"的某种走向？它对推进课改又有着怎样的指导意义？……笔者在学习、思考的过程中，觉得这些问题很有价值，愿意谈些粗浅看法，唯求能递上一块引玉之砖。

一、语文课程内容与语文课型

语文作为一门课程，不仅需要制定教学目标以指明方向，还要给实现目标以实际的依据，这依据就是语文课程的内容，如依据"教学大纲""课标""教科书"和"教学资料"等来具体落实。1950年拟订的《小学语文课程暂行标准（草案）》规定的内容分说话、阅读、作文、写字四块。20世纪50年代中期，中小学（主要是中学）有了汉语、文学分科的试验，在1956年10月颁布的《小学语文教学大纲（草案）》中也就有了相应的变化，分为"准备课""识字教学""阅读教学""汉语教学""作文教学""写字教学"等板块。这段时间不长，到1963年《全日制小学语文教学大纲（草案）》中规定的内容还是拼音、识字、讲读、作文、写字五大板块。改革开放之后，于1978年2月颁布的《全日制十年制学校小学语文教学大纲（试行草案）》中，教学内容又是按"识字""写字""阅读""作文"来划分的。2011年在课改中形成的"课标",则确定按"识字与写字""阅读""习作(或写话)""口语交际""综合性学习"来表述。作这样的回顾,我们可以认识到的是语文课程内容基本上不变的就是识字、阅读与作文,也就是通常说的"识、读、写",但是不同历史时期,伴随着语文教学改革的态势,会有相应的变化,它反映了人们对语文课程内容的认识并非一成不变,而是有所差异的。这与一直以来为人们所称道的所谓语文教学"八字宪法",即"字、词、句、篇、听、说、读、写"基本一致。"字、词、句、篇"为基础知识,"听、说、读、写"为基本能力。

将语文教学的基本内容置于课堂呈现的过程中,就演化为各种各样的课型。所谓课型就是"根据不同任务、内容和方法等共同特征划分的课堂类型"。(朱绍禹,《语文教育辞典》)由此可见,语文教学的内容与课型之间也有着密切的联系,而对教学内容的理解与课型的相应改变则又与从"课改"到"改课"的深度与广度有着密切的关联。正是从这个意义上说,我们对阅读教学的历史和现代、意义和定位、内涵和外延等关系的认识和革新,是处在不断深化的过程之中。因此也就不难理解2014年全国青年教师阅读教学观摩活动推出"阅读系列课"和"表达系列课"的变革,所指即是以阅读为主的系列课型和以表达为主的系列课型,自然也体现了全国"课改"的某种发展态势。

二、从课型创设感受改课走向

正因为课型是上课具体形式的种类,所以形式必然是相关内容的反映。这里的内容不光指教材,也包括了对课程内涵和应达到的目的及手段的理解。如中国小学语文教学一直以来均以阅读为本位,而不是以写作(表达)为本位,这就决定了语文主流课型的特点:一是以诵读历代的现成诗文为主体;二是阅读又以诗文内容的礼义说教为主干;三是阅读方式则不能不以学生单一的过度的记忆、背诵为主业……这就决定了课堂的呈现只能以教师对诗文内容的讲解为中心。在古代,由于言、文的分离,这种讲解多少还有一点存在的理由。问题是传统的力量总是十分强大，发展到现代，这种教学模式仍然没有大变。尽管课文已经是白话文了，但"课文内容"分析式的阅读课型特点依然故我。即使在20世纪50年代从苏联学来了有利于激发学生思维、表达的"谈话法"，但终因"水土不服"，还是被改造成了变相的教师分析讲解。提问只是琐碎浅表式的"无疑而问"，学生用课文中的一个句子甚或是一个词来回答，就可以赢得掌声。这样的"谈话"从本质上说，还是教师单边的分析讲解，偶尔问问学生只是一种点缀，以避免教师一讲到底的尴尬而已。

对阅读教学的这种狭隘、僵化的理解和运作，妨害了对语文课程性质的正确认识。在"课改"中颁布的"课标"明确提出"语文是一门学习语言文字运用的综合性、实践性课程"，这是根本性的理念革新。语文教学的关键不是由教师作论理的、知识的讲解传授，而是要求学生来自我实现学习语言文字的运用。对此，吴忠豪教授认为语文教学内容可以分为"本体性"教学内容和"非本体性"教学内容两大类。"本体性"教学是指反映语文课程本质特征的，并由这门课程独担的教学内容，如语文知识、语文学习方法和语文技能等；"非本体性"教学内容，是指情感、态度、价值观等各科共同承担的教学内容。因此，我们不能把理解课文内容的教师分析讲解视为语文教学的主要内容。这是很有见地的。当然，我们也应当看到的另一面是语文科的"本体性"教学内容和"非本体性"教学内容之间的关系，比之其他学科又有所不同。这是因为"语言是思想的外衣"，语言（"本体性"教学内容）和情感、态度、价值观（"非本体性"教学内容）之间的关系比之其他学科来更为密切，甚至在许多情况下难以分割。所以"课标"中还特别强调了"工具性与人文性的统一，是语文课程的基本特点"。但是，正如吴忠豪教授所认为的："这样分类（指'本体性'教学内容和'非本体性'教学内容——笔者注）的最大好处是能够让我们清晰地厘清什么是语文课程的本职任务，什么是语文课程的'兼职'任务。语文课程理所当然地应该以本体性教学内容，即语文课程的'本职'任务为目标组织教学。"这确实是有道理的。所以，单一的、以教师讲解分析课文内容为主的阅读教学，在实现学生学习语言文字运用的过程中显得耗时费力，少有作为，而且有些势单力薄了。这也就是历时25年的全国青年教师阅读教学观摩活动"越来越陷入教学内容单一、教学形式趋同的境地"（陈先云语）的原因了。这就关系到阅读教学从理念到课型，都面临着时代的严峻挑战，并必然引出改课的一种新走向。

三、阅读教学不能再"画地为牢"

如果我们从语文课程"是一门学习语言文字运用的综合性、实践性课程"来看，阅读教学就必须从以课文内容分析讲解为主的误区里走出来，以"运用"为着眼点和立足点，重构阅读教学的新视界，不可再进行"画地为牢"的自我捆绑。这里，主要有三个方面可作反思。

1. "语文教学以阅读教学为本位"的定位观需要反思

传统的语文课程是以阅读教学为本位的。一本语文课本，就是由一篇篇现成的文章编成的，主要任务自然是"阅读"。说话、习字、写作都没有专门的、分量足够的专用课本。这多少与古代语文教学的传统有关。教学生识字启蒙后，即读四书五经，"诵读"的方式几近语文教学的全部。诵读当然首先要理解，要理解，教师自然要讲说礼义之教、忠孝之道。直至现代，依然视阅读为写作的基础，所谓"读书破万卷，下笔如有神"，只要阅读有足够的量，写作似乎不是问题。其实并非如此，喜欢看课外书的孩子不少，但未必作文就一定好。从另一种角度看，作文比阅读会更难。阅读，只是读别人写的；写作，要自己写出来让别人可读。所以，有些专家认为教阅读，应当教指向写作的阅读。潘新和教授就说过"语文教育，指向表现和存在"，我们应该"为了教写作而教阅读"，"教阅读是为了培养写作素养、言语人格"。语文教学的"终极目的是写作，是言语、精神创造，是以言语表现、创造彰显人类的生命、精神的存在价值"。这是很有深度的识见，起码对"语文教学以阅读教学为本位"的定论是一种有益的反思。

2. 对课程发展的多向性需要有新的认识

语文课程的发展是多向的，正如科学的发展一样，它既有不断分解式的发展，又有不断综合式的发展。在阅读教学领域里也一样：一方面，既有分解式的课型变化，如"阅读"有纯课文阅读，又有课文之外的文本拓展式阅读（围绕课文选一二片段作拓展比较）、读一篇（课文）带一篇（另选）式的阅读、群文（带两三篇）的全文阅读和主题阅读（围绕某一主题读几篇），等等。另一方面，阅读教学也有综合式的课型变化，如阅读与"运用"训练相结合，阅读与口语交际相结合，阅读与写作相结合，阅读与学习实践活动相结合，等等。今天，阅读改革更多地体现在综合发展的走向上。这是因为，语文课要更好地体现"学习语言文字运用"的功能，阅读教学就不能死守一隅，抱着以教师对课文内容的讲说为主这一陈规劣习不放。多元结合，无疑是它的唯一出路。

3. 从"读写结合"到"读写一体"应当成为语文改课的"新常态"

"读写结合"是我国语文教学的优秀传统经验之一。即使在"以阅读教学为本位"的大环境里，人们也未敢否定读写结合的正当性和有效性。叶圣陶先生早在1942年的《略谈学习国文》一文中就指出："要从国文科得到阅读和写作的知识，养成阅读和写作的习惯。"那么，阅读和写作是互不相干吗？不是的，"阅读是'吸收'的事情，从阅读，咱们可以领受人家的经验，接触人家的心情；写作是'发表'的事情，从写作，咱们可以显示自己的经验，吐露自己的心情"。在这里，叶老把"经验的授受"（阅读）和"心情的沟通"（写作）两者的关系密切起来，并指出这"就是学习国文的目标"。

但是，对于"读写结合"，我们多少还是把"读"与"写"看作是"两层皮"，所以必须"结合"起来。其实从生命的活动机制看，"读"与"写"就是"吸"与"呼"，是一个完整的呼吸循环系统。有"吸"才有"呼"，有"呼"才要"吸"，相辅相生、相依相存，才有了生命的存在与表现。正是从这样的角度看问题，"读写一体"应是语文教学的本位所在。所以，阅读教学必须走向更高的综合化层面，才能从根本上体现语文课程的"语言文字运用"的性质。

四、以语文"运用"为主线的课型综合化发展

依据历来的分类规范，阅读、作文（写话与习作）在之前的实施过程中基本上各守藩篱，不越雷池一步。可今天看来这已不适合"语文是一门学习

语言文字运用的综合性、实践性课程"这一对语文课程性质的新定位。另一方面，它也确实不符合生活实际中的语文运作状态。从高考作文试题看，近几年盛行的主流基本上是"结合材料作文"，写作的实现必须以准确阅读所供的材料为前提。这考的虽然叫"写作"，但如果材料阅读不到位，写作会大打折扣，你能说这考的是"纯阅读"还是"纯写作"？所以，语文运用的能力往往是综合的，而并不存在阅读与写作的截然分野。

这种看重语文综合运用的意识，也必然会反映在当下的课型设计上。没有绝对的纯阅读课，当然也会少见绝对的纯写作课。有的只是以阅读为主或以写作为主的综合课型。"运用"让传统的"读"与"写"都趋向于更具综合性的课堂操作之中。这就使全国延续25年的"青年教师阅读教学观摩活动"必须思考，由"课改"促成的"改课"应当如何摆脱对教科书过分死板的依赖和以阅读教学"为本位""为中心"的过度束缚。但是，我们应如何对当下千姿百态的课型创意作新的归纳和概括？"阅读系列课"和"写作系列课"也就这样应运而生了。尽管作这样的概括还不一定最贴切、最完美，但这不要紧，可以在改革实践中不断进行验证和升华。问题的可贵之处是，我们已经感受到了这样的变化，而且看到了这种变化可以产生的正能量。

在"阅读系列课"和"表达系列课"中，一个关键词是"系列"，何谓"系列"？《现代汉语词典》的解释是"相关联的成组成套的事物"。"阅读系列课"当然指以阅读为主线的各类综合变式的课型，是成组成套地呈现的。如果说"阅读"是一个单一的"种概念"，那么"阅读系列"便是包容相当宽泛的"类概念"，是"阅读＋X"。"表达系列课"用"表达"而不用"写作"，则包容更宽泛，因为"表达"不仅指书面表达（写作），还包括了口头表达，是"表达＋X"。由此可见，一名之改也是"多年踟蹰"，它确实足以体现"课标"对语文课程性质的准确诠释，足以反映课改在攻坚克难中的前行走向，也足以呈现出广大语文教师积极参与课程建设、课型创新的热情和成效。

"后作文时代"：在自由表达中提升核心素养

"文章天下事，得失寸心知"，"天子重英豪，文章教尔曹"……这些耳熟能详的警语，说明了文章在我国拥有的特殊地位。虽然我们在源远流长的作文教学发展过程中，不时有诸多精华可作继承，但历史的包袱确实也分外沉重，这是不争的事实。

新中国成立以来，作文教学历经多次改革浪潮的冲击，特别是"新概念作文"凤凰涅槃式的洗礼，作文教学由"为他人立言"逐渐转向了"为自我言说"，由注重技巧模仿转向关注真实的思想表达。在小学则已将"作文"课程放低难度，一、二年级叫"写话"，三至六年级称"习作"。换句话来说，我们已进入了"后作文时代"。

"后作文时代"是一种怎样的状态？一位小学生写的一篇周记，也许可以帮助我们获得一个视角："这个星期老师说要写周记，要求写够一百字，现在再写九十个字就达到了，还有大约八十个字就够了，还有大约七十个字就写完了，还有大约六十个字就写完了，还有大约五十个字就写完了，还有大约四十个字就写完了，还有大约三十个字就写完了，还有大约二十个字就写完了，还有大约十个字就写完了。我好开心啊！终于写完了。"

这个小故事可以从侧面呈现出"后作文时代"的一个缩影。一方面，作文还不能完全摆脱在教师指令下被迫完成痛苦的作业这种状态；另一方面，小学生似乎已不太喜欢用套话、假话、大话来凑数，而更倾向于大胆暴露自己的真实感受。对此，王尚文教授在博客上表达了他的看法：可以说，小作者把没什么可写却不得不写这一处境非常传神地写出来了。我反复品味其字里行间的味道，觉得它简直就是一篇杰作，作者也许就是我们中国人再拿诺贝尔文学奖的苗子。在王教授幽默而不无调侃的话语中，我们不难领悟到他对小学生敢于思想写真的欣赏。

从"伪装神圣"到"自由思想"，从"模仿套袭"到"敢于写真"，从"为人立言"到"为己说话"，无疑是"后作文时代"的转型节点。不管你想不想承认，会不会承认，小学生正在迈入它的"变声期"。这里，从"传统作文时代"向"后作文时代"华丽转身的实质是作文正在由基于言不由衷的套袭，向基于真切体验的表述转轨。实实在在地抒写自己的感受，真真切切地表达自己的思想，使写作回归于生命的原点，这正是基于体验的写作本色。所谓"体验"是在个体亲历亲为的践行过程中所获得的感受，而不是立足于人云亦云的鹦鹉学舌。"课标"在第二学段（三、四年级）提出了"观察周围世界"的要求，第三学段（五、六年级）则进一步要求"养成留心观察周围事物的习惯"，而这一切又都在指向"关注现实，热爱生活"，去"表达自己的见闻、体验和想法"，这些都凸显了真切体验的价值所在。

在"后作文时代"，无论是"写话"还是"习作"，都必须以表达生命的真切体验为依归。正是因为习作所具有的真实、真心、真情的表达，才使它更有利于提升习作者的核心素养。鉴于未来社会对今天人才养成的严峻挑战，教育更加关注受教育者在终身发展和社会发展中的必备品格和关键能力（也就是核心素养），这已成为世界教育改革共同关心的问题，且真正的核心是人的健康个性和健全人格，即人的自主性、自立性、自信心和自强心。让小学生习作关注自己的内心世界和思维活动，真实自由地表达、交流在生活体验中的真切感受，正是核心素养得以培育发展的重要基础。尽管儿童的内心活动、所思所言，不一定正确、完善，但这是正常的成长过程，说出来、写出来肯定要比捂起来好。因为只有说出来、写出来了，才可以得到教师家长和同学的帮助，不正确的会日渐正确起来，不全面的也会逐渐全面和完善。真实地学，真实地说，真实地写，真实地做人，比什么都重要。正因为这样，"后作文时代"的自由表达、真实表达是十分有益于学生核心素养的提升的。笔者认为，这应当成为"后作文时代"习作教学研究和实践的焦点与光点。那么，在小学的写作教学中，我们又应当怎样做呢？

一、表达需求要大于意义追寻

小学生写作无疑是一种思想表达,而表达的动力则源于小作者有表达的需求。有需求才会有表达的冲动和欲望,也才会有表达的兴趣和快乐。如果作者在快乐表达中感受到有另一种意义的释放,自然是好事;但并不是所有的个人表达都会有某种伟大的意义产生。在这种情况下,与其为了追寻某种意义而去编造表达或无病呻吟,就不如把满足表达的需求放在前面,而不去追寻所谓的"意义"。特别是儿童有其年龄特征和认知水平的局限,保护好他们的天真和童心,对其一辈子的发展至为重要,更不应在所谓的"意义"层面去干预他们本来应有的至善至美的"天籁之音"。即使表达得有些不够正确,也是在他们的成长过程中很正常的现象,教师、家长都可以进行适度的引领。在封建社会尚且有"童言无忌"一说可以为他们网开一面,更不要说在 21 世纪的当下了。一位一年级的小朋友写的《中山陵》,被老师判了"不及格":"昨天我到中山陵玩,看到三个孙中山。下面一个站着,是铜的。爬到上面,房子里有一个坐着,是白色的。屋子里还有一个是睡着的。"若按"写话"是"我手写我口"的要求,写得如此天真、实在、清楚,为什么还"不及格"?当然是因为"没写出意义",诸如"辛亥革命伟大的先驱者"之类。我们总是习惯于把"意义"定位在远离孩子真实生活、真实思想的那些地方,这就会为孩子设置一道自我表达所难以跨越的屏障,而完全消解了他们的表达欲望与自信,一起步就害怕写作是另有一套要求和标准的技术活。这正是小学生写作的莫大悲哀。

二、真切思想要先于文字技巧

有人比喻学生作文就像木匠制作一件家具,先要根据总体目标和尺寸(如做一把椅子或是桌子)制作好各个部件,由粗到细进行加工,然后再把部件经过调整和精细加工,组合成一件木器。这话有一定的道理。问题是木工所需的木材是现成提供的,木工只要有制作技术就可以了。而作文所需的原材料却要出自作者内部的思想和体验,并不是现成的。所以,光有写作技术不行，首先还得有思想，有体验。要有真切的思想和体验需要表达（这是内容），而后才是表达的技巧（这是形式）。当然，写作技巧或形式也很重要，内容总是要通过一定的形式来承载，但毕竟内容是第一位的，是内容决定形式。作文就是要从内容入手。因此，真切的思想无疑应优先于文字技巧。真切的思想人人都有，但文学技巧对于初学写作的孩子来说就是一件难事了。

荣获 2006 年首届冰心作文奖小学组一等奖的一篇作文，是三年级学生郦思哲写的，全文仅 107 个字（不含标点），却从海内外 5 万多篇参赛作品中脱颖而出。作文虽然篇幅短小，有人以为不太像一篇作文，但最终还是打动了评委们的心："前段时间，妈妈去杭州学习，去了好长时间，可能有一个月吧。今天，妈妈终于从杭州回来了，我非常高兴！因为妈妈的怀抱很暖和，因为妈妈回来了，爸爸的生日就能过得更好，因为妈妈在家里会给我读书……妈妈不在家的时候，我很想她，想妈妈的感觉，是一种想哭的感觉。"

显然，这篇作文打动评委的无疑是作者思想情感的真切动人。论文章的结构，谈不上有什么技巧；论遣词造句，更是平常之极，没有一点儿华丽。可以肯定地说，在这来自海内外 5 万多篇的参赛作品中，结构精巧、文字雅致的一定很多，可为什么偏偏这篇"不像作文"的作文胜出？由此看来真切思想确实应先于文字技巧。这绝不等于文字技巧不重要，问题在于写作的原点毕竟是思想的真切表达和情感的倾心交流。

三、实话实说要优于模仿掺假

发生在 21 世纪初重庆綦江县彩虹桥的坍垮，死伤了好些人，曾震惊全国。但当时报载最早发现彩虹桥要垮的却是一位儿童。綦江县中山路小学一位姓刘的小学生在一篇题为《彩虹桥要垮》的作文中写道："桥上有的铁棒有裂缝，我看见了好几条。我觉得太危险了，仿佛马上就会落下去，眼前像地震发生了一样，我飞快地跑下了大桥……"遗憾的是，这样一篇实话实说的作文，尚未拿到老师那里，就被他妈妈封杀了。他妈妈毫不犹豫地将标题改掉，把这段文字删去，要孩子改写，并郑重地告诫他："彩虹桥是美丽綦城的标志之一,应当用优美的文字去描绘它才对,不要说这些不吉利的话。"他妈妈以慈母的爱子之心删掉了一段出自孩子内心的真话,教他模仿套话来掺假,竟无意中扼杀了孩子的一次重大发现。据此,有人建议应当在坍桥的遗址建一座"耻辱碑",碑文无须劳名人提笔,就用这位小学生的这篇作文好了。

作文确实不宜有太多的模仿掺假。按理说,模仿是学习之母,许多学习都会从模仿起步。但在不同领域,模仿的性质、程度是不一样的。若论习字临帖,那是模仿得越像越好,越多越好,但作文就不一样了。作文是思想的表达和交流,而思想是不能模仿的,因为每个人都要有自己的思想,它与别人的思想会不一样。如果思想认识上也去模仿,就难免会"掺假"。若一定要说作文也离不开模仿,那只能是"读书破万卷,下笔如有神"的吸收与再造,是隐性的模仿。最多也就是在文章结构布局、用词造句上的或可借鉴,但也不能照搬,成了抄袭或套袭。所以,作文的实话实说无疑应优于模仿掺假才是。

当代著名作家毕飞宇在回忆他中小学时代的作文时说:"毫不夸张地说,那时候我的所有的作文里头没有一句我自己的话,没有一句真正属于我内心的话。从小到大,我在作文方面得过数不清的小红旗与五角星,我成了一只快乐的鹦鹉。我意识到自己是一只鹦鹉的时候我已经是一个大学中文系的学生了。必须承认,直到那个时候我依然不会表达我自己,首先是勇气方面,然后才是技术问题。如何表达我自己,我必须从头来过。"(王丽,《我们怎样学语文》)可见,学生"不会表达自己",不会实话实说是悲哀的事。这不只是关系到作文,更严重的是会关系到健全人格的养成。

四、真情实感要高于矫揉造作

余秋雨先生在《作文连接着健康的生命》中认为:"作文训练,说到底,是生命与生命之间表达和沟通的训练。"所谓生命的表达和沟通,简单地说就是四个字"表情达意"。然而"表情达意"应当是有要求的,这个要求便是表真情,达实意,而切切不可表虚情,达假意。但传统作文教学中的严重弊端，恰恰就是这种真实的表情达意的缺席，一如八股文那样习惯于无病呻吟，矫揉造作。为此，"课标"十分强调学生的写作要"说真话、实话、心里话，不说假话、空话、套话"，要"表达真情实感"。《北京晚报》（1994年4月6日）登载过这样一则趣闻（晓昕文）：某女教师批阅学生入学试卷时，正巧看到自己儿子的作文，题目是《记我身边一位最难忘的人》。女教师心中正为曾给儿子辅导过类似的作文而暗暗高兴，可映入这位母亲眼里的第一句话竟是"我母亲在我3岁那年就去世了……"当时，她气得几乎晕倒。回家后，就跟儿子说："你怎么能这样写作文！……"不料孩子不仅不接受批评，还理直气壮地说：这不是作文吗？作文能这样较真吗？我要得个好分数，就得把事儿写得不一般，特别能让人动感情……

这正是写作教学背离了"生命与生命之间表达和沟通"这一原点所结下的苦果。按理说"表真情、达实意"是最不难的事儿，心里怎么想，口里就怎么说，手里就怎么写，不就行了。问题看来就出在这个"作文"的"作"字上。过度地为了"作"就要刻意加工，就要造作，就会无中生有，就会弄巧成拙，就会闹出各种各样的虚情假意。这样处心积虑地"作"的结果，本来可以写得清楚明白、说得自然顺畅的文章，反而变得别人看了很不舒服、大倒胃口。而学生也因为这种矫揉造"作"的不自在、不舒心而变得害怕作文、厌烦作文了。

五、直面生活要重于无病呻吟

听福建名师何捷老师的一堂作文课《备受关注的大事件》，对当下小学生习作选材的导向上，确实别开生面。这不仅关乎小学生（特别是高年级）如何把习作指向对现实生活的直面与思考，而且体现了能否坚守写作原点去育人、立人的根本方向。何老师从"写一写自己关心的事"入手，把"身边事"的个体性，逐步引向"大事件"的社会性，为由近及远地"关注现实、热爱生活"铺平了道路。特别值得肯定的是何老师对"备受关注的大事件"的引导方略：先在亲切的对话中说孩子们关心的事，激起"话语欲"；进而由学生自行讨论大家都感兴趣的事，来确定"话题圈"；然后再就作业量等感兴趣的诸问题来集中"话题点"。如此"步步设台阶,一步一重天",使"大事件"变成了学生有话要说,有话可说的"关心事"。

与一位朋友聊起当下习作教学的事,他颇有感触地叹惜:现在的小学生习作是幻梦多了,真实少了;抒情多了,记叙少了;"小资"多了,童心少了;矫揉多了,平实少了;臆想多了,现世少了;阴柔多了,阳刚少了;"上帝"多了,自己少了……总起来是一句话:模拟"天马行空"的多了,直面现实生活的少了。这话不无道理。"课标"对写作的要求明确是"能具体明确、文从字顺地表达自己的见闻、体验和想法",显然,丰富的见闻、真实的体验和个性化的想法,都应当来自我们的现实生活之中。"备受关注的大事件"这样的习作选题,瞄准的正是当下儿童写作(特别是高年级)直面现实生活的严重缺失。应当说它对于克服当前小学习作教学中的虚拟化、矫情化、伪圣化和新套话化有十分重要的开拓意义和救失作用。这不仅关系到能否坚守写作的主旋律问题,而且还直接关系到如何"为学生形成正确的世界观、人生观、价值观,形成良好个性和健全人格打下基础"。

笔者在这里从五个方面论述"后作文时代"应当特别予以关注的焦点和光点,当然不是问题的全部,但已关系到核心素养中一些最基本的方面:童真,说真话,诉真情,看真事,做真人。陶行知先生说得好:"千教万教教人求真,千学万学学做真人。"这正是"后作文时代"应当关注自由表达,以提升学生核心素养的关键所在。

第八辑 - 8

民族传统文化:"汉语文"教育之魂

◎ 中华文化独一无二的理念、智慧、气度、神韵构筑了中华民族伟大复兴的中国梦!而这种文化的载体和精魂便是"汉语文"。

◎ 语文新课程不只是技术性语言训练的工具,还承担着文化建构的使命。

◎ 中国语文传统教育的经验,是不容忽视的瑰宝。五千年的积淀,需要我们有新的审视和发现。

◎ "用中国功夫教学中国语文"既是历史的昭告,也是时代的选择!

◎ 应当深刻反思事关中国语文课改的这个根本点。

◎ 生动的汉语文史需要故事与细节,而深刻的汉语文史则需要理性与反思……

"课标"语境中的语文传统教学经验审视

始于世纪之交的我国第八次基础教育课程改革,是一次全面的整体性改革。"课标"的制定和实施,无疑会较多地面对21世纪信息化、全球化、个性化时代的挑战,作出积极的应答。这也确实给语文教学改革带来了许多新的理念和对策,如:尊重学习主体的特点和发展需求;确立以人为本的三维目标;积极提倡自主、合作、探究的学习方法;构建平等对话的课堂运作机制;关注学生的个性化阅读和独特体验;重视课程资源的开发和知识的综合运用;等等。这不仅有效地提高了语文教育的全面质量,而且从根本上强化了语文课程的时代建设,确实是功不可没。但是,任何一项改革都不会一帆风顺,都有待在实践探索中更趋完善。在"课标"语境中的语文课程实施当然也不会例外。当我们在看到"课标"给语文课堂改革带来的许多新景观的同时,也发现了绝非个别的一些不良现象,特别是"泛语文"甚至是"去语文""非语文"的倾向,更是不容忽视。这些问题归结到一个根本点是对我国语文教学传统经验的承传关注不够。如此认为的归因有四:

其一,信息不够对称。"课标"的制定无疑会反思原来《语文教学大纲》中许多的"不合事宜",会更多地考虑到如何应对新世纪的全球化挑战,会参考一些外国母语教学乃至"课标"制定的成功经验,也会有选择地吸纳西方的"后现代课程论""建构主义""接受美学""多元智力理论"等现代思想。所有这些当然是必要的,可以体现多元文化的优势。但从教师队伍的构成现状看,青年教师正在成为主体。他们工作经历有限,对于纵向的民族的语文教学发展历史和传统经验,往往知之不多;而对当代的、横向的新理念、新信息,则比较容易发生兴趣,接受较快。这两种信息的不对称,容易导致汉语文固有的本色、本真的淡出。这本来被人们视为不应丢失的东西，现在恰恰失落了。

其二，本体遭遇遮蔽。中国语文教学的本体是汉语文，若从甲骨文的发现算起有五千年的悠久历史，若从孔子开讲《诗》《书》《礼》《易》《乐》《春秋》算起，也有两千五百年的传统了。汉语是以汉字为基础的。汉字是世界上最古老的文字之一，在其他几种表意文字先后消亡之后，唯独汉字不仅一直在中国历史上扮演重要角色，而且曾先后传入朝鲜、日本、越南等一些国家，被借去记录他们民族的语言。如今，汉语又是国际通用语言之一。汉字不同于多数国家所采用的拼音文字，而是一种表意文字，强调的是"意合性"，显示出一种以形示意的文化形态。每一个汉字兼具"三码"（形码、音码和义码）和"复脑"（既可形象思维又需抽象思维）的特点，独立性很强，犹如活跃的化学分子，在滚动碰撞中可以自由地组词成语、连句成篇。以此构成的汉语，重在意合，其意蕴要从上下文中体味，重在整体感知。这种特点在一定程度上，不仅决定着汉语文的教学方法和学习规律，也从深层次反映出中华文化特征和东方思维方式。语文学家王森然先生在20世纪20年代末曾说过："其他各种的教材教法，内容工具，似乎还有可借镜于他国先例的地方，特有国文，非由我们自己来探索不可。"这是很有见地的。虽说汉字、汉语在漫长的历史中也有了一些变革发展，但血脉没有变，总体没有变，学习汉字、汉语的基本规律当然也不会变。借鉴西方母语教学中的一些思想虽属必要，但必须充分考虑是否适合汉字、汉语的自身特点和教学规律，不可遮蔽了汉字、汉语本体。应当说，还是中国人最懂得如何教学中国语文，因此也应当特别重视中国语文教学的传统经验，那毕竟是经历了漫长的历史考验被证明是切实可行的珍贵认识。

其三，批判淡化继承。应当看到，由于中国古代的语文教学不是单独设科，而是和哲学、经学、史学等融合在一起，语文教学偏重于读经传道，其内容充斥着儒家教义和封建礼数；又因为历来的言、文不相统一等原因，中国古代语文教学的许多方面常被视作落后而招致批判。而民族虚无主义者更因近代的西学东渐和慑于西方科技文明的心态，视传统语文教学为封建糟粕，"汉字落后论"的呼声甚高，以致不少人曾有将汉字拉丁化的改革设想。

在这种批判浪潮的冲击下,必然也会祸及对语文教学历史经验的公正评价,视此为冬烘先生的陈腐烂调,完全不科学。这样的批判大潮已成为过去,"汉字落后论"也正在被时代的现实证明为谬误。历史的进程已经表明了汉字是最具生命力、最优美、最智慧的文字,具有完备的系统性,鲜明的示差性和高适用性,即使在计算机输入上也比拼音文字更见优越。然而,曾经泼向汉字、汉语的脏水,还一时难以在人们的头脑里洗刷干净,这在一定程度上影响着我们对中国语文教学传统经验的珍视和承传。

其四,浮华排挤扎实。改革开放为东西方多元文化的交流和碰撞创造了十分有利的条件,在语文课程深化改革的今天,我们借鉴国外的一些当代学说和先进理念,引入西方国家母语教学的某些经验,这不仅可行而且十分必要。然而当这些"舶来品"一齐涌来时,我们需要时间将它们与中国国情相融合,与汉语文教学的特点和规律相适应,需要有一个民族化的消化吸纳过程。如果只是一窝蜂地"拿来",或者半懂不懂地照搬,难免会被人们看作一种"时尚"而风行一时。被这种追慕"浮华"的情绪所捆绑,会使我们排斥曾经被证明是行之有效,并且足以朴实地反映出语文学科本色、本真的那些传统的教学行为,甚至视这些本该传承的宝贵经验为"老土""不合事宜"而自觉不自觉地予以抛弃。这也许正是当今人们特别呼唤"本色语文"的归来,希望语文课堂重视扎扎实实地"学语文"的原因所在。

新课改虽然是面对21世纪全球化挑战所作出的战略回应,其重大意义远远超越了课程教材的范畴,但绝不是推倒重来,而是我国2500年语文教育历史发展过程中崛起的一个时代高度。今天的语文教学改革无论有了多少现代化的发展,都无法抛开传统,另辟一个全新的文化生存空间。因为传统是无法割断的奔腾汹涌的历史长河。今天的"现代",将是明天的"传统";而今日的"传统",正是昨日的"现代"。传统是一代代人创造积累的,现代人实际上活在古人的历史文化之中。所有的发展创新都离不开吸纳前人的成果。当然,接受传统也不是搞历史倒退,试图在已经消逝的时空里去建设现代的语文课程文化。其实在"承传"的语义中就包涵着在"承前"中"启后",在"继往"中"开来"的蕴意。新"课标"的"前言"部分,开宗明义地指出:九年义务教育语文课程的改革,应注意"总结我国语文教育的成败得失","遵循语文教育的规律";在"课程的基本理念"部分也强调"语文课程还应考虑汉语言文字的特点对识字写字、阅读、写作、口语交际和学生思维发展的影响"。显然，这些阐述，都指明了继承中国语文教学传统经验对于深入开展语文课程改革的重要意义。但是，在实践中我们还是能明显感受到对汉语文传统教学经验继承发展之不足。巢宗祺教授（教育部语文课程标准制定小组组长）在2001年11月14日接受《语文学习》编辑部的采访时就已经表示："课标"在实施上怎样更有可操作性，还有待通过实验加以改进。因为现在有许多目标是带有前瞻性的，以前没有。处理前瞻性和继承性的关系有待探索。

国学大师南怀瑾先生在接受访谈时曾说到：现在一般的人们，"太过年轻现代化了，根本不知道过去传统的教育方法，是多么的轻松愉快，儿童们在歌唱舞蹈的气氛中，达到文化教育的水平。古人们说'弦歌不绝'，就是这种境界"。前人把"最难记的'算术''天文''地理''物理'等学识，都编成'歌诀'来唱，声声朗诵。那便是最高明的方法……"著名语文教育专家李伯棠先生在其所著的《小学语文教材简史》（山东教育出版社，1985年版）中也曾一针见血地指出："我们进行语文教学，教学生识字、读书、作文，必须掌握两条原则：一是要符合本国语言文字的特点，二是要符合学生学习本国语言文字的规律。……我们的前人，在长期的语文教学实践中，在这两方面，已经摸索出一些门径，积累了不少经验。这是我们语文教学中的一份宝贵的遗产，必须有分析、有批判地加以继承。"那么，在实施新"课标"的语境中，体现对汉语文教学传统经验的承传，我们应当注意哪些问题呢？

一、"识字为先"与汉字文化意识

汉语以汉字为基础，所以在汉语文的学习中识字具有特别重要的意义。明代的《教学良规》中就明白指出"教小儿须先令其认识所读之书之字"；清代王筠在《教童子法》中更强调"蒙养之时，识字为先，不必遽读书"。所以在我国语文教学的历史上不仅有以"三百千"为代表的集中识字教材，而且有极为丰富的识字教学经验可供借鉴。由于小学是基础的基础，识字量的达标，识字工具的掌握，识字方法的熟练运用，能用硬笔和毛笔书写汉字并体会到汉字的优美，以及识字、写字良好习惯的养成，基本上都必须在小学阶段完成。教育部基教司2000年1月20日在《关于当前九年义务教育语文教学改革的指导意见》中就强调指出："应充分考虑汉字的特点，以提高识字教学效率。同时，让学生在识字过程中初步领悟汉字的文化内涵。"然而教学现状不能令人乐观。识字教学未能真正体现新"课标"所倡导的小学语文"1～2年级的教学重点"，对传统的识字教学经验又缺少了解。在三至六年级的语文教学中对识字教学更为忽视，一次出现一黑板（或屏幕）的生字，一读了之的现象屡见不鲜。其实，汉字在中国是比龙、比长城不知伟大多少倍的创造。汉字的方块形和表意性，不是它的落后，而正是它最可宝贵的长处。可别小看了构成汉字的那些笔画线条，在其变幻无穷的组合中，凝聚的正是华夏民族的审美情趣和炎黄子孙的生命意识。这正如余秋雨所言："东方式的线条是精神的轨迹，生命的经纬，情感的线索，在创作过程中又是主体力量，盈缩收纵的网络。"另一方面，就信息的存量来讲，点不如线，线不如面，是几何学的常识。汉字的两维平面方块，比线形文字的信息储存功能自然会大许多。这正如一位日本学者所讲，一个汉字便是一个电子集成块。汉字融"三码"（形、音、义）于一体，兼有"双脑"（图象化的形象思维与意合性的抽象思维）开发的功能，堪称是一种大智慧文字。现在有人认为，小学语文教学的现代效益，应当是提前读写，发展思维，这当然有一定道理，但不能因此就排斥了识字教学的独立价值。这正如语文学家宋永培先生所讲，汉字这个书面符号，它的灵魂是义，是作为系统而存在与活动的义，所包含的是中华民族的精神及其反映出来的文化观念。现在，人们有意无意地把汉字的定义仅仅限制在脱离了文化内涵的一串声音或符号的范围，是受苏化、西化影响的结果。他们的文字是直接写的，只注重读音自然无可厚非，但以此来对待汉字的教学就近乎荒唐。20世纪50年代，印度时任总理尼赫鲁曾对自己的女儿讲："世界上有一个伟大的国家，她的每一个字，都是一首优美的诗，一幅美丽的画，你要好好学习。我讲的这个国家就是中国。"可是在我们的识字教学中，却远远没有达到把每一个字看成是一首诗、一幅画来教学，甚至或多或少把识字只看成是为了"扫除阅读障碍"的一个教学环节，为进入阅读和写作搬掉"绊脚石"，忽视了汉字文化的丰富内涵和宏大价值。正因为小学的识字教学没有充分到位，发生在大中学生中，写不好字，不能正确用字等未能过好文字关的严重现象也就不可避免。这不仅关系到语文教学的质量，也影响到一个人的整体文化素养。

二、"文以载道"与"文道结合"理念

我国古代的语文教学并不单独设科，而是与经、史、哲等结合在一起，换一个角度看，语文教学更深地体现了以"求善"为目标的儒家"伦理型文化"的本质特征。从孔子到唐代的韩愈与柳宗元、宋明理学家和清代桐城学派，关于"文以载道"的论述可以说是连篇累牍。尽管古代的"道"所指乃儒宗教义、封建礼数，并不如现代那样泛指思想内容，但文与道必须相结合的观点，或者直截了当地说就是语言形式与人文内涵必须相结合的观点，仍然可以一脉相承。如唐代的柳冕在《答荆南裴尚书论文书》中就说："夫君子之儒，必有其道；有其道必有其文。道不及文则德胜，文不如道则气衰。"言说者从强调文质必须兼备的角度，提出了文道统一之重要。宋朝的周敦颐，直接指明了"文以载道"的关系："文所以载道也。轮辕饰而人弗庸，徒饰也。况虚车乎？文辞，艺也；道德，实也。笃其实而艺者书之；美则爱，爱则传焉。"（《通书·文辞》）朱熹对文与道关系的比喻更为明彻、直白，他认为"道者文之根本，文者道之枝叶。惟其根本乎道，所以发之于文皆道也。三代圣贤文章，皆从此心写出，文便是道。"（《朱子语类辑略·卷八》）综观我国从先秦到唐宋古文运动前这一历史时期的语文教学可以称之为"诗教课程"。这是以孔孟儒学为育人目标，并以《诗》的审美趣味，提升学习者的品德情操和言语行为为过程，以培养"厚德载物""文质彬彬"的君子为目的的语文教学活动。唐宋古文运动以后，语文教学则是以"文教课程"为主流。它是以唐宋儒学的育人标准为要求，以唐宋古文的审美情趣，提升学习者的品德情操和言语行为为过程，以培养具有忧患意识、旷达个性的文化人为目的的语文教学活动。（靳健，《我国古代语文课程的性质、特征及其

教育功能》）无论是"诗教课程"还是"文教课程",我们不难发现其同质的精神,即都把学诗或习文与治道教化紧密结合在一起。于此可见,"文以载道"的功能所体现的文道结合的特征,正是我国语文教学传统经验的一个重要内容,新"课标"所强调的"工具性与人文性的统一,是语文课程的基本特点",正是继承中的发展。然而,从20世纪50年代的文道之争,到60年代始语文教学思想性和工具性的反复辩论,到80年代的"重情节分析"还是应该重"语文训练"的反思,直到世纪之交新"课标"提出的工具性与人文性相结合的课程基本特点认定,可谓硝烟不断,其共同点便是反对语文形式及其蕴含的思想内容相割裂。进入新课改,我们在欢呼"人文性"在语文教学中复归的同时,又开始有了以"人文"代"语文"之虑。所有这些,都会使我们深感"文道结合"的语文教学传统理念,确有仍须发扬光大之价值。

三、诵读为本与重在积累策略

以诵读为本是我国语文教学宝贵的传统经验之一,这是由汉语的特点所决定的。汉语不是单音节语言,但构成汉语的汉字是单音节文字,读起来琅琅上口,极富声韵之美。因为汉字的单音节特点,非常容易构成整齐的词语和短句,而且在合辙押韵上,要比多音节的西洋语文容易得多。西方的印欧语系,采用拼音文字,是表于形态的,如语言的格、调、性均标以明显的形式特征和严密规则,可见于视觉。而汉语重意会,无形态标识,语法规则也十分灵活,极具悟性特点,全靠在具体语境中的意会,这就要依靠反复诵读去体悟,读得多了自然能够领略那些不合常规的表达形式。"好不高兴"不是"不高兴","高兴死了"与"死"无关,其实是很高兴。其他如"省略""隐喻""双关""反语""象征"等,又使它足以携带许多的言外之意……总之,汉语所具有的音韵之美、形式之美、意蕴之美都决定了诵读在语文教学中的特殊地位。《荀子》中的"诵数以贯之,思索以通之",点出了熟读精思对于学习汉语的重要;苏东坡送安惇诗云"故书不厌百回读,熟读深思子自知",不仅是指默读,更多的是指出声的诵读,而且在"读"前还要加一"熟"字,更要求反复地读,达到自然成诵的地步。朱熹还提出这种"读"的严格规范:"凡读书……须要读得字字响亮,不可误一字,不可少一字,不可多一字,不可倒一字,不可牵强暗记,只是要多诵遍数,自然上口,久远不忘。"(《训学斋规》)学习汉语文之所以特别要强调读,把读既视为目的又视为手段,关键还在于形成语感,"先须熟读,使其言皆若出于吾之口。继以精思,使其意皆若出于吾之心,然后可以有得尔"(朱熹,《读书之要》)。所以,"读"占鳌头,实在是汉语文学习的不二法门。对此,新"课标"也十分强调"各个学校的阅读教学都要重视朗读和默读"。然而,值得反思的是近代语文教学受苏联阅读教学法和西方阅读教学经验的影响,盛行起重分析、重讲问之风,似乎很难逆转。即使是对现代汉语表达的课文,也是热衷于讲析到底、深度开发,占用了学生本来可以自主诵读的时间。诵读是一种理解,更是一种积累。新"课标"十分重视语文学习的积累问题,有十处提到了"积累"一词,有积累词汇的,积累成语和格言、警句的,积累精彩句段的,还有积累习作素材的,积累生活的。所有这些积累都与诵读课文有着密切的关系。可是,现在连学生能"读通课文"这一阅读教学的"底线"都不再受人关注,或上课伊始,就进入逐段讲问;或干脆把读通课文赶入无法控制的所谓"预习"中去。一方面课堂上很少看到教师有读通课文的训练,对读通课文的检查,和对读不通课文的细心指导;另一方面不少教师又觉得第一教时无事可做,习惯把一篇完整的课文割裂开来讲析,先忙不迭地把一、二段讲掉再说。须知学生连课文还不能读通,又如何谈得上理解、感悟,又如何谈得上形成语感。学生多读、少读、错读、倒读即使只是一个字,也是从口中流出了一个文理不通的病句,也许就埋下了"读懂课文"中的一处陷阱。所以"以读为本"绝不是一种可供选择的教法,实在是对汉语特点和学习规律是否认同的根本问题。

四、提倡涵泳与注目阅读感悟

学习汉语文的另一条重要的传统经验是涵泳,这是采用拼音文字国家的母语教学中所没有的。"涵",《辞海》的解释是"沉浸";"泳",自然就是

"游于水中"。合起来的意思大概就是说,学习汉语文就要沉浸在作品的语言之中去细细品味,反复体悟。汉语是由方块汉字组合成的,有很强的独立性,每一个字声美以感耳,形美以感目,意美以感心,其含义具有很大的意合性,特别是在组合成语言时又十分灵活。这正如王力先生所认为的"西洋语言是法治的,中国语言是人治的"。所谓"法治",讲究的是客观的规律和逻辑;所谓"人治",讲究的便是主观的直觉和意会。而这种主观直觉意会,总是在涵泳中产生。"涵泳"一词,早在左思的《吴都赋》中就已有"涵泳乎其中"的应用,宋代大教育家朱熹更是十分提倡。他说"学者读书,须要敛身正坐,缓视微吟,虚心涵泳,切己省察",把"涵泳"作为语文教学的一种重要方法。朱熹在批评读书"贪多务广"者时又指出:"终日勤劳,不得休息,而意绪匆匆,常若有所奔走追逐,而无从容涵泳之乐……"宋人陆象山有诗云:"读书切戒在慌忙,涵泳工夫兴味长;未晓不妨权放过,切身须要细思量。"清人曾国藩在给儿子的家书中更是把这一传统教学经验解释得十分透彻:"涵泳者如春雨之润花,如清渠之溉稻……泳者,如鱼之游水,如人之濯足……善读书者,须视书如水,而视此心如花、如稻、如鱼、如濯足,则涵泳二字,庶可得之于意言之表。"(《谕纪泽》)这番话以生动的比喻强调学习语文必须全身心地沉浸在课文的语言环境中去口诵心惟,方能知其意、得其趣、悟其神。新"课标"中强调:"阅读是学生的个性化行为,不应以教师的分析来代替学生的阅读实践。应让学生在主动积极的思维和情感活动中,加深理解和体验,有所感悟和思考,受到情感熏陶,获得思想启迪,享受审美乐趣。"这与传统的涵泳体悟之法自有一脉相承之处。可遗憾的是,在当下语文课堂上,讲风依然太盛,过多的讲析和并不精当的拓展,所带来的新的"人文灌输",占据了学生对课文典范语言的自主涵泳和个性体悟的时间。其实,人文就在语文之中,主要靠"涵泳"得之,而不是在语文之外。当然,对于涵泳与体悟,也有持不同观点者认为,忽视了"分析"这个中介,所得印象不免有些模糊。但是就汉语文的特点而言,重意会与直觉感悟,既可避免人为分割的认识局限,又可凸显以语感培养为提升整体语文素养基础的意识。而且,今天提倡重涵泳感悟并不反对必要的分析引领。清朝的陆世仪说得颇有见地:"悟处皆出于思,不思无由得悟;思处皆缘于学，不学则无可思。"应当说，提倡学生的自主涵泳并获得体悟，是完全符合汉语文教学的本质特征和学习规律的。

五、重视习练与坚持"多读多写"

在新"课标"中只一处提到"训练"，似乎是有意地规避了训练，这使不少人在思想上淡化了对语文教学中习练重要意义的认识。我们可以暂先不谈回避使用"训练"一词是否必要，就"课标"而言，"没有强调'训练'二字，但实际上包含了训练的内容。之所以如此，是希望将'探究'和'训练'放在恰当的位置"（巢宗祺语）。

重视习练是中国语文教学的传统经验之一。清代的颜元说得好，"讲之功有限，习之功无已"，教学要"垂意于'习'之一字，使为学为教，用力于讲读者一二，加工于习行者八九，则生民幸甚，吾道幸甚！"从《论语》中的"学而时习之"，到朱熹的"书读百遍，其义自见"，从堪称古谚的"熟读唐诗三百首，不会作诗也会吟"，到杜甫的"读书破万卷，下笔如有神"，无不传递着"多读多写"这一重在习练的朴实的语文传统教学经验。孤立地看"多读多写"似乎已不合"追求效率"的时代精神，其实却非常符合中国语文的学习规律，即不强调从学习语法修辞等这些相关语言规律的知识入手，而从多多接触直接的言语作品去熏陶感悟。尤其是中小学的语文教学，更不是要教孩子关于语言的知识，让他们去谈论和研究语言，而是要帮助他们形成实际运用语言的能力。能力不可能只从听讲中获得，必须通过亲历的习练和实践。所以，新"课标"就特别强调"语文是实践性很强的课程，应着重培养学生的语文实践能力，而培养这种能力的主要途径也应是语文实践"。毛泽东同志曾说过"言语这东西，不是随便可以学好的，非下苦功夫不可"，同样说明了多读多写的重要。教学实践表明：培养学生的语文能力，全面提高语文素养，也只有在多读多写的语文实践中方能实现，舍此别无他途。

历史已翻开了新的一页。21世纪的社会进步和科技昌明也今非昔比。同样，中国语文教学改革也历经阵阵疾风骤雨而不断向前，新"课标"的创生正是在民族与世界、传统与现代的交汇中写就的新篇章。在诸多的变化和发展中，我们应当清楚地认识到语文教学的"根"没有变，汉字与汉语的个性特征和历经历史考验而沉淀下来的基本学习规律没有过时，传统的语文教学经验仍然有它的顽强生命力，我们应当在新的时代里有批判地继承，在珍惜中发展。在新"课标"的语境中，我们对此应有足够的认识。

由国民的"文字功底"反省识字教学问题

记得在《文汇报》上读到过著名文史专家周汝昌先生的一篇短文,说某大学一学生宿舍六位大学生写不出"钥匙"两个字,最后,要外出给来访者留条的大学生只好写了"钥匙"的英语单词。

在现实生活中,人们写不出字或写了错别字的现象似乎越来越严重。有人将之归因于"电脑依赖症"虽有一定道理,但最根本的原因还是人们对学好祖国语言文字的轻视和语文教学实效的滑坡导致国民语文素养的整体下降,这不能不说是语文教学应当深刻反省的问题。

汉语是以汉字为基础的。汉字是重在意会的表意文字,它与拼音文字的根本区别在于集"三码"(形、音、义)于一体,是兼有形象思维(一个方块便是一幅图像)和抽象思维(每个汉字的组合有其一定的字理)的"复脑"文字。这就决定了每一个汉字基本上又是一个有意义的词,于是这些字便在随意的滚动碰撞中,进行着交态组合。其具体的含义则要取决于上下文语境中所产生的语义关联。一个单音节的"打",在《新华词典》中就有二十来种解释,取哪一个义项要在具体的语境中确定。所以,文字的教学在中国语文教学中具有基础性、战略性的特殊地位。识字教学绝不是仅仅解决"认字"的问题,它关系到一个人的"文字功底",而"文字功底"又可以决定他的语文素养。这是语文教学的不争事实。

应当说,语文教学的课程改革确实给我们带来了许多新的重要理念;国外的新课程论思想让我们拓展了视野;对语文课堂过度的知识训练的反思,使人文精神的建设得到了重视和强化;现代教学技术的应用又极大地丰富了语文教学方法……这些时代性的进步无疑是十分可贵的。但发展总是和新的问题同在，也许因为我们在语文教学过程中应当关注的方面太多了，而忽略了中国语文必须多用中国的经验来教学这一基本规律。今天，"学语习文，识字为先"这一传统经验的重要性，并没有丝毫改变，因此在小学语文教学中仍然要十分重视识字教学，为读写能力的培养打好坚实的基础。然而，现实不但不容乐观，而且不免让人忧心忡烧。在当下的语文课堂上，我们屡见不鲜的是低年级书中的生字"一锅端"，只求一次性解决；识字教学沦落为"认字教学"，似乎只是为阅读课文服务；课堂的写字指导总是在下课钟声快要响起时"虚晃一枪"；中高年级基本不再进行识字教学……这些现象必然会使识字教学在小学语文教学中日渐式微，导致学生的文字功底严重亏损，而最终影响了国民整体语文素养的提高。

识字教学从本质上说应当是"汉字教学"，而不只是"认字教学"。教育部基础教育司在《关于当前九年义务教育语文教学改革的指导意见》中强调指出："应充分考虑汉字的特点，以提高识字教学效率。同时，让学生在识字过程中初步领悟汉字的文化内涵。"在"课标"中也指出"识字写字是阅读和写作的基础"，"识字教学要将儿童熟识的语言因素作为主要材料，同时充分利用儿童的生活经验，注重传给识字方法，力求识用结合"。在这里，"初步领悟汉字的文化内涵""力求识用结合"都关系到识字教学如何打好"文字功底"的问题。本文限于篇幅，只从五个方面对这个问题作初步探讨。

一、在识字中丰富词语积累

从语言学的角度看，汉语是一种单音节分析语。虽然现代汉语词汇中双音节词已极大丰富，但从根本上看，每一个汉字基本上就是一个独立的词，而许多多音节词汇都是由字的滚动组合而成。这与印欧语中把每个词的数、格、时态、语态、词性等有形地表现在词语上，其规定严格而又单一的特点是完全不一样的。所以，在传统识字教学中注重以字组词或"一字开花"的经验显得十分重要。因为这样做既可以把识字和用字有效地结合起来，使儿童少写错别字，又丰富了他们的词语积累，充分利用了儿童熟识的语言因素，能达到温故知新、触类旁通的目的。请看一位教师教《黄山奇石》一课的"盘"字时所采用的"辐射组词"片段：

师：（在学习音节 pán 时，先用简笔画了"盘"的图，说顶平平的，就像一个盘子。然后引导学生扩词）你看到过哪些盘？

生：我家有盛菜的大盘和小盘，都是圆的。

生：还有椭圆形的盘。

生：我家的厨房里有方盘。

……

师：那是从盘的形状方面来组词的，那么从做盘的材料方面说呢？

生：有瓷盘，还有塑料盘。

生：还有玻璃盘。

生：木盘也有的。

……

师：如果我们从用途方面说又有哪些盘？

生：盛菜的叫菜盘。

生：我家有水果盘是专门放水果的。

生：还有点心盘，是放点心的。

生：放茶壶、茶杯的盘叫茶盘。

……

生："棋盘"是一张纸，怎么也叫盘？

生：那上头是放棋子的，不就像盘一样吗？

师：你还从哪里看到过"盘"字？

生：我在古诗中读到"谁知盘中餐，粒粒皆辛苦"。

生：我会背"小时不识月，呼作白玉盘，又疑瑶台镜，飞在青云端"。这是李白的诗。

……

一个生字"盘"，通过组词，不仅盘活了学生熟识的语言因素和生活常识，而且对"盘"字的识记和活用也达到了新的境地，并且丰富了词语的积累。这样的识字教学显然关系着整体的语文素养,是立足于汉字文化的,我们又怎么能把它视为无足轻重呢?

二、在读书时关注文字疏漏

学生的读与写不仅是识字能力的具体运用,并在运用中获得巩固,而且也是更深入地开展识字教学,夯实文字功底的极好契机。如课堂上学生的朗读,常常会发生读多、读少、读倒、读破、读错等疏漏差错,其中极大部分都与文字功底不足有关,都可以看成是对识字教学成果在应用中的拷问。认真对待这些问题,作现场的点拨讨论,不仅能深化识字教学,更能促进学生文字功底的提升。如《搭石》一课,课文中有这样一句:"每当上工、下工,一行人走搭石的时候,动作是那么协调有序!"一个学生在朗读课文时读成了"……一/行(xíng)人走搭石的时候……"竟然没有得到同学、老师的质疑和指正。这个学生在读这一句时停顿不对,不是"一/行人",而应当是"一行/人"。"一/行人"是指一个行路的人,"一行/人"是指一群同行的人。由此可见,读书不仅是阅读理解、获得情感陶冶的问题,它同时也是巩固识字用字,提高文字修养的问题。宋朝的朱熹早就说过:"凡读书……须要读得字字响亮,不可误一字,不可少一字,不可多一字,不可倒一字,不可牵强暗记,只是要多诵遍数,自然上口,久远不忘。古人云:'读书百遍,其义自见'。谓读得熟,则不待解说,自晓其义也。"(《训学斋规》)在语文教学中"读"占鳌头,"读"领风骚,这正是植根于汉字汉语特征的宝贵教学经验。"读"之功可谓大矣,它不只是理解感染,也关乎识字的巩固和应用。问题在于教师要有重视识字教学,打好文字功底的思想意识,方能在学生读书时别具慧眼,把重视汉字教学的精神贯穿于语文教学的全程,而绝不可以为只有一、二年级才应当强调识字教学。

三、在教学目标内辨析一字多义

汉字作为书面符号是直接写义的,所以叫作"表意文字"。汉字的灵魂是义，不用说象形、会意、指事，都具有表意的功能，即使是占汉字中大部分的形声字，形旁表意自不必说，很多声部也有相关的含义。就说"教学"的"教"吧，是从孝从文的形声字，"孝"是声符。但"孝"在古文字中是一手揪住了"子"（孩子）上的头发。《说文解字》中称"教"乃"上所施下所效"，"孝"也含着这样的意思。所以，汉字的义是作为系统而存在的，且包含了中华民族精神及其反映出来的文化观念。正如宋永培先生所认为的："多少年来，对汉字的认识与研究是不合理的，人们或无意或有意地把汉字的定义限制在脱离了意义的一串声音或符号的范围内。这样做，是受苏化、西化影响的结果。"为此，他强调"只研究汉字的音和形，轻视或拒绝研究汉字的义"，这是忽视了汉字的形音义合一，而且义是灵魂的特点。确实，汉字的一字多义，正是作为表意文字的一大基本特征，正确理解和应用"一字多义"，正是打好文字功底的关键所在，当然也是解决别字问题的最有效途径。一位教师教学《温暖》一课时的一个教学片段，颇能印证这一点：

师："深秋"的"深"是什么意思？（出现暂时冷场）你们一定能讲明白的。想一想，上学期在哪篇课文中也学过"深"字？

生：（想了一会儿）在《日月潭》里学过："日月潭的水很深。"那是说日月潭的水看不到底。

师：说得太好了！同学们再想一想，还在哪篇课文里学过"深"？

生：在《送雨衣》里也学到过。"夜深了，周总理还在灯下紧张地工作。"是说时间已经很晚了。

师：你的理解很正确，记忆力很好。说"水深"是见不着底，说"夜深"是时间很晚，那么说"深秋"又是指什么呢？

生：秋天到来已经有很长时间了，冬天都要来了。

师：说得真好。同样一个"深"字，用在不同的地方意义就不一样。如果我们能细细地辨认辨认，是很有味道的，对吗？

当然，在课文中一字多义的地方很多，我们自然不可能处处都去辨析，应该是根据教学目标的要求和现场生成之必需来进行，体现不是"教教材"

而是"用教材教"的原则。

四、在貌似平常处挖掘用字之妙

宋朝王安石的七绝《泊船瓜洲》中"春风又绿江南岸"中的"绿"字，不过是一个常见的普通文字，但用在这里却妙处无穷。王安石写诗讲究炼字，"春风又绿江南岸"这一句中的"绿"字，他开始时用"到"，以后又改为"过"，再改为"入"，又改为"满"，却总是不满意，最后决定用"绿"字。"绿"本来是名词，但在这里作动词用，春风吹拂，绿遍江南大地，遂成千古绝唱。王安石的这种炼字精神，深为后人称道。

炼字，在中国文学创作中是一条宝贵的经验，意思是以写作的切情、切境、切题为前提，对文字的使用进行反复推敲、锤炼、修改，以达到形象鲜明、情趣浓郁之目的。有些汉字虽然十分普通、常见，但用在特定的语境之中，会十分出彩。广义的识字教学绝不仅仅是"认字"，更重要的是"用字"。要用好字就得炼字。文字用得准确、鲜明、生动，才是真正的文字功夫。这是汉字、汉语教学中一个永恒的话题，绝不只是小学阶段，特别是一、二年级才需要。

在语文教学中，于貌若平常处挖掘用字之妙，关键在于教师要有识字教学的意识，有敬畏汉字的心态。如《燕子》一课中有燕子点水时荡起的"小圆晕"这一词语，"小圆晕"是什么？当一学生说就是水面上的"小圆圈"时，另有几位学生提出："那就写'小圆圈'好了，为什么要写'小圆晕'呢？"由于教师事先没考虑到这一点，在临场的节外生枝中，一时也说不清楚，只好不了了之。其实，这里的"晕"字用得很妙。"晕"是形声字，从日军声，本义是"日晕"或"月晕"，指的是一种天气现象，在太阳或月亮的边上有一圈模糊不清的光环。课文中不用"小圆圈"，而用"小圆晕"，确切而生动地描写出燕子点水时水面上的小圆圈一圈一圈地荡漾开去，渐变得模糊不清的那种美妙动态，就像日晕或月晕的光环一样。这个"晕"字的意义在此处显然不是一个"圈"字可以承担的。"晕"的用字之妙背后有着相关的文字知识。教师毕竟不是万能的，一时说不上来并不奇怪，但不可不了了之，既然学生有这样的学习需求，就应当运用工具书（字典）与学生一起探究才对，把识字教学落到实处。这是我们应有的对汉字的敬畏之情。

五、在课文主线上品味汉字蕴意

导读《景阳冈》一课，在深读探究时，一位教师要学生带着这样的问题再读课文："老虎对武松进攻了几次？武松是怎样对付老虎的进攻的？"教师把学生讨论的结果写在黑板上：

一扑 ╲
一掀 ｜ 一闪
一剪 ╱

这是课文的主线，自然也是解读的重点所在，而武松的"闪"则是教学的重点、难点、悟点的纠结点。"闪"虽然只是一个普通的字眼，对五年级的学生来说，更不是生字，但却成了解读课文蕴意的重点所在，值得在这个字上下点功夫。于是教师问学生："闪"是什么意思？学生从课文的语境中理解，"闪"在这里是躲的意思，查字典也说"闪"是"侧转身体躲避"。教师接着又问："既然'闪'就是'躲'，课文里为什么用'闪'不用'躲'呢？"让学生再读课文。教师渗透相关的文字学知识："闪"是个会意字，是人在门中窥视，只是一闪而过。根据这一本意，可以引申为快速地急避、转侧的动作。于是学生得到了启发，有的说："'闪'显得快，'躲'显得比较慢。"有的说："'闪'的动作灵活、敏捷，而'躲'有点儿笨手笨脚。"有的说："'闪'是主动地躲开，'躲'显得被动，是没有办法才躲开的。"还有的说："'闪'是勇敢地去对付老虎，'躲'是因为害怕老虎才躲避的。"……

语文教学就要这样咬文嚼字。当然不可能在所有地方都这样做，但在课文主线的关键词上必须这样做。因为，这不只是一种深化了的识字教学，更是悟得课文主旨的重要通道。特别是在名家名篇中，作者很讲究炼字，总是会呕心沥血地搜求最贴切的字眼，来准确地表情达意。我们就要抓住这些闪耀着作者智慧之光的"亮点"不放，指导学生在反复玩味中得到感受，提高驱遣文字的能力。这种对准确用字的推敲，多数分散在课文导读过程中，看上去有较大的随意性，仿佛信手拈来，其实却是教师独具匠心的文字教学艺术，这对于提高学生的文字功底，无疑具有十分重要的作用。

　　人生智慧识字始！在当下各家媒体痛感"国人语文水准下降"的非常时刻，我们应当如何重认小学语文教学中识字教学的地位、价值和策略？这应当不是一个无关宏旨而被人轻薄的话题吧！

用"中国功夫"教学中国语文

今日的语文教育,无论有了多少新的发展,都无法丢弃传统,去另辟一个完全不一样的文化生存空间。当然,我们也不能完全恢复传统,回归到失去的时空中去建设现代的语文课程文化。应当看到,在承传中前行,才能使中国语文教育不断地健康发展;源于传统而又汇为新流,方能建设既具有民族特色,又具有时代特点的语文教育体系。

一、"中国功夫"的必要性

今天,我国小学语文界的问题在于,随着国家现代化建设的飞速发展,信息时代的全方位交流,教师队伍构成现状的变化(年轻教师已然成为教师队伍的主体),语文教育正出现一些新的情况。

改革开放为东西方多元文化的交流创造了十分有利的条件。我们借鉴国外的一些当代学说和先进理念,引入西方国家母语教学的某些经验,不仅可行,而且十分必要。但这些毕竟是"舶来品",我们需要时间方能将它与中国国情相融合,与汉语教学的特点和规律相适应。否则,只是一窝蜂地"拿来",或者半懂不懂地照搬,被追慕时尚的浮华情绪所捆绑,很容易忽视为几千年教学实践所证明的行之有效的传统教学行为。

此外,不少新教师因为有限的工作经历,对纵向的、民族的语文教育发展历史和传统经验,往往知之不多;而对当代的、横向的新理念、新信息,则比较感兴趣,接受较快。这两者的不对称,使他们很容易忽略中国语文教育传统的承传和发展。

必须十分重视母语教育的传统经验,除因为以上存在的现实之外,显然还有其他多方面的理由:

第一,就人类创造的知识而言,自然科学领域和社会科学领域是不一样的。前者的发展日新月异,知识的陈旧率很高。昔时瓦特的蒸汽动力已无法与今日的核动力相抗衡;就拿现代的手机来说,新款也是一个接一个,而且功能越来越多样,使用越来越便捷。但在社会科学方面,诸如哲学、史学、文学,以及教育学,情况就不一样了。那些前贤先师的论述,即使过了几千年,我们今天读来还是会感到睿智和深邃,一点也不过时。在教育理念方面,诸如"不愤不启,不悱不发""学然后知不足,教然后知困"等,仍然新意迭出,可以古为今用。

第二,就母语的特点而言,无论古人、今人,都是在生命呱呱坠地伊始,即生活在母语的温馨怀抱之中。这母语怀抱的神奇甚至超过了母亲的怀抱,成为一生不可须臾离开的存在和发展之精神家园。历经数千年的岁月风尘,我们的母语(汉语)在形式上难免会有这样那样的变化,但其核心、精髓,甚至构架,是不会变的。而生命对母语的亲和又具有天生的接受潜质。在由"学话"进而"学文"(识字、写字、读书、作文)的过程中,母语的"母性"依旧,而母语的教育传统又怎能不代代相传?所以,早在20世纪20年代,王森然先生在《中学作文教学概要》中就说过:"其他各科的教材教法,内容工具,似乎还有可借镜于他国先例的地方,特有国文,非由我们自己来探索不可。"

第三,就中国语文教育的发展过程而言,又有其特殊性。如在漫长的封建社会中,汉语文并不单独设科,而是和哲学、经学、史学融合在一起。语文教育的个性受到一些遮蔽,其内容掺杂了较多的纲常伦理、封建礼数。因而,相关的教育经验在革命大潮的冲击下,不可避免地被视为封建糟粕而被抛弃。同时,近代以来,由于西学东渐和慑于西方科技文明,民族虚无主义泛滥,一度出现过"汉字落后论",甚至要将汉字作拉丁化的改造。在这种思潮的影响下,以汉字为基础的汉语文教学经验,自然也就难以被人重视了。现在,历史的进程已经表明,汉字是世界上最悠久,也是最优美的文字,它具备完备的系统性,鲜明的示差性和高适用性,即使在计算机输入上也显示出诸多优越性。因此,重新认识以汉字为基础的汉语教育传统经验的地位和价值，就更显得十分重要和迫切。

二、学语习文的"中国功夫"：方法的继承

用"中国功夫"教中国语文，其指向便是我们必须十分重视研究、反思、承传、发扬汉语文教育的传统经验，以推进当代汉语文教育的深度改革，大力提升国人的语文素养。新"课标"的"前言"部分，开宗明义地指出：九年义务教育语文课程的教育和改革，应注意"总结我国语文教育的成败得失"；在"课程的基本理念"部分更强调，语文课程要"考虑汉语言文字的特点对识字写字、阅读、写作、口语交际和学生思维发展的影响"。显然，这些阐述都指明了继承中国语文教学传统经验对于深入开展语文课程改革的重要意义。换一个角度说，用"中国功夫"教中国语文有其客观的应然性、实然性和可然性。择其要处，笔者认为主要有以下几个方面。

1. 文以载道："学文"关乎学习"做人"

传统的中国语文教育经验与"治道""教化"有着密切的联系。《礼记·学记》中的"建国君民，教学为先"之说，便是最集中的体现。宋朝的周敦颐也认为"文所以载道也"。元人郝经说得更透彻，"道非文不著，文非道不生"，从"文以载道"进一步揭示出"文道结合"的本质。尽管对"道"的解释在不同的时代有不同的内容，但"学文"关乎学习"做人"的道理，却不失为真知灼见。

回顾新中国成立以来语文教育领域的多场大的论争，从根本上说都属文道之争，是语文教学与育人目标之争。因为教育的根本就在于"立人"。正如鲁迅先生在《文化偏至论》中所认为的："是故将生存两间，角逐列国是务，其首在立人，人立而后凡事举，若其道术，乃必尊个性而张精神。"

新"课标"就"正确把握语文教育的特点"这样强调："应该重视语文课程对学生思想情感所起的熏陶感染作用，注意课程内容的价值取向，要继承和发扬中华优秀文化传统和革命传统，体现社会主义核心价值观的引领作用，突出中国特色社会主义共同理想，弘扬以爱国主义为核心的民族精神和以改革创新为核心的时代精神，树立社会主义荣辱观，培养良好思想道德风尚，同时也要尊重学生在语文学习过程中的独特体验。"这段话，更是对今

天的语文教育应当如何学习做人，作了明确的阐述。

因此，我们可以肯定地认为：在学文中学做人，正是中国语文教育十分可贵的传统经验之一。

2. 敬畏文字：汉字关乎汉语学习之本

在中国古代神话中有仓颉造字的传说，而且造字时还有"天雨粟、鬼夜哭"的异象出现。乃至以后历代祖先，都有"敬惜字纸"的行为。凡写有字迹的纸张都会受到特别的敬重，乃至路边小庙、村头神殿、十里长亭、桥畔凉屋都会挂着"敬惜字纸"的竹篓。收集起来的字纸，还得到庙里特设的焚化炉里去烧掉。既然文字的产生是惊天地、泣鬼神之举，汉字自然不仅有生命，而且简直是一个个精灵，又岂能随便糟蹋。现在，虽然时代改变了，但敬畏汉字之心，是不能淡化的。

汉语是以汉字为基础的，而汉字有别于大多数国家所采用的拼音文字。我们知道，拼音文字不存在识字教学问题——二十多个标音符号就是一切。而汉字却是一种十分独特的、以意合为主的表意文字。它是单音节文字，集形、音、义于一身，又兼有形象思维（一个汉字便是一幅有结构的图画）与抽象思维（对汉字的构成与识记可以作多样的字理分析）。这种对左右脑相辅开发的机制决定了识字教学的特殊功能，即不只是掌握一个符号（所谓的"为阅读扫除障碍"），而是对人的灵性与悟性的综合开发。

大部分的汉字同时又是一个词。这就使每个汉字在语境中滚动碰撞、化合衍生，具有活性高、信息量大、表现能力强等特点。如一个最常见的"把"字，在字典中就有两个读音、七个义项，其具体的含义需要从上下文的语境中去意会。所以，识字问题在中小学，乃至人的一生中，都是需要进行的，更不要说低年级应以识字教学为重点了。

必须对识字教学十分重视，这是被几千年历史证明了的汉语文教育的基本经验。王筠在《教童子法》中就提出："蒙养之时，识字为先，不必遽读书。"流传于明代的《教子良规》中也强调："教小儿须先令其认识所读之书之字。"

今天，我们说一个人的语文水平如何，常以"文字功底"一说来衡量，是很有道理的。这"文字功底"，不光是写不写错别字与能娴熟驱动于笔下的字量有多少的问题，更关系到一个人遣词造句的水平。

为此，教育部《关于当前九年义务教育语文教学改革的指导意见》中就特别强调："应充分考虑汉字的特点，以提高识字教学效率。同时，还要让学生在识字过程中初步领悟汉字的文化内涵。"确实，识字、写字是阅读和写作的基础，不仅是应当贯穿于整个义务教育阶段的重要教学内容，而且，又何尝不是一个人的终生修养。

3. 重视诵读：多读关乎全面素养

在学习中国语文的诸多"中国功夫"中，"读"无疑是最引人注目的一项。可以说，"读"是学习语文的"基本大法"，因此也便有了"'读'占鳌头"一说。

《荀子》有"诵数以贯之，思索以通之"的话。这说明读不仅可以巩固和深化识字，而且"读书百遍，其义自见"，又能促进解读，陶冶情操，并获得语感。由此说明，熟读深思范文是为我国语文教育传统经验所认定的基本学习途径。

这里的读，不仅是指默读，更侧重于出声地诵读。所谓琅琅书声，朗朗乾坤。反复地读，就必然会达到"熟"，乃至自然地熟读成诵，终生不忘。对此，朱熹在《读书之要》中阐释为："大抵观书先须熟读，使其言皆若出于吾之口；继以精思，使其意皆若出于吾之心，然后可以有得尔。"这样的状态，就达到了"书我一体，深层内化"的境地。

如此的情趣所致、熟读成诵，绝不是"死记硬背"，而是从汉语文的意合特征出发的反复品味。我们不妨比较一下：以拼音文字为基础的印欧语系是一种富于形态的语言，格、调、性均以明显的形式特征表示出来，可见于视觉；而汉语是极具悟性特征的，其语法规则十分灵活，具有很大的意会空间，多有不合常规的表达，全得从上下文的情境中去揣摩、意会。至于"省略""暗示""双关""象征"等语法规则，也只有在反复诵读中方能品味领悟。

所以，如何看待学生自主诵读，不只是一个教学方法选择的问题，也是对基于汉语特点的学习方式是否认同的根本问题，还是反思和继承中国语文教育优良传统的一个重要问题。值得反思的是，当代语文教育重分析、重讲问之风依然盛行，学生自主诵读的时间和空间被消解和挤压，连"读通课文"这一底线也多在课堂上走个形式，被排挤到课外难以保证的所谓"预习"

中去了。这自然不是当代语文教学的应有之义。教师对此应当严肃地对待。

4. 提倡涵泳：读书关乎身心浸润

宋朝的陆象山在《语录》诗中有云：“读书切戒在慌忙，涵泳工夫兴味长；未晓不妨权放过，切身须要细思量”。陆象山，杭州金溪（今属江西）人。他是南宋的哲学家、教育家，其学与兄九韶、九龄并称"三陆子之学"，自然学问了得。他勤读好思、博学广识。这首诗写的就是他治学主张涵泳的体验。全诗的关键词在于"涵泳"，"涵"者是"沉浸"，"泳"则是人游于水中，合起来的意思是读书就要身心沉浸于书中。所以，必须切戒慌慌忙忙，重在思索品味，恰如春雨之润花，清渠之溉稻，又如鱼之游水，人之濯足（曾国藩语）。如何涵泳？陆象山的体会是"未晓莫妨权放过，切身需要细思量"，意思是有难以理解的不妨暂且放过，而先就与自己关系密切的内容，作一番思考探究。如此不急不躁地读书，全身心沉浸地品赏，加上学以致用的追求，才成就了陆象山的涵泳之乐。

新"课标"强调："阅读是学生的个性化行为，不应以教师的分析来代替学生的阅读实践。应让学生在主动积极的思维和情感活动中，加深理解和体验，有所感悟和思考，受到情感熏陶，获得思想启迪，享受审美乐趣。"显然，这与传统的涵泳体悟之法有一脉相承之处。

5. "本""参"兼顾：方略关乎精读、博览

"本""参"兼顾也是汉语文教育的传统宝贵经验之一。此说较早见于唐朝柳宗元论古文教学时的言说。他认为，重要的经典是"本"，须精读；史集杂类是"参"，须博览。精读与博览应当相辅相成。学习者在"精读"中提高认识，获取能力，然后应用于博览之中，在开阔的阅读视野中广取养分。如此"本""参"兼顾，方能构建起一个合理的、有效的个人阅读天地。

这一中国语文教育的传统经验，同样是历久弥新。所谓"精读"，朱熹在《训学斋规》中提出，"须要读得字字响亮，不可误一字，不可少一字，不可多一字，不可倒一字，不可牵强暗记，只是要多诵遍数，自然上口，久远不忘"。宋朝的黄庭坚则认为："喜博而常病不精，泛滥百书，不若精于一也。有余力，然后及诸书。则涉猎诸篇，亦得其精。"这里不仅强调了"精读"为本之必要，也辩证地分析了"精读"与"博览"相辅相成的关系。所

以，精于"一"，然后反其"三"，将"精读"中的所获，在"博览"中应用、演练，这样自然也就提高了"博览"的质量。

"本""参"兼顾的方略，辩证处理了"精读"与"博览"的关系。这一可贵的汉语文教育经验，今天仍然存活在语文教学的实践之中。如叶圣陶先生提出"精读、略读"理论，并与朱自清合著《精读指导举隅》和《略读指导举隅》。在现行的多种版本的小学语文教材中均有类似精读课文、略读课文的分类，提倡和鼓励学生在课外阅读生活中去"博览"，以开拓阅读视野，为构筑书香人生奠基。

6. 善于积累：秘妙关乎多读多写

注重日积月累，聚沙成塔、集腋成裘，是我国传统语文教育的又一重要经验。对此，新"课标"也十分重视，多次提到了"积累"问题，如"丰富语言的积累""积累自己喜欢的成语和格言警句""积累习作素材"，等等。这是因为汉语文的特点是重在意会，讲究悟性的。学习汉语文就需要有丰富的积累，方能体现意蕴之美、文辞之美和音韵之美。

我国历代的古诗文教学特别强调积累的重要性。"熟读唐诗三百首，不会作诗也会吟"就道出了因积累而生智，因熟练而成功的朴素之法。清人陆世仪在《论小学》中就说过："凡人有记性，有悟性。自十五以前，物欲未染，知识未开，则多记性，少悟性。自十五以后，知识既开，物欲渐染，则多悟性，少记性。故人凡有所当读之书，皆当自十五以前使之熟读。不但四书五经，即如天文、地理、史学、算学之类，皆有歌诀，皆须熟读。"可见，积累虽然是一辈子的事，但在小学阶段，更有其多读、多写、多记、多背的特殊意义。

小学生记忆力强，多诵读、积累，可以终身受用。正如郭沫若先生所认为："儿时背下的书，像一个大冰山，入了肚子，随着年龄增大，它会慢慢融化，一融化，可就是财富了。"新"课标"的"附录"部分列出"关于优秀诗文背诵推荐篇目的建议"，也正是提倡积累要"从娃娃抓起"。

"传统"并不都代表保守、落后，而"经验"更是在历史长河中经受了大浪淘沙之后能够保留下来的"中国功夫"，这无疑是一笔极其珍贵的文化遗产。作为今天的语文教育改革者，我们必须把这个"根"留住。"根深"方能"叶茂"，中国语文教育这棵大树才能本固枝荣、万世长青。

古诗文诵读与语文教学传统经验的承传发展

1993年3月，赵朴初、冰心、夏衍、启功、叶至善、陈荒煤、吴冷西、张志公、曹禺等九位德高望重的全国政协常委，在全国政协会上提出了"016号"提案，沉重地指出："我国文化之悠久及其在世界文化教育史上罕有其匹的连续性形成了一条从未枯竭、从未中断的长河，但时至今日，这条长河却在某些方面，面临中断的危险。如果不及时采取措施，任文化遗产在下一代消失，我们将成为历史的罪人。"在党和政府的高度重视下，我国从1994年起先后诞生了有关继承和发扬中华优秀文化的"三大工程"，即"中华文集断层重整工程""中华古诗文诵读工程""华夏文化纽带工程"。特别是"中华古诗文诵读工程"，在中小学层面的开展，更是如火如荼。从"儿童读经"民间"草根式"的教育活动，到争议颇多的"孟母堂"的横空出世；从经典诗文诵读的实验研究，到诸如《国学启蒙读本》之类的校本课程的开设……尽管在做法上各有上下，但都足以说明人们对弘扬民族精神的关切，对承传我国传统文化的企盼，对中华民族深厚文化底蕴和精纯的民族涵养对现代人的教化功能的重新思索。

今天，我们应当如何高效地开展中华经典诗文的诵读活动？这不仅是深化活动本身的客观需要，也是一个富有时代挑战性的话题。为此，我们不能不郑重地思考我国语文教学传统经验的继承和发展。应当说，古诗文诵读，对于我们重新认识语文教学传统经验的价值，是一个重要契机。

中国语文教学若从有文字算起，已有五千年历史；若从孔子设坛授业为始，也有两千五百年的传统。传统是无法改变的历史，是川流不息的时光之河，可以生生不息地一直流下去。特别是2017年1月，中共中央办公厅、国务院办公厅印发了《关于实施中华优秀传统文化传承发展工程的意见》，特别强调文化是民族的血脉，是人民的精神家园。文化自信是更基本、更深层、更持久的力量。中华文化独一无二的理念、智慧、气度、神韵，增添了中国人民和中华民族内心深处的自信和自豪。确实，如果我们不重视继承、发展，中国语文教学许多宝贵的传统经验，会在时代新潮的冲刷下，由淡化而至消亡。这绝非危言耸听。应当看到，今天的语文教学，我们十分关注于吸纳西方的"后现代课程论""建构主义""多元智能理论""接受美育"等现代思想进行课程改革，这没有错，确实可以体现多元文化的优势。但我们同时也有可能犯不顾国情、不顾汉字与汉语的自身规律、不顾几千年积累并被证明有效的语文教学传统经验而全盘照搬"舶来品"的错误，被追慕时尚的情绪所绑架。特别是对有些年轻的语文教师来说，对于当代的、横向的信息往往会接受得较快、较多，但对过去语文教学的传统经验和我国语文教学发展的历史，相对来说因经历的关系会了解得较少。这种"信息不对称"显然也会影响对语文教学传统经验的继承和发展。虽然汉字、汉语在漫长的历史中也会有这样那样的一些变化发展，但血脉不会变，总体没有变，学习汉字、汉语的基本规律当然也不会变。所以，还是中国人最懂得教学中国语文，还是中国语文教学的传统经验最值得我们关注和研究。现在，古诗文诵读活动的深入开展，会十分有助于我们对中国语文教学传统经验的复苏和体认。这对于进一步认识新课改对语文教学传统经验的承传和发展，从而更现实、健康地推进语文课程改革，无疑是功莫大焉。

当然，中国语文教学传统经验是一个包容广泛，内蕴宏丰的系统，本文的篇幅自然无法详尽。这里只能从古诗文诵读的角度作些简略的阐述。

一、本于诵读

在中国语文教学的传统经验中，就方法而言，"读"是第一大法，可谓"读"占鳌头。古诗词教学就更应当强调"诵读为本"这一教学方式。

《栾城遗言》中有"读书百遍，经义自见"之说；东坡送安惇有诗云"故书不厌百回读，熟读深思子自知"。这种读，不仅仅是默读，更注重于朗读。朱熹在《读书之要》中强调："大抵观书先须熟读，使其言皆若出于吾之口；继以精思，使其意皆若出于吾之心，然后可以有得尔。"可见在语文教学传统经验中，要求的不仅是"读"，更应当"熟读"，乃至"诵读"（能够背诵）。

中国语文教学方法以诵读为本是由汉字、汉语的特点决定的，汉字一字一音、一形一义，独立性很强，它如活跃的化学分子，在滚动碰撞中可以自由地组词成语，其具体含义，得从上下文中体味。这种意合性极强的文字又具有声韵之美，只有读之于口，方能"声与心通，声可求气，亦可传情"，从而形成强烈的语感——"言皆若出于吾之口"，"意皆若出于吾之心"。因此，"眼观其文，口诵其声，心惟其意"的"诵读法"对古诗文学习有何等重要，自不待言。

古诗文诵读活动把古诗文学习的方法"诵读"冠于其名，足见"诵读"对古诗文学习的重要意义。于此，我们也就不难触类旁通地把握"诵读"在中国语文教学传统经验中的特殊地位。可惜我们对这一点体悟并不深刻。

二、注重识字

诵读古诗文的关键在于必须掌握足够的识字量。古诗文用字宽泛，在诵读之中必须同时去解决识字问题。这就关系到我国语文教学的另一个传统经验，就是"注重识字"。

从每一个字的创造到整个体系的形成和发展，深层地承载了华夏五千年的灿烂文化，体现着中华民族的大智慧。汉字是世界上仍在使用的最古老的文字，它与欧洲文字完全不同的价值在于其表达功能不在是否有效地记录语言，而在是否有效地传递概念。汉字基本上是一字一义，一字一个概念。其表意特性直接与概念相联系，决定了它可以成为独立于口语之外的第二语言。"书同文"，使口语方言不通的人，可以凭借统一的汉字交流，从而具有凝聚国内各族人民及涉外华人的强大作用。汉字与民族思维方式和文化精神融为一体而成为中国文化的脊梁。中国语文教学传统经验之所以如此重视识字教学，自有它的必然。学生在识字的过程中，形象思维和抽象思维同步获得和谐的发展，这不仅是智育的开窍，也是德育的熏染和美育的陶冶，是全面提高学生素质的一个重要途径。所以，汉字的文化品格决定了它具有丰富的教育价值和育人功能。如果我们只是或者主要是在课本中用拼音来进行识字教学，为识字而识字，甚至把识字沦为"扫除阅读障碍"，实际上是浪费了我们得天独厚的教育资源。现在的古诗文诵读的活动，不仅可以巩固儿童已识的字，而且扩大了识字量，十分有利于调动他们识字的兴趣，提升他们用字的能力。

三、赏识声韵

汉语不是单音节语言，但汉字是单音节文字，读起来琅琅上口，极富声韵之美。这是因为汉字的单音节特性，使其非常容易构成整齐的词语和短句，也非常容易合辙押韵。所以，在中国语文教学的传统经验中，是充分注意凸显这一特点的。如所选课文多采用整齐、押韵的形式，旧时的蒙学教材《三字经》《百家姓》《千字文》等，便全是韵文。这样的教材，念起来顺口，听起来悦耳，既合乎儿童的兴趣，又容易记忆。即使是用汉语写成的散文，学生也往往可以从句子的长短、音节的四声、吐字的抑扬和语速的徐疾中，读出一种品赏韵味的快感，从而体验到言语的魅力。这一切在讲究声韵、节奏的古诗文中，自然更具有了特别的意义。

应当说这种对声韵的赏识，并把它融入到古诗的选择和朗诵的操练之中，是我国语文教学传统经验的另一个特点。儿童特别喜欢琅琅上口的韵文朗诵，甚至可以读得荡气回肠，起到调节身心、悦情健体的作用。这正如明朝吕坤在《社学要略》中所言："每日遇童子倦怠懒散之时，歌诗一章。择古今极浅、极切、极痛快、极感发、极关系者，集为一书，令之歌咏，与之讲说，责之体认。"这就简直把韵文的诵读，视作"课间游戏体操"了。以此对照古诗文诵读活动，之所以能深受学生的欢迎，正是因为体现了对我国语文教学这一传统经验的弘扬和发展。如何把汉语的声韵之美，全方位地渗透到古诗文的教学中去，仍然是值得我们关注的问题。

四、品味对仗

对仗就是对偶，这是只有汉语才有的一种表现手法。这就难怪在中国传统的语文教学中"对对子"（属对）是一种特别受到重视的教学方法，而且还有专门的课本，如《对类》。清人程端礼就说过"更令记《对类》单字，使知虚实死活字，更记类首'天、长、永、日'字，但临放学时，面属一对即行，使略轻重虚实足矣"（《读书分年日程》）。这说明属对可以使学生了解汉字的"虚实死活"，而且每日临放学时先要对对子，可见还是一项日常的训练。之所以如此重视，是因为属对是一种实际的语音、词汇的训练，又是一种语法的实用训练，还包含了修辞和逻辑的训练因素。可以说，是一种综合的语文基础训练。对此，近代教育家蔡元培先生也认为："对课与现代的造句法相近。大约由一字到四字，先生出上联，学生想出下联来。不但名词要对名词，静词要对静词，动词要对动词；而且每一种词里面，又要取其品性相近的。……这一种功课，不但是作文的开始，也是作诗的基础。"（《我在教育界的经验》）当然，今天我们虽然不一定再用很多时间去教学生属对，更不宜以过于复杂的属对的要求去束缚儿童的思想，然而它作为一种基础训练的方法，的确不无可取之处。特别是对古诗文中大量存在的对偶表现法，更应多从语文教学传统经验的角度去引导儿童赏析，尝试走一走这条"通文理捷径"（崔学古语）。可惜的是，我们现在似乎十分重视诸如"比喻""拟人"之类的学习，却在一定程度上忽视了"对仗"这种为汉语文所特有的表现手法和艺术风格。对仗这种可以熔语法、语感、思维、章法、审美训练为一炉的汉语言训练中最有效的方式，应当引起我们的重视，并有机、适度地融入到当今的古诗文教学中去。古诗文诵读活动，正可以弥补这一缺憾。

五、体察涵泳

王力先生曾说过"西洋语言是法治的，中国语言是人治的。"所谓"法治"，讲究的是规律和逻辑；所谓"人治"，讲究的就是直觉感悟，追求韵味和精神。这是因为以汉字为基础的汉语，具有极大的意合性而富于意蕴之美,涵泳也就成了与此相关的语文教学重要的传统经验。"涵",《辞海》的解释是"沉浸";"泳",自然就是"游于水中"。朱熹说"学者读书,须要敛身正坐,缓视微吟,虚心涵泳,切已省察",就把"涵泳"作为语文教学的一种重要方法提了出来。宋人陆象山有诗云"读书切戒在慌忙,涵泳工夫兴味长;未晓不妨权放过,切身须要细思量"。曾国藩在给儿子的家书中更是把这一传统教学经验解释得十分透彻:"涵泳者如春雨之润花,如清渠之溉稻……泳者,如鱼之游水,如人之濯足……善读书者,须视书如水,而视此心如花、如稻、如鱼、如濯足,则涵泳二字,庶可得之于意言之表"(《谕纪泽》)。这番话,也就是强调读古诗文必须全身心地沉浸在古诗文的语言环境中去口诵心惟,方能知其意、得其趣,悟其神。在这样的涵泳中,诵读者的注意力高度集中于诗文的言语意境之中,思维特别敏锐而灵动,而且往往具有直觉性和意会力。注重整体把握,有时甚至"不求甚解",从根本上体现了汉民族重感悟与意合的思维方式。古诗文诵读强调"涵泳"这种学习方法,完全符合汉语文教学的本质特征和传统经验。这对于当下克服语文教学忽略学生自主的涵泳体悟的痼疾,是很具针对性的。

六、触发感悟

传统语文教学经验强调"熟读"的同时主张"精思"。但这种"精思"不是专指逻辑性极强的概念判断和推理,而更多的是指建立在经验之上的意会与感悟。这种思维方式具有鲜明的民族特点与浓郁的东方色彩,因此成为中国语文教学重要的传统经验之一,应当是不言而喻的。在古诗文诵读活动中,我们认识到从小学生的年龄特征和认知水平出发,不可能去寻求精确的诠释,也无须过多地从词语的推敲上下功夫,更难以详尽地从作者人生经历与作品的生成去寻找深度的逻辑联系,而应当更多地让孩子口诵心惟,达到心领神会和得意忘言。这正如著名学者程千帆所言:"背诵名篇,非常必要。这种方法似笨拙,实巧妙。它可以使古典作品中的形象、意境、风格、节奏等都铭刻在自己的脑海中,一辈子也磨洗不掉。"事实上,古人读书向来不重分析而重感悟,主张在积累中体悟做人和为文的道理。陶渊明在他的《五柳先生传》里说"好读书,不求甚解,每有会意,便欣然忘食",实在是对诵读感悟情境的极好描写。在古诗文教学中,特别有必要重新审视语文教学的传统经验,给学习者的诵读感悟以应有的地位。

七、勤在习练

"多读多写",作为我国语文教学的传统经验,在当下看来,好像是一个"伪命题"。

因为"多读多写"似乎只是下"死功夫",是尽人皆知的"笨办法",算不得什么经验。其实它对于中国语文教学的个性特征而言,有其深刻含义,在古诗文教学中尤其如此。我们知道,汉字、汉语有很强的意合性,决定了学习方式必须是直接到语言材料中去"虚心涵泳,切己省察",方能明其含义、得其意趣、悟其神韵。所谓"熟读唐诗三百首,不会作诗也会吟""读书破万卷,下笔如有神"等,确实是经验之谈,不容我们忽视。小学语文教学,不是要教孩子许多关于语言的知识,让他们去研究和谈论语言,而是要帮助他们形成实际运用语言的能力。能力不可能是讲会的、听会的,而需要反复实践和练习,这就不能离开了多读多写。清朝的颜元说得好:"讲之功有限,习之功无已。""……垂意于'习'之一字,使为学为教,用力于讲读者一二,加工于习行者八九,则生民幸甚,吾道幸甚!"所以,在古诗文诵读活动中,应当勤于习练,反复诵读,而不可追求教师的"讲深讲透"。新"课标"特别强调"语文是实践性很强的课程,应着重培养学生的语文实践能力,而培养这种能力的主要途径也应是语文实践",正是对中国语文教学传统经验的借鉴。

八、善于积累

注重日积月累,聚沙以成塔,积腋以成裘,是我国语文教学又一重要的传统经验。古诗文的学习尤其要注意这一点。这与汉语的个性特征并因此形成的学习规律,有其内在的联系。汉语以表意文字为基础,完全不同于表音文字的印欧语系。印欧语是富于形态的语言，格、调、态、性均标以明显的形式特征和规则，可见于视觉。而汉语极具"悟性"特点，其语法规则十分灵活，具有很强的意会性，有许多不合常规的表达。汉语的"省略""隐含""双关""象征"等，又使它足以携带许多的言外之意……这一切，在古诗文中表现得尤为突出。所以，学习古诗文需靠丰富的积累方能体悟其意蕴之美、形式之美和音韵之美，方能产生丰富的意会，形成敏锐的语感。《老子》有言，"合抱之木，生于毫末；九层之台，起于累土；千里之行，始于足下"（第六十四章），道出了积累可以有小成大、积少聚多的深刻哲理。《荀子·劝学》中的"不积跬步，无以至千里；不积小流，无以成江海……骐骥一跃，不能十步；驽马十驾，功在不舍"则直接喻说了为学之道，贵在积累。语文教学贵在积累，古诗文诵读也贵在积累，这对于小学生来说，更有其特殊意义。因为，"凡人有记性，有悟性。自十五以前，物欲未染，知识未开，则多记性，少悟性。自十五以后，知识既开，物欲渐染，则多悟性，少记性。故人凡有所当读之书，皆当自十五以前使之熟读"（陆世仪，《论小学》）。小学生记忆力强，多诵读积累，可以终身受用。正如郭沫若先生所说："儿时背下的书，像一个大冰山，入了肚子，随着年龄增大，它会慢慢融化，一融化，可就是财富了。"郭先生所指"儿时背下的书"无疑是古诗文。这里的慢慢融化也就是指古诗文可以不求甚解，重要的是背熟了，以后随着年岁的增大，理解也就会日渐深刻。新"课标"多次提到了"积累"，如"丰富语言的积累""有较丰富的积累""积累自己喜欢的成语和格言警句""积累习作素材"等，也足见"积累"这一语文教学传统经验，在今日仍然具有充沛的时代活力。

　　传统并不都代表保守落后，而"经验"更是在历史长河中经受了大浪淘沙之后能够保留下来的珍贵思想。传统经验历经数千年而长盛不衰，可以说明在付诸实践中必定有其适合的温润土壤，也足见它的强大生命力。当然，传统经验也需要"与时俱进"的发展，但发展必须基于承传，没有很好的"承传"，"发展"就有可能走偏方向。对于我国语文教学的传统经验，尤其是古诗文的教学，我们更应当思于斯、行于斯。

图书在版编目（CIP）数据

语文课堂变革的创意策略：周一贯谈好课的应有样态 / 周一贯著 . —上海：华东师范大学出版社，2017

ISBN 978 - 7 - 5675 - 6809 - 9

Ⅰ.①语… Ⅱ.①周… Ⅲ.①语文课—课堂教学—教学研究—中小学 Ⅳ.① G633.302

中国版本图书馆 CIP 数据核字（2017）第 197628 号

大夏书系·语文之道

语文课堂变革的创意策略
——周一贯谈好课的应有样态

著 者	周一贯
责任编辑	卢风保
封面设计	奇文云海·设计顾问
出版发行	华东师范大学出版社
社　　址	上海市中山北路 3663 号　邮编　200062
网　　址	www.ecnupress.com.cn
电　　话	021 - 60821666　行政传真　021 - 62572105
客服电话	021 - 62865537
邮购电话	021 - 62869887　地址　上海市中山北路 3663 号华东师范大学校内先锋路口
网　　店	http://hdsdcbs.tmall.com
印 刷 者	北京密兴印刷有限公司
开　　本	700×1000　16 开
插　　页	1
印　　张	16.5
字　　数	253 千字
版　　次	2018 年 2 月第一版
印　　次	2021 年 5 月第二次
印　　数	6 101-8 100
书　　号	ISBN 978 - 7 - 5675 - 6809 - 9 / G·10563
定　　价	45.00 元
出 版 人	王焰

（如发现本版图书有印订质量问题，请寄回本社市场部调换或电话 021-62865537 联系）